普通高等学校"十三五"省级规划教材
电子商务课改系列教材

移动电子商务教程

第2版

主　编　秦绪杰　葛晓滨
副主编　陈文婕　夏同胜
编写人员（以姓氏笔画为序）
　　　　马　俊　王帮元　陈文婕
　　　　孟祥影　秦绪杰　夏同胜
　　　　葛晓滨

中国科学技术大学出版社

内 容 简 介

本书获评安徽省高等学校"十三五"省级规划教材,以全新的视角阐述了移动电子商务涉及的基本概念和知识,为移动电子商务教学提供了一套较为完整的知识体系。全书涵盖了移动电子商务技术与商务两大层面的理论和技能知识,主要包括移动电子商务基础知识、移动电子商务技术、移动电子商务安全、移动支付、移动营销、移动客户关系管理等方面的内容。同时,本书还列举了移动商务发展的较新实例,探索移动商务发展新趋势,以便读者更深入、更具体地了解移动电子商务的各种应用。

本书适合高职院校或应用型本科院校电子商务、国际贸易、经济管理、信息技术、移动通信等专业的学生使用,也可供移动商务业务开发及推广人员、移动通信工作者、电子商务从业人员参考。

图书在版编目(CIP)数据

移动电子商务教程/秦绪杰,葛晓滨主编. —2版. —合肥:中国科学技术大学出版社,2022.8
ISBN 978-7-312-04811-1

Ⅰ. 移… Ⅱ. ①秦… ②葛… Ⅲ. 移动电子商务－高等学校－教材 Ⅳ. F713.36

中国版本图书馆CIP数据核字(2021)第033990号

移动电子商务教程
YIDONG DIANZI SHANGWU JIAOCHENG

出版	中国科学技术大学出版社 安徽省合肥市金寨路96号,230026 http://press.ustc.edu.cn https://zgkxjsdxcbs.tmall.com
印刷	安徽国文彩印有限公司
发行	中国科学技术大学出版社
开本	787 mm×1092 mm 1/16
印张	16.5
字数	332千
版次	2014年9月第1版 2021年2月第2版
印次	2022年8月第6次印刷
定价	48.00元

前　言

随着电子商务的兴起和移动互联网技术的不断更新,移动电子商务开始蓬勃发展。移动电子商务作为电子商务的扩展与延伸,是电子商务未来重要的发展趋势。本次对第 1 版的修订,更新了案例、习题,增加了课堂讨论设计、课后实战训练,对移动商务发展新趋向进行了探索,为移动电子商务教学提供了一套较为完整的知识体系。全书涵盖了移动电子商务技术与商务两大层面的知识,主要包括移动电子商务基础知识、移动电子商务技术、移动电子商务安全、移动电子商务模式、移动支付、移动营销、移动客户关系管理等方面的内容。本书内容丰富,具有前瞻性,对移动电子商务进行了深入的分析,既可以作为全面了解移动电子商务理论与应用的读物,也可以作为深入探究移动电子商务研究的基础性教材。

本书的主要特点:① 基于任务驱动模式。本书各章均设置知识目标和能力目标,通过导入案例建立各项目的主题情景,并通过由浅入深、逐层的概念解析,揭示各项目所应具备的知识和能力。在每个项目设置了课堂讨论、实战训练,进而加深学生对课堂内容的理解和应用,巩固所学的知识与技能。② 以应用为目的,以必需、够用为度。本书内容的选取既考虑技能型和应用型人才培养的特点,又使学习者所掌握的能力具有一定的可持续发展性，移动电子商务是一门随信息技术变化而发展的应用性学科，知识覆盖面广、技能要求多，本书以培养学习者的移动电子商务应用能力为目的，以知识技能的必需、够用为度。③ 以移动电子商务应用技能培养为主线。重点放在掌握概念，强化应用，培养能力，提高素质上。根据移动电子商务应用实际需求设计项目单元和任务，着力培养和训练学习者的移动电子商务综合应用技能、移动电子商务信息处理技能、移动营销技能、移动支付技能、移动电子商务安全技能等，使学习者具备从事移动电子商务所应具备的工作能力。④ 系统性与实用性并重。本书系统地安排了各单元的内容，上下衔接，前后关联，把移动电子商务理论知识和应用技能与实践紧密结合，辅以具体的工作任务和对应案例，使学习者在学过之后即可得到训练和实践。

  本书是集体智慧的结晶，由诸多高校一线教师共同参与编写完成。具体编写分工如下：项目1由安徽财贸职业学院葛晓滨编写，项目2由安徽经济管理学院王帮元编写，项目3由徽商职业学院夏同胜编写，项目4由安徽水利水电职业技术学院马俊编写，项目5和项目7由安徽工商职业学院秦绪杰编写，项目6由原安徽审计职业学院孟祥影、徽商职业学院夏同胜、安徽国际商务职业学院陈文婕编写，项目8由安徽国际商务职业学院陈文婕编写。全书由秦绪杰、葛晓滨、陈文婕统稿。本书可供电子商务、国际贸易、经济管理、信息技术、移动通信等专业高职和应用型本科生使用，也可供移动电子商务业务开发及推广人员、移动通信工作者、电子商务从业人员参考使用。移动电子商务是一个崭新的领域，移动电子商务的快速发展衍生了诸多的新技术和新商业模式，这也给我们的编写工作带来了较大的困难。虽然经全体编者多次研讨、多次修改，但书中肯定仍存在不足之处，恳请各方人士不吝赐教，以便我们再版时修正。

编　者
2020年8月

目　录

i　前言

项目1
001　解读移动电子商务

- 005　1.1　移动电子商务概述
- 011　1.2　了解移动电子商务的发展现状
- 026　1.3　展望移动电子商务的发展趋势

项目2
031　掌握移动电子商务技术

- 035　2.1　了解移动智能终端及系统
- 040　2.2　了解移动通信技术知识
- 051　2.3　熟悉二维码、RFID与NFC技术
- 058　2.4　掌握移动定位技术
- 060　2.5　体验HTML5移动开发技术

项目3
070　保障移动电子商务的安全

- 074　3.1　解析移动电子商务的安全问题
- 079　3.2　了解移动电子商务安全技术
- 089　3.3　防范移动电子商务安全常用措施

项目4
096　开启移动支付功能

- 098　4.1　认知移动支付
- 106　4.2　了解移动支付系统
- 118　4.3　分析移动支付的运营模式
- 122　4.4　掌握主流的移动支付方式

项目 5
130　实施移动营销策略

- 135　5.1　认知移动营销
- 140　5.2　制定移动营销策略
- 147　5.3　投放移动广告

项目 6
161　体验移动营销活动

- 166　6.1　体验APP营销
- 178　6.2　体验微博营销
- 193　6.3　体验微信营销

项目 7
209　维系移动客户关系

- 212　7.1　认知移动客户关系管理
- 214　7.2　管理移动客户关系
- 220　7.3　应用移动客户关系管理系统

项目 8
228　探索移动电子商务新趋势

- 232　8.1　探索移动直播
- 240　8.2　探索移动微店
- 246　8.3　探索团购模式
- 249　8.4　探索短视频

255　参考文献

项目 1　解读移动电子商务

 知识目标

- 掌握移动电子商务的基本概念
- 掌握移动电子商务的基本特征
- 了解移动电子商务的发展概况

 能力目标

- 能用自己的方式理解移动电子商务的概念
- 能分析移动电子商务的发展现状及变化趋势

```
                          ┌─ 1.1.1 移动电子商务的概念与内涵
          ┌─ 任务1.1 移动电子商务概述 ─┤ 1.1.2 移动电子商务的发展历程
          │                          │ 1.1.3 移动电子商务的特点
          │                          └─ 1.1.4 移动电子商务的基本类别
          │                          ┌─ 1.2.1 国外移动电子商务发展现状
项目1 解读移动电子商务 ─┤ 任务1.2 了解移动电子商务 │ 1.2.2 我国移动电子商务发展现状
          │          的发展现状        │ 1.2.3 我国移动电子商务发展新热点
          │                          └─ 1.2.4 我国移动电子商务应用环境分析
          │
          └─ 任务1.3 展望移动电子商务  ┌─ 1.3.1 移动电子商务市场发展迅猛
                    发展趋势         └─ 1.3.2 我国移动电子商务发展趋势分析
```

案例导入

中国消费者期望更舒适的移动购物体验

图1.1 移动购物体验

中国消费者期望获得更加舒适、个性化的移动购物体验;移动购物体验越好,消费者越愿意在产品或服务上支付更高费用。

Worldpay调研了包括中国、印度、日本、英国、美国和巴西等国家在内10个全球市场的16000名消费者,旨在了解他们最近一次的移动购物体验和促使他们支付的原因。调研发现,在新兴经济体下,移动支付应用程序有望成为未来获得舒适购物体验的必备工具。

关于中国市场的主要调研结果如下:

如果有更佳的移动用户体验,62%的中国消费者乐意为产品、旅行或服务支付更高费用,远高于全球41%的平均水平。如果附近商家推送个性化通知,54%的中国消费者更有可能通过手机购物,远超全球35%的平均水平。中国消费者喜欢通过应用程序和移动浏览器购物(80%应用程序,20%浏览器),比例仅次于印度,但高于全球平均水平(71%应用程序,29%浏览器)。

另外,对于应用程序储存用户支付信息这一点,中国消费者的接受程度也高于世界其他地方的消费者。因为储存支付信息后,用户无需在下次购物时再次输入这些信息(中国消费者的比例为68%,而行业平均比例为57%)。

此外,中国消费者接受生物识别技术的比例也位于前列,原因在于他们觉得这些技术能够节约支付时间。而在使用移动应用程序购物时,导致消费者最终取消订单的主要原因是应用程序不支持他们喜欢的支付方式。

从全球范围来看,当被问及最近一次手机购物的情况时,相较于在移动网站购买(29%),大多数消费者(71%)更倾向于通过应用程序购买,其中速度快和简单易用是主要原因。尽管消费者广泛使用应用程序进行移动购物,但是安全性和可用性仍然是最大的顾虑。新兴经济体消费者更看重用户体验,而西方国家消费者则更关注安全。

全球范围的主要调研亮点如下:

如果用户体验更佳,新兴经济体的消费者乐意为产品、服务、旅行支付更高费用。巴西53%、中国62%和印度64%的消费者对此表示认同;而在英国仅有31%的消费者表示认同,德国为32%,美国为37%。

如果能提高支付速度的话,巴西63%、中国67%和印度66%的消费者乐意向应用程序提供生物识别数据,如指纹扫描或面部识别信息等,而美国和英国受访者在此方面的比例分别为46%和49%。日本消费者比其他市场的消费者更在意安全问题,仅32%的人愿意提供生物识别数据。

如果支付体验更佳,印度60%的受访者乐意为产品、服务、旅行支付更高费用,其次是中国57%、巴西51%,而英国、德国和美国分别仅为28%、28%和33%。

Worldpay中国区总经理表示:"新兴经济体,特别是中国、印度和巴西的消费者是非常活跃的移动用户,他们已经跨越了传统的线上购物模式,如今期望移动端能提供个性化、舒适、便捷的购物体验。这些消费者利用智能手机购买高价值的大宗商品,如果商户提供的购物体验足够好,他们甚至愿意消费更多。因此,那些能够提供恰当消费体验的线上商户将获益良多。同时,为了充分利用移动购物这一契机,商户必须考虑智能手机用户在购物时的安全诉求。"

商户可以通过提供快速、无缝和用户熟悉的移动支付体验来帮助减轻消费者对安全的担忧。一种方法是存储付款信息,消费者下次购物时无需再次输入;另一种是直接提供一系列支付选项,让消费者可以选择他们喜欢的支付方式。例如在中国,消费者在使用智能手机购物时最终取消订单的首要原因是缺少他们首选的支付选项。这也提醒我们,要想俘获这一新兴的追求舒适移动消费体验的购物群体,商家必须能够提供舒适便捷的移动支付体验。

  Worldpay的本次调研还涉及全球一些特定的行业。如果零售商没有提供良好的移动购物体验,超过40%的购物者会转向竞争对手。在中国,这一比例高达68%。线上旅游方面,57%的旅行者表示会存储个人信息和付款信息,以便更快地处理再次预定。在中国,有66%的旅行者会作此选择。巴西和中国消费者安装的数字内容(例如流媒体电影或下载电影、电视、音乐、游戏)应用程序最多,平均数量为5个。

(资料来源:Worldpay,中国消费者期望更舒适的移动购物体验,i199IT网,http://www.199it.com/archives/713122.html)

  随着电子商务的发展,越来越多的潜在消费市场被逐渐挖掘出来。中国手机用户数量庞大,多数追求时尚的年轻人都习惯用手机上网聊天、娱乐。这让许多业内人士看到了巨大商机,移动互联网与电子商务相结合的方式也逐渐被传统企业所推崇。移动互联网成为新一轮"造富浪潮"和"黄金"产业,促使了移动电子商务的快速发展。

1. 移动电子商务将是未来商业价值的一次大迁徙

  传统互联网在中国经过了十几年的发展才慢慢走向成熟,而移动互联网的发展速度则远快于传统互联网,且渗透人群更广。移动电子商务将是未来中国历史上商业价值的一次大迁徙,而4G乃至5G无线互联网开启成功以及逐渐完善的政策法规也为传统企业带来了革命性的发展机会,尤其是对落后于互联网时代的传统企业。

2. 传统电子商务纷纷进军移动电子商务

  如果说,早些时候商家对移动电子商务还处于观望的状态,现在随着智能终端的不断开发和应用,手机支付手段的不断完善,移动电子商务已渐渐崭露头角,电子商务开始争先进军移动电子商务领域,争取在未来的竞争中能分得"一杯羹"。国内众多商家已经看到移动电子商务的发展前景,纷纷转战移动电子商务。其中包括:

  (1)专业无线电子商务平台,如卖吧。

  (2)传统电子商务第三方平台,如淘宝、京东。目前,这类平台也都开发了手机版的商城,目的是满足用户在移动互联网的购物需求。

  (3)互联网品牌,如抖音和云集微店。

  (4)传统企业,如李宁等也都建立了自己的移动电子商务客户端,官方商城手机版已经上线。移动互联网改变了人类的购物方式,未来传统企业与移动互联网的融合,通道与终端的整合,平台与运营的结合,必将实现传统企业线上与线下的O2O(Online to Offline)的模式。

3. 移动互联网迎来巨大的机遇

相对于传统的电子商务,移动电子商务可以真正使任何人随时随地获取整个网络的信息及服务。根据消费者的手机使用特性,轻松在移动平台实现记录、搜索、购买、下单和送货的一站式体验,为手机一族建立更智能立体的购物环境。

移动电子商务为传统企业开辟了新战场,传统企业可通过各种方式进军移动电子商务。移动电子商务即将进入高速成长期,结合线上线下、位置信息的移动电子商务将成为发展的突破口,此外,手机购物比价、手机与团购的结合等方式方法也值得我们去研究创造。

任务1.1　移动电子商务概述

1.1.1　移动电子商务的概念与内涵

随着无线网络的完善和智能终端的普及,移动互联网已经深入人们的生活。基于移动互联网的电子商务已成为一种重要的商业运作模式。目前,人们已经意识到了融合移动通信技术的电子商务在未来将具有更大的发展潜力,那么,到底什么是移动电子商务?

说法一:移动电子商务是指通过手机、PDA(个人数字助理)、笔记本电脑等移动终端从事的商务活动。客观地讲,移动电子商务(M-Commerce)由电子商务(E-Commerce)的概念衍生出来。现在的电子商务以PC机为终端,是"有线的电子商务",而移动电子商务则是通过手机、PDA这些可以装在口袋里的终端,实现的是"无线的电子商务",这种商务活动无论何时、何地都可以开展。

说法二:移动电子商务就是利用手机、PDA及掌上电脑等无线终端进行的B2B、B2C或C2C的电子商务。它将因特网、移动通信技术、短距离通信技术及其他信息处理技术完美地结合,使人们可以在任何时间、任何地点进行各种商贸活动,实现随时随地、线上线下的购物与交易,在线电子支付以及各种交易活动、商务活动、金融活动和相关的综合服务活动等。

简而言之,移动电子商务就是利用手机、PDA等无线设备进行的电子商务活动。移动电子商务是在网络信息技术和移动通信技术的支撑下,在手机等移动通信终端之间，或移动终端与PC等网络信息终端之间，通过移动商务解决方案，在移动状态下进行的便捷的、大众化的、具有快速管理能力和整合增值能力的商务实现活动。以前这些业务一贯是在有线的Web系统上进行的。与传统通过PC电脑平台开展的电子商务相比，移动电子商务拥有更为广泛的用户基础，也营造了更为广阔的市场前景。

移动电子商务作为一种新型的电子商务方式，利用了移动无线网络的优点，是对传统电子商务的有益补充。当然，并不是说以PC为Web客户机的传统电子商务将停步不前，未来电子商务将同时支持这两种电子商务运作方式。通过移动电子商务，人们可以更加快捷、方便地开展各种商务活动，大大提高了工作效率。我们可以预见，移动电子商务将成为未来电子商务领域的主战场。

1.1.2 移动电子商务的发展历程

移动电子商务是伴随电子商务的发展而迅速发展起来的，行业中一般认为中国电子商务的发展经历了四个阶段：萌芽期、基础建设期、快速发展期、爆发增长期，如图1.2所示。

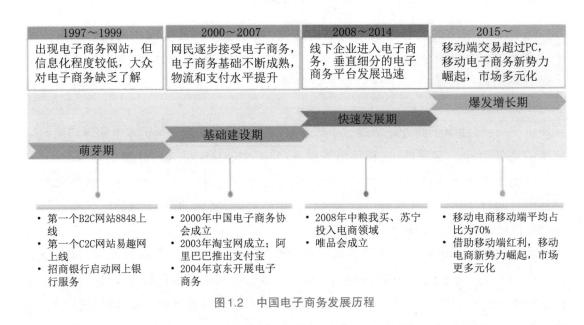

图1.2　中国电子商务发展历程

随着电子商务的发展，在移动技术、计算机技术和移动终端技术的快速发展态势下，移动电子商务技术经历了三代的变迁和发展。

1. 第一代移动电子商务

第一代移动电子商务技术是以短讯为基础的访问技术,这种技术存在着许多严重的缺陷,其中最严重的问题是实时性较差,查询请求不会立即得到回答。此外,由于短讯信息长度的限制也使得一些查询无法得到一个完整的答案。这些令用户无法忍受的缺陷促使一些早期也使用基于短信息的移动电子商务系统的部门纷纷要求升级和改造现有的系统。

2. 第二代移动电子商务

第二代移动电子商务系统采用基于WAP技术的方式,手机主要通过浏览器的方式来访问WAP网页,以实现信息的查询,部分地解决了第一代移动访问技术的问题。第二代移动访问技术的缺陷主要表现在WAP网页访问的交互能力极差上,因此极大地限制了移动电子商务系统的灵活性和方便性。此外,WAP网页访问的安全问题对于对安全性要求极为严格的商务系统来说也是一个挑战。这些问题也使得第二代技术难以满足用户的要求。

3. 第三代移动电子商务

第三代移动电子商务系统融合了3G和4G移动技术、智能移动终端、VPN、数据库、身份认证、Web Service多种移动通信、信息处理和计算机网络等前沿技术,以专网和无线通信技术为依托,伴随着移动因特网应用和无线数据通信技术的发展,推动移动电子商务发展的技术不断涌现,主要包括无线应用协议(WAP)、移动IP技术、蓝牙技术(Bluetooth)、通用分组无线业务(GPRS)、移动定位系统(MPS)、第三代移动通信系统(3G)、第四代移动通信系统(4G)、第五代移动通信系统(5G)、移动电子商务提供的服务等。这些使系统的安全性和交互能力得到了极大的提高,为电子商务人员提供了一种安全、快速、现代化的移动商务环境。

1.1.3 移动电子商务的特点

移动电子商务与传统的电子商务活动相比,具有如下几个特点:

1. **具有开放性、包容性**

移动电子商务因为接入方式无线化,使得任何人都更容易进入网络世界,从而使网络范围延伸更广阔、更开放;同时,使网络虚拟功能更带有现实性,因而更具有包容性。

2. 具有无处不在、随时随地的特点

移动电子商务的最大特点是"自由"和"个性化"。传统电子商务已经使人们感受到了网络所带来的便利和快乐,但它的局限性在于必须有线接入,而移动电子商务则弥补了传统电子商务的这种缺憾,让人们可以随时随地结账、定票、购物等,感受独特的商务体验。

3. 潜在用户规模大

截至2018年2月,中国移动、中国电信、中国联通三家基础电信企业的移动电话用户总数达到14.4亿户,是全球之最。显然,从电脑和移动电话的普及程度来看,移动电话远远超过了电脑。而从消费用户群体来看,手机用户中基本包含了消费能力强的中高端用户,也包含了传统的上网用户中缺乏支付能力的年轻人。由此不难看出,以移动电话为载体的移动电子商务不论在用户规模上,还是在用户消费能力上,都优于传统的电子商务。

4. 能较好确认用户身份

对传统的电子商务而言,用户的消费信用问题一直是影响其发展的一大问题,而移动电子商务在这方面显然拥有一定的优势。这是因为手机号码具有唯一性,手机SIM卡片上存贮的用户信息可以帮助确定一个用户的身份,而随着手机实名制的完全推行,这种身份确认将越来越容易。对于移动商务而言,这就有了信用认证的基础。

5. 可实现定制化服务

由于移动电话具有比PC机更高的可连通性与可定位性,因此移动商务的生产者可以更好地发挥主动性,为不同顾客提供定制化的服务。例如,开展依赖于包含大量活跃客户和潜在客户信息的数据库的个性化短信息服务活动,以及利用无线服务提供商提供的人口统计信息和基于移动用户当前位置的信息,商家可以通过具有个性化的短信息服务活动进行更有针对性的广告宣传,从而满足客户的需求。

6. 易于推广使用

移动通信所具有的灵活、便捷的特点,决定了移动电子商务更适合大众化的个人消费领域,如自动售货机、停车场计时器等自动支付系统,商店的收银柜机、出租车计费器等半自动支付系统,水、电、煤气等日常费用收缴系统及登录商家的WAP站点购物的移动互联网接入支付系统等。

7. 更易于技术创新

移动电子商务领域因涉及信息技术、无线通信、无线接入等技术,并且商务方式更具多元化、复杂化,因而在此领域内很容易产生新的技术。随着我国5G网络的兴起与应用,这些新兴技术将转化成更好的产品或服务。所以移动电子商务领域将是下一个技术创新的高产地。

移动电子商务作为一种新型的电子商务方式,利用了移动无线网络的优点,是对传统电子商务的有益补充。尽管目前移动电子商务的开展还存在安全与带宽等很多问题,但是相比传统的电子商务,移动电子商务具有诸多优势,得到了世界各国普遍重视,发展和普及速度很快。

1.1.4 移动电子商务的基本类别

移动电子商务模式出现了多种分类方式。传统上根据用户类型和市场细分的分类方式可以将移动商务模式分为B2B、B2C和C2C等,但此分类难以具体分析移动商务模式的运行过程。目前移动电子商务应用主要有六大类:网购类、二手交易类、移动支付类、购物分享类、团购类、比价和折扣查询类等。

对移动电子商务关键环节的分析,可将交易项目、应用网络、交易平台和终端类型细分,形成不同类型,如图1.3所示。

(1)终端类型。按照连接网络所使用的终端,可以分为通过手机、平板和其他移动设备连接。

(2)交易平台。商务交易通过的网站或服务平台,根据交易对象不同,可分成B2B、B2C和C2C三种类型。

(3)应用网络。依据商务交易所借助的通信网络类型,可以分为5G网络、4G网络、3G网络、WIFI和WAPI等。

(4)购买商品或服务。可分为实物购买、虚拟物品购买、市政缴费、金融交易和银行转账等多种业务类型。

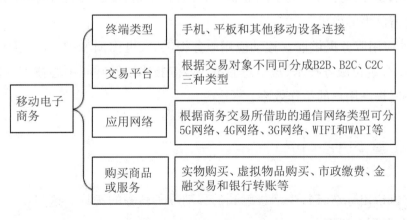

图1.3 移动商务基本类别

1.1.5 移动电子商务提供的服务

目前,移动电子商务应用非常广泛,具有代表性的服务有以下几种:

(1) 银行业务。移动电子商务使用户能随时随地在网上安全地进行个人财务管理,进一步完善因特网银行体系。用户可以使用移动终端核查其账户、支付账单、进行转账以及接收付款通知等。

(2) 交易。移动电子商务具有即时性,因此非常适用于股票等交易应用。移动设备可用于接收实时财经新闻和信息,也可确认订单并安全地在线管理股票交易。

(3) 订票。通过移动终端预订机票、车票或入场券已经发展成为一项主要业务,其规模还在继续扩大。移动电子商务使用户能在票价优惠或航班取消时立即得到通知,也可支付票费或在旅行途中临时更改航班或车次。借助移动设备,用户可以浏览电影剪辑、阅读评论,然后订购附近电影院的电影票。

(4) 购物。借助移动电子商务,用户能够通过其移动通信设备进行网上购物。即兴购物正逐步成为一大增长点,如订购鲜花、礼物、食品或外卖等。传统购物也可通过移动电子商务得到改进。例如,用户可以使用无线电子钱包等具有安全支付功能的移动设备,在商店里或自动售货机上进行购物。

(5) 娱乐。移动电子商务将带来一系列娱乐服务。用户不仅可以从他们的移动设备上收听免费音乐,还可以通过订购下载特定的曲目,并且可以在网上与朋友们玩交互式游戏,以及为游戏付费。

(6) 无线医疗。医疗产业的显著特点是每一秒钟对病人都非常关键,在这一行业进行移动电子商务的开展十分必要。在紧急情况下,救护车可以作为进行治疗的场所,而借助无线技术,救护车可以在移动的情况下同医疗中心和病人家属建立快速、动态、实时的数据交换,由于医疗市场的空间非常大,并且提供这种服务的公司为社会创造了价值,因此存在着巨大的商机。

(7) 移动应用服务提供商。移动应用服务提供商,也称MASP,有着巨大的应用空间。MASP结合定位服务技术、短信息服务、WAP技术以及呼叫中心技术,可为用户提供及时的服务,提高用户的工作效率。

列举实例说出你在日常生活接触到的移动电子商务的场景。这些场景与传统的PC电子商务有什么不同?

任务1.2 了解移动电子商务的发展现状

1.2.1 国外移动电子商务的发展现状

移动电子商务正在全球范围内飞速发展,不同国家之间也呈现出不同的特点,其中日本、韩国、美国以及欧洲一些国家的移动电子商务处于领先的地位,分析它们移动电子商务业务模型的特点,对我国从全球角度了解和学习移动电子商务具有重要意义。下面我们将对这些国家和区域的移动商务的发展进行简要的解析。

1. 日本

日本移动互联网发展开始于1999年2月NTT DoCoMo推出的I-Mode服务。NTT DoCoMo推出的I-Mode堪称最成功的典范,获得了空前的成功,目前,NTT DoCoMo在日本有数以千万的用户,它的定制手机堪称日本最大的移动互联网入口。在全球许多运营商还在开发基于WAP的移动互联网服务之时,I-Mode就采取了标准的HTML互联网格式。实践证明,这种方式加快了移动互联网的普及与发展。

日本移动电子商务已经完全进入到建立在宽带基础上的第三代移动通信(3G)时代了,3G网络可以提供更高的数据上下行速度,是支撑移动商务的高速信息传输平台。日本的移动通信市场中有三家公司在提供3G业务服务,分别是NTT DoCoMo公司、KDDI公司和Vodafone KK公司。三家3G运营商开展的业务都具有自己的特点,各自都占据了一定的市场份额,NTT DoCoMo公司代表的WCDMA具有网络高速率的突出优势,KDDI公司靠的是网络升级简单带来的优势和业务的设计优势,Vodafone KK公司的优势则在于漫游,以此满足了不同的需求。

日本可以称得上是移动互联网业务发展最好的国家之一,多数日本人使用移动互联网业务,其中在3G终端上使用移动互联网业务的用户占据多数。日本移动运营商提供的主要移动互联网业务包括移动搜索、移动音乐、移动社交网及UGC、移动商务与NFC应用、移动电视、基于位置的服务和移动广告等。

在日本,具有标志性的成功模式是I-Mode模式,I-Mode的基本经营策略是以市场为主导,提供便利的个人服务,特别是在计费、代收费方面提供简单灵活、方便快捷的方式。在商业模式上,I-Mode通过多方共赢的方式把手机设备供应商、内容提供商(CP)、平台提供商结合起来,通过收取很少的服务费,让内容提供商自由去创造用户喜爱的内容。其成功经验可以归结为：

（1）提供丰富的服务供用户选择。

（2）公平合理的收费方式。

（3）支持较多种类的网站。

（4）良性循环的经营模式。

（5）完整的收入模式。

NTT DoCoMo公司的I-Mode业务模型提供的业务以及相应的网络结构如图1.4所示。

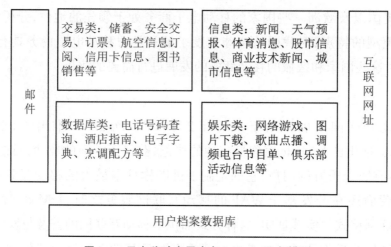

图1.4　日本移动电子商务I-Mode业务模型

日本的零售店无印良品、优衣库一直是业界传奇，稳定开店，持续增值。与此同时，日本移动互联网中，Mercari是一家独角兽的移动互联网创业公司，是一个二手物品交易平台。公司于2013年成立，2016年估值超10亿美元，软件下载总量已经超过3200万次，并且抢占英、美电子商务市场，直逼eBay。

Mercari平台上最热门品类是闲置衣物，其外还有奢侈品、3C数码、牙膏、玩具甚至用过的口红，可以说是包罗万象。这些都很平常，但是它却做到了很多电子商务不能做到的成绩。其界面如图1.5和图1.6所示。

2016年，平台月交易额达到8800万美元，这在日本是一个非常了不起的成绩。截至2016年，日本总人口1.27亿，Mercari在日本互联网用户的渗透率十分可观。

日本人对于环保、分享等消费意识很强烈，节约资源是他们广为提倡的，所以对于二手交易很容易接受，日本街头随处可见首饰、家具、生活用品等，互联网只不过让人们习惯的闲置物品交易变得更加便捷而已。

图 1.5　Mercari 交易平台-1

日本是一个信用体系非常成熟的国家。二手交易中涉及信用问题在日本能够得到有效的保障。

图 1.6　Mercari 交易平台-2

真正让Mercari赚钱的是它的盈利模式,在日本其收取交易费的比例为10%,通过这种简单粗暴的盈利模式,在成立不到两年的2015年年底,公司就已取得数百万美元的盈利。

2. 韩国

韩国是全球移动互联网最为发达的地区之一。韩国移动电子商务在不断探索、不断创新中开拓发展,实现了一系列适合韩国的移动电子商务的发展模式。韩国是世界上移动网络最为密集发达的地区之一,运营商地位强势。由于韩国政府一贯大力支持信息产业的发展,其良好的市场环境、产业链上下各方的紧密合作使其移动电子商务产业得以蓬勃发展。

韩国的移动通信市场也主要由三家公司划分:SKT(SK Telecom)、KTF和LGT。韩国通信事业的发展与这三大运营商密不可分。从整个韩国通信市场来看,SKT为第一大运营商,其次则是KTF、LGT,整个韩国通信市场成三足鼎立之势。自从2002年韩国移动运营商把CDMA网络全面升级到CDMA 2000 1x EVDO以来,移动互联网的发展更是突飞猛进,韩国的移动通信公司SKT和KTF分别推出了包括一系列高端移动多媒体应用和下载服务在内的移动互联网业务。双向高速网络进一步带动了具备移动Web 2.0特征的移动互联网业务的发展。用户市场对移动互联网业务的需求从铃声下载、新闻服务等逐渐向移动多媒体、移动社区、移动UGC等新型移动互联网业务转移。据估计,约50%的韩国人口是SKT的移动网注册用户。

韩国移动互联网成功的主要因素包括:第一,移动用户数量增长迅速,保证了移动互联网用户基数不断扩大,为移动互联网的各种应用创造了良好的市场环境;第二,内置虚拟机的高性能彩屏移动终端迅速流行,再加上移动互联网具有丰富的应用,对用户产生了真正的吸引力;第三,良好的网络环境为移动互联网各种应用的展开打下了坚实的基础;第四,更多更新的移动多媒体业务的出现使用户有了更多选择,从而真正从移动互联网中获得了生活的便利和乐趣。

SKT是韩国最大的移动通信运营商,在世界率先实现了CDMA商用化,占据了50%以上的市场份额,拥有众多服务品牌:无线和有线融合的互联网品牌NATE,多媒体品牌June和可以提供大量移动商务业务的品牌MONETA。它还拥有高品质视频通话以及全球漫游等服务。它提供的移动电子商务服务如表1.1所示。

除SKT之外,KTF的移动电子商务品牌K-Merce,主要针对25岁以上的用户,为其提供保险、彩票、电子钱包等服务。LGT是韩国第三个推出CDMA 2000 1x服务的运营商,在业务上,LGT的特色是主要针对低端用户和老年人,为他们提供相对低廉的业务。

表1.1 韩国移动电子商务品牌NATE提供的服务内容

渠　道	服　务　内　容
装饰手机	彩铃、铃声、图片与背景、字体下载
位置服务	定位服务、公交地铁线查询
趣味游戏	心理测试、笑话、占卜、移动漫画、猜谜、联网游戏等
音乐	音乐下载、卡拉OK、移动粉丝部落
社区	移动社区、有线门户社区、在线Messenger连动等
购物	移动拍卖、移动书店、移动购物、购物券、机票预订等
信息	介绍新闻、天气、证券信息与理财要领、保健与减肥、学习信息等
电影	有线无线电影门户、预购电影票、获得打折、影讯信息等

在发展策略上，由于CDMA是韩国移动通信终端制造商们普遍采用的制式，所以为了配合业务的发展，韩国运营商与三星、LG等终端设备制造商合作定制手机，按照市场的需求，制造各种功能强大、针对性强的终端设备。

韩国电子商务蓬勃发展，2017年，韩国电子商务销售额为466亿美元，占总销售额的9.8%，预计到2020年在线零售市场规模将增至647亿美元，年均增长率为12%。韩国电子商务市场相对封闭，本土电子商务企业占据主导地位。其有以下经验与做法值得借鉴：

（1）具备良好的电子商务发展环境。一是网络基础设施建设瞩目。韩国网速、蜂窝数据、WiFi连接速度稳居全球第一，网络基础条件优越。二是政府大力支持电子商务发展。韩国政府实施了一系列税收优惠政策，对电子商务企业与个人均减免一定额度的收入税、增值税与关税。

（2）提供独特的用户体验。一是提升配送速度。韩国人口集中且国土面积小，配送速度快。Coupang建立自己的配送系统Rocket Delivery可实现当天送达。Gmarket将卖家商品集中至仓库后统一发给客户。二是提升客户服务。韩国电子商务企业通过提升客户服务拓展业务，Coupang的配送员通过作为品牌大使给顾客分发产品样品和手写感谢信，使之迅速成为韩国电子商务巨头。三是建立个性化专营独立网店。基于韩国消费者在选购商品时逐渐淡化品牌因素，更加注重创意与风格这一特点，专营独立网店，以特定的主题风格为基础，选择特定的商品类目进行选品，然后通过独立网店完成商品销售，满足消费者追求个性、需求细分化的市场环境。独立网店通过创意性的搭配技法、商品展示技巧、模特表情以及商品图片拍摄的氛围，展现出各式各样的购物内容，同时使用各个国家的语言,并导入海外结算系统。独立网店已成为韩国跨境电子商务出口的主要渠道,也成了全球消费者们了解时下韩国最新风尚的重要渠道之一。

（3）运用多元化营销手段。一是运用跨境电子商务。韩国Gmarket等本土电子商务平台支持英语、中文和韩语等多种语言并开设海外官网,迎合全球消费者需求。二是运用社交电子商务。韩国电子商务企业通过不断生产客户层所感兴趣的优质内容,引起客户共鸣,从而达到引流与促销的效果。三是运用移动电子商务。韩国智能手机普及率超过85%,世界排名第二,移动交易额超过网上交易总额的一半,主要的电子商务企业均拥有APP和手机网页。四是运用积分制与折扣。韩国电子商务网站使用折扣吸引流量和获取市场份额,Gmarket为新用户提供五折,同时采用Gstamp和Smile Points积分制以留住现有客户。

3. 美国

美国移动电子商务发展离不开手机的大面积应用。位于美国加州库比提诺以创新闻名的手机厂商——苹果公司,通过APPLE II、Macintosh计算机、iPod音乐播放器、iTunes音乐商店、iPhone手机以及iPad平板等知名产品,已成为全球最重要的科技电子产品公司,不论在软件还是在硬件的设计上,都具有举足轻重的绝对影响力。苹果计算机(现在已改名为苹果)的创办人是史蒂夫·乔布斯(Steve Jobs)和史蒂夫·沃兹尼亚克(Steve Wozniak)。苹果计算机的第一部计算机为APPLE I,当时大多数的计算机并没有显示器,而APPLE I可以使用电视当作显示器,同时设计比当时其他同类的计算机简单,使用的零件也少,因此初步取得了不错的发展。随后,APPLE II也非常受欢迎,在当时卖出了数百万台,之后史蒂夫·乔布斯决定将图形界面和桌面概念应用在他新开发的Macintosh计算机上。Macintosh是第一部正式上市的图形界面和桌面概念的计算机,推出后获得很好的评价,之后史蒂夫·乔布斯因为与公司管理阶层的问题,离开了自己一手创办的苹果计算机。离开之后,其创立了NeXT计算机公司。1997年史蒂夫·乔布斯回到苹果计算机任首席执行官,同时苹果计算机也买下了史蒂夫·乔布斯所创立的NeXT计算机。在史蒂夫·乔布斯带领下的苹果计算机开始以简约、时尚的工业设计,不断吸引市场的目光。让苹果计算机异军突起的,则是在2000年推出的消费者电子产品iPod。iPod搭配其在线音乐商店iTunes依靠因特网技术崛起,为当时盗版盛行的音乐市场开启了一个全新的商业模式。同时iPod也依靠其绝佳的工业设计,成为全球占有率第一的携带型音乐播放器。站在iPod的成功浪潮上,苹果计算机在2007年1月9日推出的智能型手机iPhone(图1.7),开始让苹果计算机大放异彩,同时公司名称也由苹果计算机改为苹果。这代表苹果不再只是计算机公司,更显示了苹果公司积极进入消费者电子市场的企图。苹果公司在iPhone的设计中创造性地引进了Multi-touch触控屏幕、重力传感器、电子罗盘，搭配GPS与相机，加上其独特的使用接口设计，让iPhone一举在操作界面上大幅领先其他品牌手机。在之后推出的在线软件商店APP Store，更让手机脱离传统单调应用的刻板印象，透过外部的创意，让手机的应用可以无限延伸。iPhone不但让苹果公司取得前所未有的成功与利润，也带起一股厂商纷纷群起效尤的风潮。

图1.7 苹果公司第一代iPhone

通过苹果公司的案例，我们可以初步了解美国移动终端的市场。在移动电子商务上，美国拥有众多移动运营商，运营商并不具有垄断地位。而美国终端企业IT企业则具有很大的影响力。例如美国苹果公司不断推出的iPhone系列，推动了全球智能手机的发展。美国移动电子商务的发展显现出鲜明的特征，以移动终端企业和IT企业为主导进行发展。每次终端技术突破都一定程度地影响了产业链的整合与变化，有的甚至是巨变。

在美国，使用手机、平板电脑购物的消费者人数增长较快。移动终端已经成为电子商务的重要根据地。在普及率的提升、用户越来越习惯于在智能手机和平板电脑上购物等因素的共同作用下，移动终端贡献了很高的电子商务销售额。据研究机构调查显示，零售业与购物APP形成了一个新的生态系统，移动电子商务的爆炸式增长吸引了品牌商和零售商不断投入到这个市场，移动商务消费占整个零售商务的比例逐步提升。以前很多消费者只是经常在手机上浏览和研究商品，不一定购买，而随着移动网站不断得到优化以及手机屏幕越来越大，消费者更容易在手机端完成购物体验。这也将驱动未来多年移动商务的发展。

从销售额来看，以2017年为转折点，美国50%的零售业移动商务销售额已经通过智能手机平台实现了，而2016年这一比例为48%。相比而言，平板电脑占移动商务销售额的比重不断下滑,从2016年的50.6%下降为48.7%。如今,在移动商务零售商的移动网站优化、支付步骤简化、购物内容多样化、商品个性化的格局下,移动电子商务在美国的发展已经得到大力普及,走入寻常百姓家。

4. 欧洲

在欧洲聚集着诸多世界顶尖的移动网络设备制造商、移动通信设备制造商、移动终端设备制造商、IC卡制造商以及移动运营商,这为欧洲国家开展移动电子商务业务提供了技术前提;相对而言,欧洲人均收入水平较高,移动终端用户数量大;虽然欧洲同样拥有众多移动运营商,但不同于美国的是欧洲绝大多数移动通信的制式为GSM,这为移动电子商务业务的开展提供了统一的标准。这些因素都使得欧洲成为世界上移动增值业务和移动电子商务开展较成熟的地区。

欧洲移动运营商发展移动电子商务的策略与美国相似,同样强调与终端厂家的紧密合作,但在服务内容上,欧洲同时重视企业集团的服务和个人服务。欧洲移动电子商务的业务模型如图1.8所示。

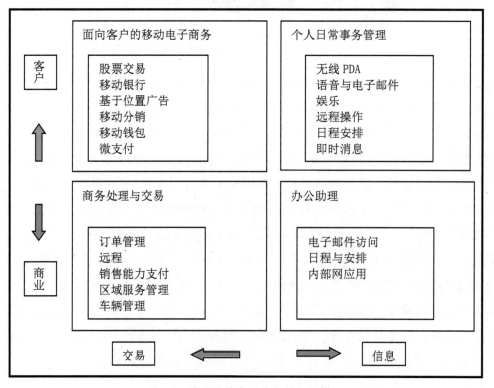

图1.8 欧洲移动电子商务的业务模型

下面我们列举一些欧洲典型国家的移动电子商务的发展现状。

(1) 芬兰的移动电子商务

芬兰位于欧洲北部,为北欧五国之一,与瑞典、挪威、俄罗斯接壤,是圣诞老人的故乡。芬兰的手机厂家诺基亚(Nokia)曾经是国际著名的手机制造商。诺基亚始于1865年,当时一位名叫弗莱德里克·艾德斯坦(Fredich Idestam)的工程师在芬兰北部的一条河边建立了一家木浆工厂。随着工业化浪潮在欧洲兴起,纸板的消费量迅速增加。工程师定名为诺基亚的工厂不久便一炮打响。在工厂的周围形成了一个社区,后来命名为诺基亚。艾德斯坦还建立了一个国际销售网,使诺基亚的产品出口到俄国、英国和法国,到了20世纪30年代,中国也成为诺基亚的重要贸易伙伴之一。

1969年诺基亚首先引进符合国家电报电话咨询委员会(CCITI)标准的PCM传输设备。通过提前迈入数字时代,诺基亚作出了自己历史上最重要的战略抉择。20世纪70年代早期诺基亚在相邻的瑞典、俄罗斯及后来全世界的线缆和微波传输设备市场中,所占份额不断增长。诺基亚的目标逐渐转变为向完全数字化的电信网络提供设备。后来成为诺基亚移动、固定网络交换机和基站控制器的基础产品DX200就是在70年代开始开发的,并以此开始了诺基亚交换系统迅速成功的发展进程。随后,移动电话和更多的电信基础设施产品相继被开发出来,以满足国内和国际客户的要求。在80年代和90年代,诺基亚成为全球数字通信技术的先驱。北欧移动电话服务网络(NMT)于1981年开通,频率为450兆赫兹。这是当时世界上第一个同时也是横跨数国覆盖面最大的蜂窝式电话公用网络,随着NMT的开通,移动电话也开始迅猛发展。诺基亚(当时叫Mobira)第一台NMT450移动电话Senator在1982年生产。随后开发的Mobira Talkman是当时最先进的产品。该产品在北欧移动电话网市场中一炮打响,并为诺基亚开拓了包括英国和美国在内的新市场。20世纪90年代,手机用户量大增,手机价格迅速降低,移动电话越变越小,诺基亚公司越来越注重手机的性能和外观设计。他们很早就意识到,移动电话是一项个人技术产品,不仅要功能完善,还必须符合用户个人特点。诺基亚品牌很快便成了实惠、简便、时髦的象征。如今决定移动电话产业的几个质量标准都是由诺基亚制定的,例如大型图文信号和电池指示器、彩色外壳和个性化铃声提示等。早期经典款诺基亚手机如图1.9所示。

图1.9 诺基亚手机

在移动电子商务的应用上,芬兰移动商务也随着Nokia的普及和发展,发生了巨大的变化,20世纪90年代后期,芬兰的网上购物、办理银行业务和支付账单等电子商务服务就已十分普及。跨入21世纪后,芬兰又由于手机普及率高,移动通信和电子商务相结合的研发与应用处于领先地位,成为世界移动电子商务的开拓者。2002年1月,芬兰首都赫尔辛基开始向人们提供通过手机支付停车费的服务。驾车者在火车站、码头和机场停车时,先用手机拨通该地段的停车收费专用电话号码,开车离开时再拨相应的停车终止电话号码,便完成了停车交费程序。检查人员可以随时通过WAP服务抽查停车者是否如实履行交费手续。

在移动电子商务中,获取信息与支付功能同样重要。在芬兰,人们可以通过手机了解交通工具的班次,查阅影院的放映内容和售票情况,并可以根据手机屏幕上显示的影院座位图来选择座位。股民也可以随时随地通过手机了解股市行情,进行股票交易。外出旅游的人可以通过发短信的方式预定手机服务内容,有关信息被自动输入专用监控系统后,用户就能在预定日期内收到指定目的地的天气预报。

短短几年内,移动电子商务活动就已成为许多芬兰人日常生活的一部分。它提供的服务越来越广泛,越来越周到。这种不受时间地点限制、省时高效且能满足个性需求的服务方式已成为一种时尚。

(2) 瑞典的移动电子商务

瑞典是一个北欧国家,其首都斯德哥尔摩因每年颁发诺贝尔奖项而世界知名。在这个古老悠闲的国度里,它的人均手机拥有量已位居世界前列。在2003年,瑞典移动电话用户数就达898万人,也就是说该国人口的手机占有比率已经达到了100.1%。而这个比率还在继续增长着。整个国家中每人至少有一部手机,这么庞大的手机拥有量,让移动商务这一新兴产业在这个国家中率先发展起来了。我们可以从以下几个角度分析瑞典移动电子商务的应用:

① 税收。移动技术的发展为瑞典海关总署节省了许多运转成本,并为公众节约了费用。在一项名为"瑞典门户"(Gateway Sweden)的项目中,货车司机利用移动电话来为自己的货物清关,这样可以节省许多时间。司机们在行驶过程中会收到一条短信,通报他们货物已经清关,同时提供一个查询号码以备停车检查时使用。在海外度假的瑞典人可以给海关发短信,查看他所享受的免税额度。GSM网络可以自动鉴别出手机用户所在国家,所以人们甚至无需说明自己身在何处。

② 停车费。在瑞典,移动电话还可以用来支付停车费,首都斯德哥尔摩已经有很多车主的停车费通过这种方式征收。司机们只要在到达和驶离停车地点时分别发送一条短信,收费系统就会在信用卡上自动划取相应的费用。挡风玻璃上的不干胶标签会告

诉停车场的看守人,这辆车是短信停车项目的参与者,看守人可以通过察看数据库确认该辆车的司机是否已付费。

③ 移动城市。瑞典首都斯德哥尔摩市政府正在制定和实施一整套"移动城市"服务项目,包括为看护工人、通勤人士以及学生提供更好的服务。这并不算作高科技项目,其目的只在于为公共问题创造一个可持续发展的解决方案。"移动城市"目前已经提供的服务包括:

☞ 管理学生的缺课、旷课。在一些中学,学生可以通过向一个自动系统输入他们的ID号以及四位代码,告诉老师他将缺课。老师也可以通过系统向没有到校的学生的父母发送通告信息。

☞ 管理看护工人的日程安排。家庭护理的护士和其他工人可以在网站上拟定自己的时间表,如果某人的时间安排出现问题,系统会自动发送信息给其他具有相同技能的人,直到找到一个替代者。

☞ 向斯德哥尔摩的上万名学生提供最新的消息,例如取消讲座和最新的时间安排等。

☞ 通过司机的手机通报交通信息。

1.2.2 我国移动电子商务的发展现状

随着全球化信息技术革命的加速,移动商务成为我国商务活动中来势最迅猛、发展最活跃的新秀,中国的移动电子商务具有非常大的市场前景。2000年年初,全球通WAP服务在北京、天津、上海、杭州、深圳、广州六个城市试用。2004年,中国移动、中国联通分别与相关银行联合推出了"手机钱包"业务。2005年2月,基于WAP通信方式的手机银行业务开始出现。便携式电脑、手机、PAD等各种移动终端的大量出现,为移动电子商务的发展奠定了良好的基础。特别是我国使用手机的用户规模不断壮大,手机用户已达到世界第一的规模,为移动电子商务提供了巨大的发展空间。

我国目前的移动电子商务市场分为两个部分:一是虚拟商品。主要是依附于各运营商旗下的SP所提供的收费彩图、铃声、游戏下载或其他资讯类业务。中国工商银行、中国建设银行等多家银行和支付宝目前也开通了通过手机交水电费、话费等业务。二是实体商品。目前国内有淘宝网、京东、拼多多、苏宁等移动商城涉足这一领域。移动电子商务已融入到我们的生活中,为我们带来了更多生活便利,其已是大势所趋。

近几年,新经济行业数据挖掘和分析机构iiMedia Research(艾媒咨询)不断发布权威的中国移动电子商务行业研究报告。根据艾媒咨询数据显示,我国的移动电子商务用户规模持续增加,涉及的领域细分化,如图1.10所示。艾媒咨询分析师认为,随着电子商务逐步成熟,新零售、拼购电子商务概念的提出,农村网民规模的增大,移动电子商务市场仍存在较大的发展空间。

图1.10　中国移动电子商务行业图谱

1.2.3　我国移动电子商务的发展新热点

移动电子商务拥有更广阔的市场,商家可以面向整个世界的消费者为其提供服务。我国移动电子商务正在飞速发展,给人们的日常生活和传统的商业模式带来了巨大影响,改变甚至颠覆了传统的消费行为。

(1)移动商务的商品质量得到重视

我国人口众多,并且随着近年来互联网技术的发展以及移动电子产品的普及,移动终端的网民数量不断攀升。随着电子商务逐步成熟,网民对于电子商务购物的定位从原先的新事物猎奇逐步向融入日常生活方式转变,随之改变的是从一味追求价格优势到购买真正实用的商品的消费态度。而大部分电子商务用户已经逐渐意识到商品品质及省心服务相对于价格的重要性,商家也越来越重视移动电子商务的商品的品质。

(2)新零售满足了多样化的用户需求

现如今,线上与线下的融合趋势越来越明显。以移动商务为载体的多样化零售也实现了在线上和线下的有效融合。2016年崛起的新零售,使得移动商务的网民能够享受优质的移动商务服务。用户反馈和交流的环节通过移动终端实现了更多的便捷有效的途径,满足了较多用户希望提高线下使用体验、提供更多优惠活动的需求。

(3) 新型移动商务模式发展迅速

近几年,新型移动电子商务模式发展迅速,以社交电商的崛起带动了相关的移动电商快速发展,如拼多多、抖音、拼购等已经成为移动商务用户所青睐的网购模式。而主打社交的移动电子商务发展迅猛,对淘宝和京东等电子商务平台造成了一定冲击,促使他们也在做一定程度的改变。

(4) 移动电商从城市普及到农村

在我国,移动电子商务正在从一二线城市发展到三四线城市以及农村。尤其是在农村电子商务发展上,随着经济发展水平的提高和网络基础设施的建设,农村网民规模将持续扩大,城乡互联网普及率差距将逐步缩小。目前,各类企业加速进入农村电子商务领域,涉农上市企业纷纷通过移动电子商务等手段,涉足农村电子商务,区域性农村电子商务平台积极拓展农村服务新空间。农村电子商务在县域经济不断发展的支撑下,产生了巨大的产业动力,具有广阔的发展空间。

(5) 移动电子商务发展多元化

移动电子商务的发展中,非常重要的一个发展趋势是多元化的发展,移动电子商务未来一定会切入各个领域企业得到深入运作,创造更加完善的移动电子商务发展链条。在实现移动电子商务的便捷性,推行移动电子商务发展的同时,移动商务也会呈现多元化的发展态势,为消费者提供更加广泛的购物选择。

当然,我国移动电子商务的发展也受到了一些因素的制约。一是移动电子商务的模式有待完善。目前我国内容提供商和手机提供商的实力仍需加强。二是我国在移动电子商务特别是移动支付、移动安全认证方面的立法有待完善。三是移动通信技术本身的制约,包括上网速度、上网费用等制约。四是我国移动电子商务人才较为紧缺的制约因素。

1.2.4 我国移动电子商务的应用环境分析

1. 政策环境分析

(1) 政府积极倡导,法规不断完善

电子商务作为网络化的新型经济活动,正以前所未有的速度迅猛发展。我国要加快发展电子商务,这是以信息化带动工业化,以工业化促进信息化,走新型工业化发展道路的必然选择。因此,包括移动电子商务在内的电子商务发展,列入了国家《国民经济和社会发展信息化"十三五"规划》。国家"十三五"规划明确表示把移动电子商务作为支持创新发展的一个重要方向。在"十三五"规划的带动下,在4G提速和三网融合的催化下,我国移动互联网获得了加速变革与发展。

(2) 4G时代走向5G

中国的三大移动运营商分别开通了自己的3G、4G网络,并走向5G。2009年1月7日,中国电信(CDMA2000)、中国移动(TD-SCDMA)、中国联通(WCDMA)分获3张3G牌照,从此拉开了3G业务的序幕,这3家运营商提供话音业务、短信、彩信、可视电话、WAP、高数据上网以及手机电视等3G服务。2017年6月,中国移动和中兴通讯在广州开通了全国首个5G预商用测试基站。当年11月,中国移动联合高通和中兴通讯宣布,成功实现了全球首个基于3GPP R15标准的端到端5G新空口(5G NR)系统互通(IoDT);三家公司分别代表运营商、系统提供商和终端商,它们构成了一个完整的5G互通环节,这意味着中国5G在试验过程中的一个里程碑。

(3) 移动电子商务普及程度越来越高

移动互联网、企业移动应用商店是企业移动电子商务应用平台,通过移联企业潜在客户很方便地进入企业移动应用商店,获取各种产品资讯,享受各种商务服务。利用移动电子商务优势产品加快产业调整,创新营销,合理借助移动电子商务新技术,开创企业发展新思路,在国家"十三五"规划下快速发展,更好地布局移动电子商务。

2. 消费环境分析

(1) 移动电子商务规模不断发展

据中国互联网信息中心第46次《中国互联网络发展状况统计报告》统计,截至2020年6月,我国网民规模达9.40亿人,较2020年3月增长3625万人,互联网普及率达67%,较2020年3月提升2.5个百分点;我国手机网民规模达9.32亿人,较2020年3月增长3546万人;网民使用手机上网的比例达99.2%,较2020年3月基本持平。工信部公布的通信业经济运行情况数据显示,2020年1~8月,移动互联网累计流量达1039亿GB,同比增长33.7%。其中,通过手机上网的流量达1003亿GB,占移动互联网总流量的96.5%。8月当月户均移动互联网接入流量(DOU)达到11.5 GB/户,同比增长30.3%,比上年12月高2.66 GB/户。如图1.11所示。

中国移动电子商务市场实物交易规模的快速攀升主要来自三个方面重要力量的推动:

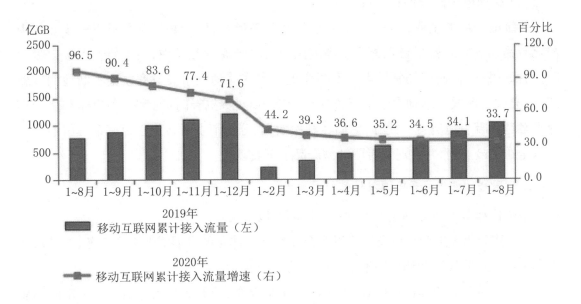

图1.11 移动互联网接入流量

① 移动电子商务用户规模及实物交易用户规模的增长将促使移动电子商务实物交易规模稳步上升。

② 根据艾瑞咨询对市场的研究发现,现阶段各移动电子商务平台实物交易客单价普遍较低。未来,随着PC端电子商务用户向手机端的渗透,移动电子商务用户消费结构将和传统电子商务用户消费结构趋同,实物交易客单价将稳步提升,这将有力促进实物交易规模的增长。

③ 当前移动电子商务平台在数量和影响力方面还很有限,随着更多移动电子商务平台的搭建,并为广大移动互联网用户熟知,移动电子商务实物交易订单量将稳步增长,这也会大大促进整体市场交易规模的增长。

(2) 移动购物消费越来越高

中国移动电子商务用户月均消费额度整体水平的提高是移动电子商务发展的必然结果,与人民生活水平的提升直接相关。随着未来手机大额支付的成熟以及移动电子商务平台大额商品的丰富,中国移动电子商务用户月均消费水平额度还会继续提升。中国独特的零售发展历史催生了全球最先进的数字市场之一。鉴于中国的购物者经验成熟度,交易数量快速增长,中国移动电子商务创新快速,同时移动电子商务整合了社交媒体、多媒体和其他的渠道,创造了独特的网购环境。中国移动购物活动并不只是交易,还是一种娱乐,一种发现,一种与朋友、名人和网上有影响力者之间的社交互动。这在很大程度上促进了移动购物的交易快速发展。

(3) 移动电子商务创新步伐加快

传统电子商务企业不停地创造新产品和服务模式,以期领先竞争对手一步。在中国化妆品、乳制品、糖果糕点等竞争高度激烈的电子商务品类中,由于新晋者极力吸引消费者的眼球,促使市场领导者会不断变更。中国移动电子商务商家会不断地测试新产品、尝试新模式。移动电子商务商家已经变得越来越善于同时利用多媒体和多个渠道来触达和吸引消费者。此外,它们在利用数据、分析消费者行为以更好地理解消费者上也走在了最前列,并在消费者驱动型产品上下真功夫。

3. 中国移动电子商务迅速发展的原因分析

中国移动电子商务迅速发展的主要原因有以下几点:

(1) 社会化大生产和市场经济以及全球经济一体化的发展需要电子商务,尤其需要不受地点、时间、气候和环境因素限制的移动电子商务。

(2) 中国经济持续稳定增长,人民收入水平提高,使购买移动电话有了一定的物质基础。

(3) 国家的扶植政策使移动电子商务迅速发展成为可能。

(4) 复杂的自然地理环境和多发的自然灾害,使我国发展移动电子商务比发展有线的电子商务更有意义。我国地域辽阔,地质条件复杂,三分之二国土为山地、丘陵和高原,在这样的地区,尤其在人员稀少的地方,架设有线线路和铺设光缆成本高、组网难,形成规模经营更难。而这些地区的经济正在启动,资源有待开发,产品需要外销,因而移动电子商务比较适用。

课堂讨论
CLASS DISCUSSION

为什么我国的移动电子商务能够获得如此快速的发展?

任务1.3　展望移动电子商务的发展趋势

1.3.1　移动电子商务市场发展迅猛

移动电子商务的发展已经势不可挡。随着全球经济化、信息化、移动通信技术的快速发展,移动电子商务将会与人们的生活越来越紧密,发展移动电子商务也将是各国电子商务的必然趋势。我国应积极抓住机遇,不断发展移动通信技术,完善网络基础设施,推进我国移动电子商务的快速发展。

传统电子商务的发展已经为移动电子商务发展奠定了良好的基础。在PC端,传统电子商务经过10多年的发展,在中国消费者中已经成为了一种时尚和重要的消费习惯。用户基于对电子商务的了解,可以快速实现对移动电子商务的认可和接受。随着中国手机用户数量和手机上网网民数量的进一步增长,以及移动电子商务应用意识和习惯在社会中的培养,我国手机网民已具有相当规模,移动电子商务的潜在用户规模将持续扩大。这为移动电子商务提供了巨大的发展空间。

此外,手机终端性能的不断提高、智能手机比例的逐步扩大和应用服务内容的不断丰富,也将使移动电子商务的应用环境不断改善、商务服务体系更加完善,这将促使规模庞大的潜在用户群体向移动电子商务服务进行渗透。移动电子商务服务将成为移动互联网用户生活中普遍使用的服务。

随着4G普及和5G时代的到来,移动商务等增值业务将会越来越受到运营商、服务商、终端厂商等从业企业的青睐,同行竞争、异域融合也将成为未来移动电子商务的发展趋势。虽然移动电子商务市场发展呈现迅猛增长的趋势,前景广阔,但与国际发达国家相比,行业标准、交易安全、信用问题、移动支付体系不完善、商业模式不清晰等众多业务模型相关因素导致前期市场培育受到一定阻碍,还需要进一步完善和提升。

1.3.2 我国移动电子商务发展趋势分析

2019年移动电子商务用户规模达7.13亿人,2020年预计能增长至7.88亿人。从年龄上,移动购物的年轻用户较多,有43.3%的移动电子商务用户为24岁以下,95后和00后开始成为移动电子商务的主力军。

我们对中国移动电子商务发展趋势进行简要的分析:2013~2018年,中国网络购物交易金额从2679亿元增长至57370亿元,复合增长率84.6%。2019年中国网络购物市场交易规模达到6.66万亿元。网络购物对经济的贡献越来越大,仍是目前零售的主流渠道。2020年第一季度我国移动网购在整体网络购物交易规模中占比达86.1%,远超PC端。移动端已超过PC端成为网购市场更主要的消费场景。移动电子商务的各类工具载体如图1.12所示。

图1.12 移动电子商务的各类工具载体

1. 移动电子商务发展趋势一：实体向商务转型的发展趋势

对于我国的移动电子商务发展来说，实体向商务转型是非常重要的发展趋势，更是商务形式在未来的扩展。根据目前的市场经济发展来看，各行各业已经逐渐步入了信息化和网络化的时代，再加上电子商务能够为其提供非常广阔的平台和基础，从而促进了各个行业向电子商务转型的速度和步伐。

在我国现在的市场环境中，存在着很多已经发展成熟的电子商务平台，比如京东商城、阿里巴巴等一些大型的网上商城，在这些平台中用户可以实现快捷的购物，促进移动电子商务的持续发展。另外，一些小型的平台和应用也正在非常快速地发展，不断完善自身，进而实现电子商务平台的更新。对于移动电子商务的市场基础来说，年轻人群为其提供了非常坚固的后备力量，通过消费人群对移动电子商务的使用，起到了支撑移动电子商务市场的重要作用。

2. 移动电子商务发展趋势二：市场规模扩展的发展趋势

随着社会经济的不断发展，移动电子商务的市场规模一定会发展得越来越大。对于目前的市场情况来说，移动电子商务已经包括了很多方面的业务内容，其中主要有家居商品、工业制品等，都在一定程度上实现了电子商务的运行。甚至有一些区域的行业都创建了专门的电子商务平台，将电子商务落实到实体中。

比如，在陕西省咸阳市的国际贸易商城中，男鞋的销售中心就已经形成了电子商务化的形式，有制造厂家直接将产品运输到销售店铺中，之后销售店铺通过网络平台的形式来实现男鞋的销售,并且完成交易,利用快递将产品送到消费者的手中。这种销售模式省去了很多中间环节,节省了销售成本,也给消费者带来了物美价廉的产品,因此,受到广大消费者的喜爱。在未来的发展过程中,移动电子商务的市场规模肯定会扩展得越来越大,从而促进移动电子商务的持续发展。

3. 移动电子商务发展趋势三:便捷和安全性统一发展的趋势

对于移动电子商务来说,便捷是其发展的最大特点,在未来的发展中,仍然会坚持这一理念,给消费者带来更加便捷的服务。目前,移动电子商务虽然在购物的环节真正实现了便捷性,消费者可以直接通过移动终端来完成支付,但是在货物的运输环节仍然存在着一些问题,货物要经过很长的时间才能到达消费者的手中,没有体现出移动电子商务的便捷性。因此,在这一环节中还有很多问题需要解决。

4. 多元化的移动购物集成

目前,中国的新闻网站、游戏、视频和电商相互连接起来构成了大型的在线平台,这些平台既有通过点击即可购买的植入式广告,又有支付选项的快速链接。中国消费者,特别是移动电子商务消费者主要是通过淘宝网等电商网站、爱奇艺等娱乐应用、微信等社交平台来发现自己想要购买的东西。目前中国最受欢迎移动端APP的淘宝和微信均已变成了平台化的超级应用。淘宝最初只是电商网站,如今则还提供社交和娱乐方面的功能。微信最初是社交平台,如今则可以让用户购买和销售产品。这些超级应用还提供各式各样的线上线下服务。通过它们,用户可以给其他人转账,订购餐食,打车,预约医生,缴纳水电费,获取电影票,等等,实现了移动电子商务无缝的集成化平台。

结合你对移动电子商务的认知,谈谈我国移动电子商务的发展将有什么趋势?

本项目是本书的总论,也是本书的重点章节之一。学习本项目应重点把握以下要点:

1. 要把握移动电子商务的定义。特别要注意到移动商务是在移动终端之间,或移动终端与网络终端之间,在移动状态下进行的,具有移动管理能力和整合增值能力的商务实现活动之一特征。

2. 了解国内外移动商务发展的现状和特点。

3. 了解我国移动的商务发展进程中所呈现的特点，以及这些特点在现实中的实际应用。

4. 了解我国移动的商务快速发展的基本情况，特别需要掌握我国移动电子商务的发展前景。

项目实训

1. 选择一个移动电子商务的应用场景，分析并总结移动电子商务的优势和特点。

2. 总结分析移动电子商务在全球的发展动态，分析为什么我国移动电子商务能够在短时间内在全球异军突起？

3. 分析移动电子商务的概念，总结移动电子商务的特征，列举移动电子商务在实际中的应用和其提供的服务。

4. 分析讨论我国电子商务的应用和发展趋势。

项目 2　掌握移动电子商务技术

知识目标

- 熟悉移动终端设备的类型与软件系统
- 熟悉二维码技术应用
- 掌握RFID技术的移动商务应用
- 了解移动定位技术与营销模式
- 了解移动通信技术
- 了解HTML5、CSS3移动开发技术

能力目标

- 能操作应用移动智能终端设备
- 能将二维码技术应用到实践
- 能将LBS应用到实践

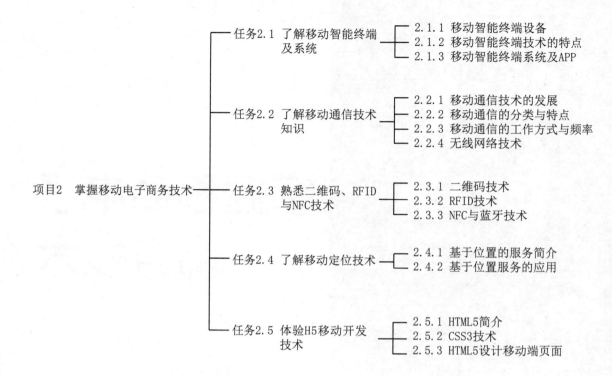

长沙移动公司使用二维码电影券

1. 背景

为体现移动公司对VIP客户的重视,满足客户对精神生活的渴望,长沙移动在今年5月份决定开展一次旨在针对VIP客户的关怀和回馈活动,通过二维码技术对VIP客户下发一条在给定时限内具备换特定场次的影城电子观影券的二维码彩信。湖南移动电子商务条码凭证业务在长沙试点,作为新业务的试点城市,长沙移动在条码凭证业务方面的成败直接关系着整个业务在湖南的推广。这次活动运用电子二维凭证码技术,并联合长沙部分电影院线场所开展活动。

这次活动主要是移动公司对VIP客户的一种关怀回馈,旨在满足VIP客户日益增长的精神生活需求。活动采取以电子兑换的方式进行,VIP客户在活动开始的时候收到由移动公司下发的一条二维码彩信,凭借该二维码信息可到公司指定的消费场所,享受免费的观影优惠。

2. 系统特点

（1）应用二维编码技术，保证防伪效果。

（2）实时查询数据，快速准确。

（3）采用多重数据安全技术，系统安全可靠。

（4）广泛适用性。

（5）经济可靠。

3. 实施方

长沙移动公司：二维码。

中影国际影院：电影观赏方单位。

新大陆公司：技术支持、维护。

4. 案例描述

手机二维码作为一种新兴技术在国外已经得到比较广泛和成熟的应用。2007年湖南省移动公司电子商务产品创新基地专门针对手机条码凭证应用实行了针对VIP客户发放VIP电子卡的试点项目，得到客户的广泛好评。为了在长沙全面推广手机条码凭证业务，进一步培养用户的使用习惯及对该业务的感知度，长沙移动公司邀请部分VIP客户参与手机二维码凭证业务体验活动，为二维码业务的推广奠定了基础。

为体现移动公司对VIP客户的重视，满足客户对精神生活的渴望，长沙移动在今年5月份决定开展一次旨在针对VIP客户的关怀和回馈活动，通过二维码技术对VIP客户下发一条在给定时限内具备换特定场次的影城电子观影券的二维码彩信。湖南移动电子商务条码凭证业务在长沙试点，作为新业务的试点城市，长沙移动在条码凭证业务方面的成败直接关系着整个业务在湖南的推广。这次活动运用电子二维凭证码技术，并联合长沙部分电影院线场所开展活动。

这次活动主要是移动公司对VIP客户的一种关怀回馈，满足VIP客户日益增长的精神生活需求。活动采取以电子兑换的方式进行，VIP客户在活动开始的时候收到由移动公司下发的一条二维码彩信，凭借该二维码信息可到公司指定的消费场所，享受免费的观影优惠。

5. 用户体会

大部分VIP客户在使用过手机二维码后，均认为其应用领域十分广泛，除了常见的电子票据、商品识别、防伪认证等，在手机购物、物流、政务等多个领域，二维码均能大显身手。在当前环境下，推广应用手机二维码票据的时机已经成熟。

相比于二维码电子票，传统纸质票据的弊病显而易见：售票、验票、退票等过程多由人工完成，效率低下，用户要排长队；为推广票务销售而增加销售网点，造成成本增加；

退票手续繁琐,票据携带不便,且丢失后无法补办;票紧俏时,将遭遇非法哄抬票价等问题;另外还存在票据被仿冒的现象。

而通过用户端手机二维码和商家端识读器的结合应用,则可消除传统票据的弊端,电影票、文体演出票、机票、车票等都可以通过手机二维码来实现。手机二维码可以存储传统"门票"的所有信息,拿电影票来说,可包含电影名、放映时间、座位和购票人姓名、联系方式等信息,并能保证唯一性和安全性。对消费者来说它带来了便利,对商家来说,也能降低票据制作、配送、现场购票成本,提高售票、验票效率,避免被仿冒的损失。

部分用户还表示,手机二维码应用于餐饮、旅游、文体、展览、零售等各行各业的票务领域,将会显著提升票务销售管理的效率,降低成本,提升客户服务质量,安全上也能得到保障。

二维码对商家的促销也很有帮助,以往商家在淡季或某类产品清货时,一般采用发送相关短信到顾客手机上的方式,现在就可以直接发送二维码格式的优惠券、折扣券了。顾客凭手机内的二维码前往店面消费便可享受优惠。通过手机二维码的形式,企业甚至可以向客户发送礼品券、免费停车券等,不一而足。

6. 系统架构及业务流程

系统拓扑图如图2.1所示。

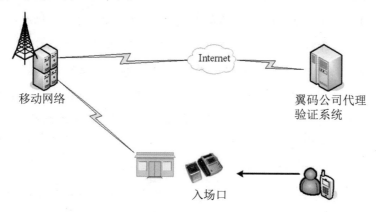

图2.1　二维码电影券发送系统

电子影票验票流程:

(1) 出示手机上的二维条码。

(2) 在专用识读机具上进行识读(如无法识读,输入辅助码)。

(3) 识读设备将电子票信息发送到上海翼码公司通用业务触发系统进行验证。

(4) 验证成功后识读机具打印出电子票凭条。

(5) 客户凭打印凭条即可兑换当天的任何一场电影的电影票。

(6) 移动公司凭打印凭条与电影院进行结算。

移动商务是传统电子商务的延伸,移动商务也必须在必要的技术支持下才能得到发展。这些技术包括移动通信和移动互联网技术、移动终端设备技术、二维码技术、视频识别技术、近场通信技术(NFC)、基于位置的服务技术、HTML5技术、云计算和大数据技术、物联网技术等。

(资料来源:http://ishare.iask.sina.com.cn/f/32ciYfh4Fgd.html)

任务2.1 了解移动智能终端及系统

2.1.1 移动智能终端设备

移动智能终端拥有接入互联网的能力,通常搭载各种操作系统,可根据用户需求定制各种功能。生活中常见的智能终端包括移动智能终端、车载智能终端、智能电视、可穿戴设备等。

1. 智能手机

智能手机(Smart Phone),是指像个人电脑一样,具有独立的操作系统,可以由用户自行安装软件、游戏等第三方服务商提供的程序,通过此类程序不断对手机的功能进行扩充,并可以通过移动通信网络来实现无线网络接入的这样一类手机的总称。手机已从功能性手机发展到以Android、IOS系统为代表的智能手机时代,是可以在较广范围内使用的便携式移动智能终端,已发展至4G时代。

2. 笔记本电脑

笔记本电脑又被称为"便携式电脑",其最大的特点就是机身小巧,相比PC携带方便。笔记本电脑十分轻便,在日常操作和基本商务、娱乐操作中,笔记本电脑完全可以胜任。在全球市场上有多种品牌,排名前列的有联想、华硕、戴尔(DELL)、ThinkPad、惠普(HP)、苹果(APPLE)、宏基(Acer)、索尼、东芝、三星等,如图2.2所示。

图2.2 笔记本电脑

3. PDA

PDA又称为掌上电脑,可以帮助我们在移动中工作、学习、娱乐等。按使用来分类,分为工业级PDA和消费品PDA。工业级PDA主要应用在工业领域,常见的有条码扫描器、RFID读写器、POS机等。工业级PDA内置高性能进口激光扫描引擎、高速CPU处理器、WINCE5.0/Android操作系统,具备超级防水、防摔及抗压能力,广泛用于鞋服、快消、速递、零售连锁、仓储、移动医疗等多个行业的数据采集,支持BT/GPRS/3G/WiFi等无线网络通信。智能手持终端如图2.3所示。

图2.3 智能手持终端

4. 平板电脑

平板电脑(Tablet Personal Computer,简称Tablet PC、Flat Pc、Tablet、Slates),是一种小型、方便携带的个人电脑,以触摸屏作为基本的输入设备。它拥有的触摸屏(也称为数位板技术)允许用户通过触控笔或数字笔来进行作业,而不局限于传统的键盘或鼠标。用户可以通过内建的手写识别、屏幕上的软键盘、语音识别或者一个真正的键盘(如果该机型配备的话)来进行作业。平板电脑由比尔·盖茨提出,支持来自Intel、AMD和ARM的芯片架构,从微软提出的平板电脑概念产品上看,平板电脑就是一款无须翻盖、没有键盘、小到可以放入女士手袋,但却功能完整的PC。平板电脑如图2.4所示。

图2.4 平板电脑

5. 车载智能终端

车载智能终端,具备GPS定位、车辆导航、采集和诊断故障信息等功能,在新一代汽车行业中得到了大量应用,能对车辆进行现代化管理,车载智能终端将在智能交通中发挥更大的作用。

6. 可穿戴设备

越来越多的科技公司开始大力开发智能眼镜、智能手表、智能手环、智能戒指等可穿戴设备产品。智能终端开始与时尚挂钩,人们的需求不再局限于可携带,更追求可穿戴,手表、戒指、眼镜都有可能成为智能终端。智能手表如图2.5所示。

图2.5 智能手表

2.1.2 移动智能终端技术的特点

移动终端设备不同于传统的固定办公设备,它有许多特殊的技术特征。专业型的移动终端设备一般包括输入工具、一个以上的显示屏幕、一定的计算和存储能力以及独立的电源。移动终端设备的主要特征有以下几个方面:

(1) 移动终端设备的显示屏幕小,而大多数设备使用多义键盘,通过按键来确定具体语义,操作起来比较麻烦,可操作性差。

(2) 移动终端设备都是依靠电池来维持的,而电池的使用期限很短。尽管电池技术一直在发展,但容量还是个限制因素。

(3) 移动终端设备内存和存储容量比传统的固定设备要小很多,但也在不断增加。

(4) 移动终端设备的安全性相对较差。

移动通信终端正逐渐向智能化方向发展,终端不仅是通信的工具,更是技术发展、市场策略和用户需求的体现,因此,受到移动互联网和物联网等大的战略发展方向的影响,移动通信终端将向通信终端融合化和各类物品通信化方向发展。

2.1.3 移动终端操作系统及APP

1. 移动终端设备操作系统

操作系统(OS)是对计算机系统内各种硬件和软件资源进行控制和管理,有效地组织多道程序运行的系统软件,是用户与计算机之间的接口。以前人们广泛认为操作系统就是计算机所拥有的,但现在手机和平板电脑等移动终端也应用了操作系统,包括Android、iOS、Windows Phone、华为鸿蒙系统。

(1) Android操作系统

Android(安卓)是Google于2007年11月5日宣布的基于Linux平台的开源手机操作系统,该平台由操作系统、中间件、用户界面和应用软件组成,Android系统架构由五部分组成,分别是Linux Kernel、Android Runtime、Libraries、Application Framework和Applications。

中国移动、中国联通、中兴通信、华为通信和联想等大企业纷纷使用了Android操作系统,而且Android手机系统是开放的,使得使用Android手机的人也越来越多,Android在中国的发展前景十分广阔。

(2) iOS操作系统

智能手机操作系统iOS作为苹果移动设备iPhone和iPad的操作系统,在APP Store的推动之下,成为了世界上引领潮流的操作系统之一。

iOS的用户界面的概念基本上是能够使用多点触控直接操作。控制方法包括滑动、轻触开关及按键。与系统交互包括滑动(Swiping)、轻按(Tapping)、挤压(Pinching,通常用于缩小)及反向挤压(Reverse Pinching or Unpinching,通常用于放大)。此外通过其自带的加速器,可以令其旋转设备改变其y轴以令屏幕改变方向,这样的设计令iPhone更便于使用。

(3) Windows Phone操作系统

全新的Windows手机把网络、个人电脑和手机的优势集于一身,让人们可以随时随地享受到想要的体验。

Windows Phone具有桌面定制、图标拖拽、滑动控制等一系列前卫的操作体验。其主屏幕通过提供类似仪表盘的体验来显示新的电子邮件、短信、未接来电、日历约会等,让人们对重要信息保持时刻更新。它还包括一个增强的触摸屏界面,更方便手指操作,以及一个最新版本的IE Mobile浏览器——该浏览器在一项由微软赞助的第三方调查研究中,与参与调研的其他浏览器和手机相比,可以执行指定任务的比例高达48%。很容易看出微软在用户操作体验上所做出的努力,而史蒂夫·鲍尔默也表示:"全新的

Windows手机把网络、个人电脑和手机的优势集于一身,让人们可以随时随地享受到想要的体验。"

(4) 华为鸿蒙系统(HongmengOS)

2019年8月9日,华为在东莞举行华为开发者大会,正式发布操作系统鸿蒙OS。

鸿蒙OS是一款"面向未来"的操作系统,一款基于微内核的面向全场景的分布式操作系统,现已适配智慧屏,未来它将适配手机、平板、电脑、智能汽车、可穿戴设备等多终端设备。2020年9月10日,鸿蒙系统升级至2.0版本。华为消费者业务CEO余承东表示,2020年12月份将面向开发者提供鸿蒙2.0的beta版本。

2. APP

APP即应用程序,英语全称Application,狭义的APP指的是智能手机的第三方应用程序,广义的APP指所有客户端软件,现多指移动应用程序。

移动终端设备上各种应用需要APP。主要应用的APP如表2.1所示。

表2.1 主要应用的APP

类 型	应 用 案 例
社交应用	微信、新浪微博、QQ空间、人人网、开心网、腾讯微博、米聊、Facebook、陌陌、朋友网、世纪佳缘等
地图导航	百度地图、Google地图、导航犬、凯立德地图、SOSO地图、高德地图、搜狗地图等
网购支付	淘宝、天猫、京东、拼多多、唯品会、蘑菇街、苏宁易购、支付宝、美团等
通话通信	手机QQ、Youni短信、阿里旺旺、掌上宝、掌上免费电话、云呼免费网络电话等
生活消费类	去哪儿、携程、114商旅、58同城、百姓网、赶集网、大众点评等
查询工具	墨迹天气、我查查、快拍二维码、航班管家、盛名列车时刻表等
拍摄美化	美图秀秀、3D全景照相机、美人相机、百度相机、天天P图等
影音播放	酷狗音乐、酷我音乐、爱奇艺、优酷、腾旭视频、芒果TV等

1. 举例说明你常用的移动设备在电子商务的应用有哪些。
2. 你的手机安装了哪些APP?

任务2.2　了解移动通信技术知识

2.2.1　移动通信技术的发展

1. 第一代——模拟移动通信系统

第一代(即1G,是the First Generation的缩写)移动通信系统的主要特征是采用模拟技术和频分多址(FDMA)技术,有多种制式。采用了蜂窝组网技术模拟蜂窝移动通信系统的主要有:

(1) 北美的AMPS。

(2) 北欧的NMT-450/900。

(3) 英国的TACS。

特点:FDMA、模拟调制、语音业务。

我国主要采用TACS,如A系统(摩托罗拉网)、B系统(爱立信网),早期大哥大如图2.6所示。其传输速率为2.4 kbps,由于受到传输带宽的限制,不能进行移动通信的长途漫游,只是一种区域性的移动通信系统。第一代移动通信系统在商业上取得了巨大的成功,但是其弊端也日渐显露出来,如频谱利用率低、业务种类有限、无高速数据业务、制式太多且互不兼容、保密性差、易被盗听和盗号、设备成本高、体积大、重量大。所以,第一代移动通信技术作为20世纪80年代到90年代初的产物已经完成了任务,退出了历史舞台。

图2.6　第一代手机

2. 第二代——数字移动通信系统

第二代(即2G,是the Second Generation的缩写)移动通信系统是从20世纪90年代初期到目前广泛使用的数字移动通信系统,采用的技术主要有时分多址(TDMA)和码分多址（CDMA）两种，它能够提供9.6～28.8 kbps的传输速率。全球主要采用GSM和CDMA两种制式，我国主要采用GSM这一标准，主要提供数字化的语音业务级低速数据化业务，克服了模拟系统的弱点。同第一代模拟移动蜂窝移动系统相比，第二代移动通信系统具有保密性强、频谱利用率高、能提供丰富的业务、标准化程度高等特点，可以进行省内外漫游。但因为采用的制式不同，移动标准还不统一，用户只能在同一制式覆盖的范围内进行漫游，还无法进行全球漫游，虽然第二代比第一代有更大的带宽，但带宽还是很有限，限制了数据的应用，还无法实现高速率的业务，如移动的多媒体业务。手机第二代机型如图2.7所示。

图2.7　第二代手机

3. 第三代——多媒体移动通信系统

随着通信业务的迅猛发展和通信量的激增，未来的移动通信系统不仅要有大的系统容量，还要能支持话音、数据、图像、多媒体等多种业务的有效传输。而第二代移动通信技术根本不能满足这样的通信要求，在这种情况下出现了第三代（即3G，是the Third Generation的缩写）多媒体移动通信系统。第三代移动通信系统在国际上统称为IMT-2000，是国际电信联盟（ITU）在1985年提出的工作在2000 MHz频段的系统。同第一代模拟移动通信和第二代数字移动通信系统相比，第三代的最主要特征是可提供移动多媒体业务。3G手机如图2.8所示。

图2.8　3G手机

4. 第四代移动通信系统

4G是第四代移动通信及其技术的简称，是集3G与WLAN于一体并能够传输高质量视频图像,以及图像传输质量与高清晰度电视不相上下的技术产品。4G系统能够以100 Mbps的速度下载,比拨号上网快2000倍,上传的速度能达到20 Mbps,并能够满足几乎所有用户对于无线服务的要求。而在用户最为关注的价格方面,4G与固定宽带网络不相上下,而且计费方式更加灵活机动,用户完全可以根据自身的需求确定所需的服务。此外,4G可以在DSL和有线电视调制解调器没有覆盖的地方部署,然后再扩展到整个地区。关键技术主要有:

(1) OFDM技术。它实际上是多载波调制MCM的一种。其主要原理是:将待传输的高速串行数据经串/并变换,变成在n个子信道上并行传输的低速数据流,再用n个相互正交的载波进行调制,然后叠加一起发送。接收端用相干载波进行相干接收,再经并/串变换恢复为原高速数据。

(2) 多输入多输出(MIMO)技术。多输入多输出(MIMO)技术是无线移动通信领域智能天线技术的重大突破。该技术能在不增加带宽的情况下成倍地提高通信系统的容量和频谱利用率,是下一代移动通信系统的核心技术之一。

(3) 切换技术。切换技术能够实现移动终端在不同小区之间跨越和在不同频率之间通信以及在信号质量降低时如何选择信道。它是未来移动终端在众多通信系统、移动小区之间建立可靠通信的基础。

(4) 软件无线电技术。软件无线电是将标准化、模块化的硬件功能单元经过一个通用硬件平台,利用软件加载方式来实现各种类型的无线电通信系统的一种具有开放式结构的新技术。

(5) IPv6协议技术。3G网络采用的主要是蜂窝组网,而4G系统将是一个基于全IP的移动通信网络,可以实现不同类型的接入系统和通信网络之间的无缝连接。4G终将取代现有的IPv4协议,采用全分组方式传送数据的IPv6协议。

5. 5G移动通信系统

5G是新一代宽带移动通信发展的主要方向,随着4G/LTE进入规模商用,以及移动互联网和物联网的快速发展,全球产业界已将研发重点转向5G。从国际发展态势来看,2015年,5G技术全球发展亦进入到技术研发和标准化准备的关键时期,ITU(国际电联)已完成第五代移动通信定名、愿景及时间表等关键内容,并于2015年启动5G标准前研究。据2015年2月11日下午消息,IMT-2020(5G)推进组在北京召开5G概念白皮书发布会。中国信息通信研究院院长曹淑敏介绍了推进组在5G需求、技术、频谱及国际合作等方面取得的重要阶段性研究成果。中国信息通信研究院罗振东博士代表推进组,发布了推进组5G概念白皮书。白皮书从移动互联网和物联网主要应用场景、业务需求及挑战出发,归纳出连续广域覆盖、热点高容量、低功耗大连接和低时延高可靠四个5G主要技术场景。目前IMT-2020(5G)推进组已有56家成员单位,涵盖国内移动通信领域产学研用主要力量,是推动国内5G技术研究及国际交流合作的主要平台。

5G移动通信系统的关键技术:

(1) 无线传输技术

① 大规模MIMO技术。大规模MIMO的空间分辨率已经得到了很大程度的加强。在这种情况下,它能够进一步地挖掘空间,对其维度进行把握,使得不同的用户能够在同一时间自由进行通信,从而能够不需要增加基站密度就可以实现频谱效率的提高。此外,在大规模的MIMO中可以将波束集中在很窄的区域内,从而能够大幅度地降低干扰,同时也能够提高功率。

② 基于滤波器组的多载波技术(FBMC)。5G移动信息系统中,基于滤波器组的多载波技术可以解决很多问题,目前通信系统所使用的OFDM技术虽然在对抗多径衰落、频谱效率方面有一定的优势,但其对于无线传输系统大范围带宽中的一些空白频谱缺乏应用能力。FBMC技术作为5G移动通信系统多载波方案的重要选择,吸引了越来越多的人的研究兴趣。由于在FBMC技术中,多载波性能取决于原型滤波器的设计和调制滤波器的设计,而为了满足特定的频率响应特性的要求,要求原型滤波器的长度远远大于子信道的数量,但这实现复杂度高,不利于硬件实现。5G移动通信发展符合要求的滤波器组的快速实现算法,是FBMC技术重要的研究内容。

(2) 无线网络技术

① 自组织网络技术。在传统的系统中,其运行维护工作、网络部署工作都需要人力完成,所以在推广5G移动通信的过程中,需要更多的人力。为了解决这一问题,减少工作中产生的人工失误,就需要将先进的技术方式应用其中,即自组织网络技术。在5G移动通信中,包含了很多异构网络,而这一现象会增加节点的复杂性,以自组织网络技术为基础,可以提高5G移动通信系统的自配效率、优化程度等。

② 超密集异构网络技术。超密集异构网络技术指的是对比当前无线传输技术中的低功率节点部署,其密度将会得到明显提升,这种技术的应用可以让站点距离得到缩短,进而扩大支持用户范围,据估算,在应用此种技术后,1 km^{2}内可以支持的用户多达25000个,进而提升用户的服务体验。

2.2.2 移动通信的分类与特点

1. 移动通信的分类

移动通信按用途、制式、频段以及入网方式等的不同,可以有不同的分类方法。常见的一些分类方法如下：

(1) 按使用环境可分为陆地通信、海上通信和空中通信。

(2) 按使用对象可分为民用设备和军用设备。

(3) 按多址方式可分为频分多址(FDMA)、时分多址(TDMA)和码分多址(CDMA)等。

(4) 按接入方式可分为频分双工(FDD)和时分双工(TDD)。

(5) 按覆盖范围可分为宽域网和局域网。

(6) 按业务类型可分为电话网、数据网和综合业务网。

(7) 按工作方式可分为同频单工、异频单工、异频双工和半双工。

(8) 按服务范围可分为专用网和公用网。

(9) 按信号形式可分为模拟网和数字网。

随着移动通信应用范围的扩大，移动通信系统的类型也越来越多。常用移动通信系统有蜂窝移动通信系统、无线电寻呼系统、无绳电话系统、集群移动通信系统和卫星通信系统等。

2. 移动通信的特点

与其他通信方式相比较，移动通信有如下特点：

(1) 移动通信的电波传播环境恶劣：多径效应、多普勒效应等。

(2) 受干扰和噪声的影响。

(3) 频带利用率要求高。

(4) 移动台的移动性强。

(5) 建网技术复杂。

2.2.3 移动通信的工作方式与频率

将移动通信按照用户的通话状态和频率使用的方法来分，有三种工作方式：单工制、半双工制和双工制。

1. 单工通信

单工制分单频(同频)单工和双频(异频)单工两种。

(1) 同频单工。同频是指通信的双方使用相同工作频率(F1)，单工是指通信双方的操作采用"按-讲"(Push to Talk, PTT)方式。平时，双方的接收机均处于守听状态。在该方式中，电台的收发信机是交替工作的，故收发信机不需要使用天线共用器，而是使用同一副天线。

同频单工的优点：设备简单；移动台之间可直接通话，不需基站转接；不按键时发射机不工作,因此功耗小。

它的缺点:只适用于组建简单和甚小容量的通信网;当有两个以上移动台同时发射时就会出现同频干扰。为了避免干扰,要求相邻频率的间隔大于4 MHz,因而频谱利用率低;按键发话,松键受话,使用者很不习惯。

(2) 异频单工。它是指通信的双方使用两个不同的频率(F1和F2),而操作仍采用"按-讲"方式。由于收发使用不同的频率,同一部电台的收发信机可以交替工作,也可以收常开,只控制发,即按下PTT发射。其优缺点与同频单工基本相同。在无中心台转发的情况下,电台需配对使用,否则通信双方无法通话。

由于使用收发频率有一定保护间隔的异频工作,提高了抗干扰能力,从而可用于组建有几个频道同时工作的通信网。

2. 半双工通信

半双工制是指在通信的双方当中,有一方(如A方)使用双工方式,即收发信机同时工作,且使用两个不同的频率,另一方(如B方)则采用双频单工方式,即收发信机交替工作。它主要用于有中心转信台的无线调度系统。

半双工制的优点:移动台设备简单,价格低,耗电少;收发采用不同频率,提高了频谱利用率;移动台受邻近电台干扰小。

它的缺点:移动台仍需按键发话,松键受话,使用不方便。

由于收发使用不同的频率,同一部电台的收发信机可以交替工作,也可以收常开,只控制发,即按下PTT发射。在中心台转发的系统中,移动台必须使用该方式。

3. 全双工通信

双工制是指通信的双方,收发信机均同时工作,即任意一方在发话的同时,也能收听到对方的话音,无需按PTT开关,类似于平时打市话,使用自然,操作方便。双工制也可分为同频双工和异频双工两种。

异频双工制的优点:收发频率分开可大大减少干扰;用户使用方便。

它的缺点:移动台在通话过程中总是处于发射状态,因而功耗大;移动台之间通话需占用两个频道;设备较复杂,价格较贵。

在没有中心台转发的情况下,异频双工电台需配对使用,否则通信双方无法通话。

同频双工采用时分双工(TDD)技术,是近些年发展起来的新技术。所谓时分双工制式(TDD),是指上、下行信道使用相同的频率,但工作在不同的时隙内。其优点是通信系统无需占用两段频带,且使用灵活方便,但是通信系统必须是时分多址接入系统。

还有一种是频分双工制式(FDD),是指下行信道(由基站到移动台)和上行信道(由移动台到基站)所用频率的双工频差为10 MHz到几十MHz。这种制式可以避免收发信机自身的干扰,缺点是双工频分信道需要占用频差为几十MHz的两个频段才能工作。当今的蜂窝移动通信系统仍采用频分双工制式。

4. 移动通信网络的频率配置

无线电频谱是有限的非常宝贵的自然资源,为使有限的资源得到充分的利用,国际上以及各个国家都设有权威的机构来加强对无线电频谱资源的管理,按无线电业务进行频率的划分和配置。把某一频段供某一种或多种地面或空间业务在规定的条件下使用的规定,称为频率配置,如表2.1所示。ITU以及各个国家无线电主管部门为移动业务划分和分配了多个频段,考虑到无线电波传播的特点,移动业务使用的频段基本都在3 GHz以下。

表2.1 频率配置

频 段	频 率	业务类型
150 MHz	138～149.9 MHz；150.05～167 MHz	无线寻呼业务
450 MHz	403～420 MHz；450～470 MHz	移动业务
800 MHz	806～821 MHz；851～866 MHz	集群移动通信
	821～825 MHz；866～870 MHz	移动数据业务
	825～835 MHz；870～880 MHz	蜂窝移动业务
	840～843 MHz	无绳电话
900 MHz	890～915 MHz；935～960 MHz	蜂窝移动业务
	915～917 MHz	无中心移动系统

我国民用移动通信中,用于蜂窝移动通信的频段安排如下:对于公用数字移动电话网(GSM系统),它有两个工作频段,一个是GSM900 MHz频段,另一个是DCS1800 MHz频段。

目前已规划给公众蜂窝移动通信系统的825～835 MHz/870～880 MHz、885～915 MHz/930～960 MHz和1710～1755 MHz/1805～1850 MHz频段,同时规划作为第三代公众移动通信系统FDD方式的扩展频段。

2.2.4 无线网络技术

1. 无线通信网络分类

根据应用领域可分为:

(1) 无线个域网(WPAN):在小范围内相互连接数个装置所形成的无线网络,通常是个人可及的范围内。例如蓝牙连接耳机及膝上电脑,ZigBee也提供了无线个人网的应用平台。

（2）无线局域网（WLAN）：相当便利的数据传输系统，它利用射频（Radio Frequency；RF）的技术，取代旧式碍手碍脚的双绞铜线（Coaxial）所构成的局域网络，使得无线局域网络能利用简单的存取架构让用户透过它，达到"信息随身化、便利走天下"的理想境界。

（3）无线区域网（WRAN）：基于认知无线电技术，IEEE802.22定义了适用于WRAN系统的空中接口。WRAN系统工作在47～910 MHz高频段/超高频段的电视频带内，由于已经有用户（如电视用户）占用了这个频段，因此802.22设备必须要探测出使用相同频率的系统以避免干扰。

（4）无线城域网（WMAN）：主要用于解决城域网的接入问题，覆盖范围为几千米到几十千米，除提供固定的无线接入外，还提供具有移动性的接入能力，包括多信道多点分配系统（Multichannel MultipointDistribution System，MMDS）、本地多点分配系统（Local Multipoint Distribution System，LMDS）、IEEE 802.16 和 ETSI HiperMAN（HighPerformance MAN，高性能城域网）技术。

（5）蜂房移动通信网（WWAN）：无线广域网。WWAN技术是使得笔记本电脑或者其他的设备装置在蜂窝网络覆盖范围内可以在任何地方连接到互联网。主要的无线服务提供商Verizon Wireless、Sprint Nextel等提供宽带WWAN服务，其下载速度可以与DSL相媲美。

从无线网络的应用角度看，还可以划分出无线传感器网络、无线Mesh网络、无线穿戴网络、无线体域网等，这些网络一般是基于已有的无线网络技术，针对具体的应用而构建的无线网络。三种无线网络的特点如表2.2所示。

表2.2　三种无线网络的特点

WPAN	WLAN	WMAN
☞ 2.4 GHz ISM 免费频段 ☞ 低功耗、低成本 ☞ 短距离通信(10 m) ☞ 低速传输(723 Kbps) ☞ 点到点及点到多点组网 ☞ 连接便携及固定设备	☞ 2.4/5.8 GHz ISM 免费频段 ☞ 高传输速率（600 Mbps） ☞ 中近距离通信（100～300 m） ☞ 动态速率调整 ☞ 支持 MESH 组网 ☞ 支持慢速移动	☞ 2～66 G 频段 　2～11 GHz 应用于非视距传输 　10～66 GHz 应用于视距传输 ☞ 较高传输速率 　802.16～2009 最大速率 144 Mbps 　802.16e 最大下载速率 6 Mbps ☞ 远距离通信 　802.16～2009 传输距离 50 km 　802.16e 传输距离 3～5 km ☞ 支持车速移动(802.16e)

2. 无线网络的技术标准与特点

（1）技术标准

无线技术包括了无线局域网技术和以 GPRS/3G 为代表的无线上网技术，这些标准和技术发展至今，已经出现了包括 IEEE802.11、蓝牙技术和 HomeRF 等在内的多项标准和规范，以 IEEE（电气和电子工程师协会）为代表的多个研究机构针对不同的应用场合，制定了一系列协议标准，推动了无线局域网的实用化。这些协议由 WiFi（WiFi 联盟是一家世界性组织，成立的目标是确保符合 802.11 标准的 WLAN 产品之间的相互协作性）组织制定和进行认证。

常见标准有以下几种：

① IEEE 802.11a：使用 5 GHz 频段，传输速度 54 Mbps，与 802.11b 不兼容。

② IEEE 802.11b：使用 2.4 GHz 频段，传输速度 11 Mbps。

③ IEEE 802.11g：使用 2.4 GHz 频段，传输速度主要有 54 Mbps、108 Mbps，可向下兼容 802.11b。

④ IEEE 802.11n 草案：使用 2.4 GHz 频段，传输速度可达 300 Mbps，目前标准尚为草案，但产品已层出不穷。

目前 IEEE 802.11b 最常用，但 IEEE 802.11g 更具下一代标准的实力，802.11n 也在快速发展中。

IEEE 802.11b 标准含有确保访问控制和加密的两个部分，这两个部分必须在无线 LAN 中的每个设备上配置。拥有成百上千台无线 LAN 用户的公司需要可靠的安全解决方案，可以从一个控制中心进行有效的管理。缺乏集中的安全控制是无线 LAN 只在一些相对较小的公司和特定应用中得到使用的根本原因。

IEEE 802.11b 标准定义了两种机理来提供无线 LAN 的访问控制和保密：服务配置标识符（SSID）和有线等效保密（WEP）。还有一种加密的机制是通过透明运行在无线 LAN 上的虚拟专网（VPN）来进行的。

无线 LAN 中经常用到的一个特性是称为 SSID 的命名编号，它提供低级别上的访问控制。SSID 通常是无线 LAN 子系统中设备的网络名称；它用于在本地分割子系统。IEEE802.11b 标准规定了一种称为有线等效保密（或称为 WEP）的可选加密方案，提供了确保无线 LAN 数据流的机制。WEP 利用一个对称的方案，在数据的加密和解密过程中使用相同的密钥和算法。

（2）无线网络的特点

构造无处不在的计算环境，真正实现 6A：任何人（Anyone）在任何时候（Anytime）、任何地点（Anywhere）可以采用任何方式（Anymeans）与其他任何人（Any Other）进行任何通信(Anything)。无线网络技术是实现6A梦想/移动计算/普适计算(Ubiquitous Computing)的核心技术。特点如下：

① 构造无处不在的计算环境。

② 传输速率偏慢。

③ 信号易受干扰。

④ 安全隐患多。

⑤ 通信成本高等固有的局限性。

(3) WLAN工作模式

① 独立型网络模式(Independent BSS)如图2.9(a)所示：无需AP支持，站点间可相互通信。

② 基础结构型网络模式如图2.9(b)、图2.9(c)所示：基础结构型BSS (Infrastructure BSS)：站点间不能直接通信，必须依赖AP进行数据传输。AP提供到有线网络的连接，并为站点提供数据中继功能。

③ 扩展服务集合ESS(Extended Service Set)：一组通过分布式系统(DS)互连的具有相同SSID的BSS。

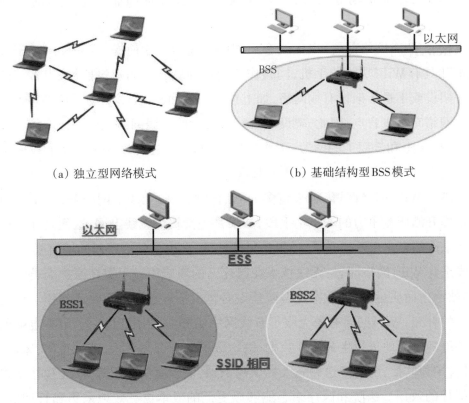

(a) 独立型网络模式　　(b) 基础结构型BSS模式

(c) 扩展服务集合ESS模式

图2.9　WLAN工作模式

3. 无线网络发展趋势及应用领域

(1) 发展趋势

随着3G时代无线应用的日渐丰富,以及无线终端设备的层出不穷,对于无线网络,尤其是基于802.11技术标准的WiFi无线网络,在802.11n产品技术应用逐渐成为市场主流应用的当下,基于WiFi技术的无线网络不但在带宽、覆盖范围等技术上均取得了极大提升,同时在应用上,也已从当初"随时、随地、随心所欲的接入"服务转变成车载无线、无线语音、无线视频、无线校园、无线医疗、无线城市、无线定位等诸多丰富的无线应用。与之前无线网络延伸有线网络,满足用户随时、随地、随心所欲的接入互联网不同,如今的无线网络已不再只是单纯地满足用户的接入服务,而是更多地参与到企业信息化业务当中。

(2) 应用领域

WiFi服务提供商无线网络部署:公众场所的无线网络建设的必要性更是无可否认的,目前全国各地的无线城市建设就是一个最为有力的例证。作为电信运营商,这是一个扩展业务范围,实现应用性创新的战略手段;作为政府机构,这是便民服务的新体现;作为机场等场所,则是提高工作效率、加强业务竞争力的基础设施建设。

无线校园WiFi网络部署:以无线客户端的高速增长为前提,现在校园学子大多拥有笔记本和具有WiFi功能的手机,同时作为建设周期较长的建筑群体,很多校园内的建筑无法架设或不适于架设有线网络,加上校园占地面积大、空旷场所较多等特性也决定了有线网络有不少盲点,因此,架设一个复杂强大的无线网络能极大提高校园信息化的建设,提高学生和教职工的学习、工作效率。同时,它还可以分为免费的校园网内接入和付费的广域网运营两个部分来实现双赢。

无线酒店WiFi网络部署:越来越多的酒店开始配备无线上网服务,对于酒店行业而言这是提升酒店竞争力的一个小手段,如果是免费提供无线上网,这便是在酒店业务商品化下采取的客户亲近战略了,如果是付费的话,那也是创造了新的增值服务。

无线医疗WiFi网络部署:无线技术在医疗上的新应用对于提高医护人员的工作效率,提高救治生命质量,推动数字化医院建设必将发挥着越来越重要的作用。作为医院有线网络的补充,WiFi网络有效克服了有线网络的弊端,利用PDA、笔记本电脑或移动诊疗设备可随时随地进行生命体征数据、医护数据的查询与录入,医生查房,床边护理,呼叫通信,护理监控,药物配送和病人标识码识别,语音通信应用等等,无线技术将会发挥难以替代的效用。医院和医疗中心能够以更低的成本更有效地采集和管理信息,这不仅节省了时间,而且在特殊情况下还挽救了生命。

此外，对于企业办公环境来说，架设无线网络，则是从实现移动办公、提高工作效率出发的，虽然这并不能给企业带来直接的利润增长，甚至可能会增加企业的IT建设成本，如果再加上维护管理，TCO可能会增加不少，但其带来的便携移动性是无可比拟的，像公司内部的会议、网络电话，都将会方便很多，如果是实现了FMC，那对于跨地区或跨国公司来说，其通信成本反而是减少的。

其他领域的应用：除了以上一些相对典型的应用领域，无线网络在其他地方还存在着相当广泛的应用，无线网络必能用一张无形的网将整个世界紧密地连接起来。

回忆个人手机从3G到4G更换的感受，分析4G网络的应用领域及其发展技术。谈谈5G将来的发展应用情况。

任务2.3　熟悉二维码、RFID与NFC技术

2.3.1　二维码技术

二维条码/二维码，是用某种特定的几何图形按一定规律在平面(二维方向上)分布的黑白相间的记录数据符号信息的图形。它在代码编制上巧妙地利用构成计算机内部逻辑基础的"0""1"比特流的概念，使用若干个与二进制相对应的几何形体来表示文字数值信息，通过图像输入设备或光电扫描设备自动识读以实现信息自动处理。它具有条码技术的一些共性：每种码制有其特定的字符集；每个字符占有一定的宽度；具有一定的校验功能等。同时它还具有对不同行的信息自动识别的功能，以及处理图形旋转变化点的功能。

1. 二维码分类

二维条码通常分为以下类型：

(1) 行排式二维条码(2D STACKED BAR CODE)，又称堆积式二维条码或层排式二维条码，其编码原理是建立在一维条码基础之上的，按需要堆积成两行或多行。具有代表性的行排式二维条码有PDF417、CODE49、CODE16K等，如图2.10(a)所示。

(2) 矩阵式二维条码(2D MATRIX BAR CODE),又称棋盘式二维条码。具有代表性的矩阵式二维条码有 QR Code、Data Matrix、Maxi Code、Code one 等,如图 2.10(b)所示。

(a) PDF417 二维条码　　　　　　　　(b) QR Code

图 2.10　二维码图形

2. 二维码的特性

(1) PDF417 条码特性。PDF417 条码是一种高密度、高信息含量的便携式数据文件,是实现证件及卡片等高可靠性信息自动存储、携带并可用机器自动识读的理想手段。其特性如表 2.3 所示。

表 2.3　PDF417 条码的特性

项　目	特　性
可编码字符集全	ASCIIS 字符或 8 位二进制数据,可表示汉字
类型	连续、多层
字符自校验功能	有
符号尺寸	可变,高度 3 到 90 行,宽度 90 到 583 个模块宽度
双向可读	是
错误纠正码词数	2 到 512 个
理想容量 (错误纠正级别为 0 时)	1850 个文本字符或 2710 个数字或 1108 个字节
附加属性	可选择纠错级别、可跨行扫描、宏 PDF417 条码、全球标记标识符等

(2) QR Code 条码特性。QR Code 是由日本 Denso 公司于 1994 年 9 月研制的一种矩阵式二维条码,它除具有二维条码所具有的信息容量大、可靠性高、可表示汉字及图像多种信息、保密防伪性强等优点外,还具有以下特点:

① 超高速识读:QR Code 码的超高速识读特性,使它适宜应用于工业自动化生产线管理等领域。

② 全方位识读:QR Code 具有全方位(360°)识读特点。

③ 能够有效地表示中国汉字、日本汉字。

④ 数据类型与容量:数字 7089 个字符,字母 4296 个字符,汉字 1817 个字符。

⑤ 数据表示方法:深色模块表示二进制 1,浅色模块表示二进制 0。

⑥ 纠错能力:L 级(7%)、M 级(15%)、Q 级(25%)、H 级(30%)。

⑦ 结构连接:最多 16 个 QR 条码字符。

3. 常见二维码应用

(1) 火车票实名制。火车票实名制是指乘客在购买火车票和乘坐火车时,需要登记、核查个人的真实姓名和身份的一种制度。从某种角度上讲,火车票实名制可以打击非法贩卖火车票的行为,对预防、减少和打击铁路沿线上的各种犯罪行为,保障乘客的人身安全,加强乘车管理都有一定的作用。火车票实名制的主要目的是解决售票难、买票难的问题。二维码的火车票实名制应用如图 2.11 所示。

图 2.11 二维码的火车票实名制应用

(2) 超市商品信息管理。将蔬菜、肉类、奶类等的生产厂家、生产日期、出厂日期、物流等信息生成二维码,贴在包装袋上。消费者购买产品时,只需手机扫码或编辑码号发短信,即可随时随地查询产品源信息与质量认证信息等,并可及时举报虚假、错误信息,如图 2.12 所示。

图2.12 二维码的超市商品信息管理应用

2.3.2 RFID技术

射频识别（RFID，Radio Frequency Identification）技术，又称无线射频识别，是一种通信技术，俗称电子标签，可通过无线电讯号识别特定目标并读写相关数据，而无需识别系统与特定目标之间建立机械或光学接触。从概念上来讲，RFID类似于条码扫描。对于条码技术而言，它是将已编码的条形码附着于目标物并使用专用的扫描读写器利用光信号将信息由条形磁传送到扫描读写器。而RFID则使用专用的RFID读写器及专门的可附着于目标物的RFID标签，利用频率信号将信息由RFID标签传送至RFID读写器。

1. RFID系统组成

从结构上讲RFID是一种简单的无线系统，只有两个基本器件，该系统用于控制、检测和跟踪物体。系统由一个询问器（平台）和很多应答器组成。其组成部分如下：

标签（Tag）：由耦合元件及芯片组成，每个标签具有唯一的电子编码，附着在物体上标识目标对象。

阅读器（Reader）：读取（有时还可以写入）标签信息的设备，可设计为手持式或固定式。

天线（Antenna）：在标签和读取器间传递射频信号。

2. RFID的特点

射频识别系统最重要的优点是非接触识别，它能穿透雪、雾、冰、涂料、尘垢和条形码无法使用的恶劣环境阅读标签，并且阅读速度极快，大多数情况下不到100 ms。有源式射频识别系统的速写能力也是其重要的优点，可用于流程跟踪和维修跟踪等交互式业务。

制约射频识别系统发展的主要问题是不兼容的标准。射频识别系统的主要厂商提供的都是专用系统,导致不同的应用和不同的行业采用不同厂商的频率和协议标准,这种混乱和割据的状况已经制约了整个射频识别行业的发展。许多欧美组织正在着手解决这个问题,并已经取得了一些成绩。标准化必将刺激射频识别技术的大幅度发展和广泛应用。

3. RFID常见分类

(1) RFID按应用频率的不同分为低频(LF)、高频(HF)、超高频(UHF)、微波(MW),相对应的代表性频率分别为:低频135 kHz以下、高频13.56 MHz、超高频860~960 MHz、微波2.4~5.8 GHz。

(2) RFID按照能源的供给方式分为无源RFID、有源RFID以及半有源RFID。无源RFID读写距离近,价格低;有源RFID可以提供更远的读写距离,但是需要电池供电,成本要更高一些,适用于远距离读写的应用场合。

无源RFID产品发展得最早,也是发展得最成熟、市场应用最广的产品。比如公交卡、食堂餐卡、银行卡、宾馆门禁卡、二代身份证等,这些在我们的日常生活中随处可见,属于近距离接触式识别类。其产品的主要工作频率有低频125 kHz、高频13.56 MHz、超高频433 MHz和超高频915 MHz。

有源RFID产品,是最近几年才慢慢发展起来的,其远距离自动识别的特性决定了其巨大的应用空间和市场潜质。在远距离自动识别领域,如智能监狱、智能医院、智能停车场、智能交通、智慧城市、智慧地球及物联网等领域有重大应用。有源RFID在这个领域异军突起,属于远距离自动识别类。产品主要工作频率有超高频433 MHz、微波2.45 GHz和微波5.8 GHz。

半有源RFID产品,结合了有源RFID产品及无源RFID产品的优势,在低频125 kHz频率的触发下,让微波2.45 GHz发挥优势。半有源RFID技术,也可称作低频激活触发技术,利用低频近距离精确定位、微波远距离识别和上传数据,来解决单纯的有源RFID和无源RFID没有办法实现的功能。简单地说,就是近距离激活定位、远距离识别及上传数据。在门禁进出管理、人员精确定位、区域定位管理、周界管理、电子围栏及安防报警等领域有着很大的优势。

4. RFID技术应用

RFID技术应用极其广泛,在物流和供应管理、生产制造和装配、航空行李处理、邮件/快运包裹处理、文档追踪/图书馆管理、动物身份标识、运动计时、门禁控制/电子门票、道路自动收费(ETC)、一卡通、仓储中塑料托盘、食品药品安全等方面获得广泛应用。RFID图书管理系统应用案例如图2.13所示。

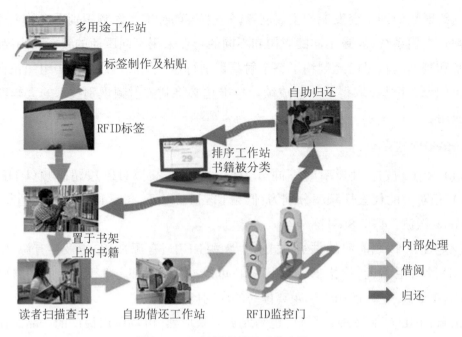

图2.13　RFID图书管理系统应用

通过引入RFID电子标签、RFID电子监控防盗门(单信道或多信道)、自助式借阅/归还工作站(带有摄像头)、前台/管理员工作站(多用途)、盘点扫描阅读器、自助式还书箱、排序工作站、标签转换工作站(标签打印机)、管理工作站、服务器等硬件设备,结合高可靠性的中间件软件,与图书馆管理完美结合,从而解决图书馆管理中所遇到的问题,实现借阅、归还、上架、盘点等自助式服务。

2.2.3　NFC与蓝牙技术

1. NFC技术

NFC(Near Field Communication)即近场通信,是由飞利浦公司和索尼公司共同开发的。NFC是种非接触式识别和互联技术,可以在移动设备、消费类电子产品、PC和智能控件工具间进行近距离无线通信。NFC提供了一种简单、触控式的解决方案,可以让消费者简单直观地交换信息、访问内容与服务。NFC技术允许电子设备之间进行非接触式点对点数据传输。在10 cm内交换数据,其传输速度有106 Kbi/s、212 Kbi/s和424 Khi/s三种。NFC工作模式有卡模式、点对点模式和读卡器模式。虽然NFC和蓝牙都是短程通信技术,而且都被集成到移动电话,但NFC不需要复杂的设置程序,并且NFC也可以简化蓝牙连接。NFC技术不需要电源,对于移动终端或是其他移动消费性电子产品来说,NFC运用场景的使用比较方便。

首先,NFC是种提供轻松、安全、迅速的通信的无线连接技术,其传输范围比RFID小,RFID的传输范围可以达到几米,甚至几十米,但NFC由于采取了独特的信号衰减技术,相对于RFID来说具有距离近、带宽高、能耗低等特点。其次,NFC与现有非接触智能卡技术兼容,目前已经成为越来越多的主要厂商的正式标准。再次,NFC还是一种近距离连接协议,提供各种设备间轻松、安全、迅速而自动的通信。与无线世界中的其他连接方式相比,NFC是一种近距离的私密通信方式。最后,RFID更多地被应用在生产、物流、跟踪、资产管理上,而NFC则在门禁、公交、手机支付等领域发挥着巨大的作用。手机内置NFC芯片成为组成RFID模块的一部分,可以当作RFID无源标签用来支付费用,也可以当作RFID读写器用作数据交换与采集。NFC技术支持多种应用,包括移动支付与交易、对等式通信及移动中信息访问等。通过NFC手机,人们可以在任何地点、任何时间,通过任何设备,与他们希望得到的娱乐服务与交易联系在一起,从而完成付款,获取海报信息等。NFC设备可以用作非接触式智能卡、智能卡的读写器终端以及设备对设备的数据传输链路,其应用主要可分为四个基本类型:用于付款和购票,用于电子票证,用于智能媒体以及用于交换、传输数据。

2. 蓝牙技术

蓝牙(Bluetooth)技术是种短距离无线通信技术,它使得一些便于携带的移动设备和电脑设备不必借助电缆就能联网,其实际应用范围还可以拓展到各种家电产品、消费电子产品和汽车等信息家电,组成一个巨大的无线通信网络。

蓝牙主要用于在不同的设备之间进行无线连接,如连接计算机和外围设备、打印机、键盘等,还可以让个人数码助理(PDA)与其他附近的PDA或计算机进行通信,目前市面上具备蓝牙技术的手机非常多,可以连接到计算机、PDA,甚至连接到免提听筒。

事实上,根据已订立的标准,蓝牙可以支持功能更强的长距离通信,用以构成无线局域网。每个Bluetooth设备可同时维护7个连接,可以不断向附近的设备发送信息以便建立连接。另外也可以对两个设备之间的连接进行密码保护,以防止被其他设备接收。

回忆生活学习中看到的二维码投放场景,尝试总结一下二维码营销的投放渠道。

任务2.4　掌握移动定位技术

2.4.1　基于位置的服务(LBS)技术

基于位置的服务(Location Based Service,LBS)就是一种为使用者提供与其位置相关信息的服务类型。位置信息服务技术是通过无线通信网络来获取无线用户的位置信息(经纬度坐标或高程数据),在地理信息平台的支持下提供相应服务的一种无线增值服务。是一项集成系统,是地理信息系统、空间定位、移动通信和无线互联网等技术的综合体。

基于位置的服务是通过电信移动运营商的无线电通信网络(如GSM网、CDMA网)或外部定位方式(如GPS)获取移动终端用户的位置信息(地理坐标,或大地坐标),在GIS(Geographic Information System,地理信息系统)平台的支持下,为用户提供相应服务的一种增值业务。目前,无论是公众用户还是行业用户,对于获得位置及其相关服务都有着广泛的需求,包括移动商务、娱乐消息、交通报告、地图和向导、目标广告、交互式游戏、车辆跟踪等众多领域。

2.4.2　基于位置的服务(LBS)的应用

我国基于LBS的移动电子商务营销从2010年开始萌芽,经过10年的发展,目前已经进入快速增长期。LBS通过不断强化自身定位和服务两大功能,逐步与移动互联网各种商业模式密切结合,成为各种应用的基础服务。现对LBS移动电子商务营销领域进行系统梳理和归纳,将基于LBS的移动电子商务营销模式划分为签到营销模式、生活服务模式、社交营销模式及商业营销模式四种类型,如表2.4所示。

表2.4　基于LBS的移动电子商务营销模式

分　类	特　点	应　用
签到营销模式	签到加SNS模式	玩转四方、开开网、街旁网
生活服务模式	生活服务信息查询与推送、各类优惠活动	百度地图、打车软件、餐饮
社交营销模式	地点交友、以地理位置为基础的小型社区	以微信、微博为代表的社交应用
商业营销模式	根据位置进行商业信息、优惠活动推送	大众点评网、街旁网、美团网

1. 基于LBS的签到营销模式

基于LBS的签到营销模式是指用户在LBS服务平台上签到,通过分享个人位置、相片和个人状态实现社交互动,获得积分、勋章和优惠券等奖励。目前,美国主流LBS平台的最新签到数据显示,包括Facebook Places、Groupon、Foursquare、Living Social以及Yelp Checkin等用户签到服务的签到率并不高,使用签到服务的不足20%。用户签到率低的主要原因是没有签到动力及对个人隐私的考虑。经常使用签到服务的用户动机都来自于折扣,特别是针对餐饮行业如餐馆、咖啡厅、酒吧的优惠活动。

2. 基于LBS的生活服务模式

LBS+手机地图:基于LBS的手机地图应用是目前最具代表性的生活服务模式之一。手机地图最常用的功能包括地点查找、路线导航和定位等。

LBS+O2O:O2O(Online To Offline)是指线上与线下结合的商业模式。LBS+O2O模式将位置服务与生活服务紧密结合,在生活服务方面具有广阔的应用空间。以大众点评网为代表的餐饮行业、以去哪儿网为代表的旅游行业以及以滴滴打车、快的打车为代表的打车软件,形成了拉动LBS+O2O商业模式发展的主要动力集群。

3. 基于LBS的社交营销模式

LBSNS是LBS和SNS的结合,LBS负责提供信息,SNS负责满足用户需求,将二者结合起来实现了技术服务与社交功能的有机组合。国内的互联网企业如腾讯、人人网、新浪微博等纷纷推出基于LBS功能的手机客户端,其中最热门的应用当属腾讯公司推出的微信。微信基于强大的用户群体及较高的用户忠诚度可开展形式多样的营销活动,微信营销、微信公众平台、微信支付以及微信会员卡等是微信进军电子商务领域的主要手段。

4. 基于LBS的商业营销模式

基于LBS的商业营销模式主要以商业信息和广告推送为主。目前较为常见的商业模式是基于LBS的定位功能,根据用户的喜好实现精准投递,为用户推送所在位置周边的购物、餐饮、休闲娱乐活动等信息和资讯。比较成功的营销模式是通过基于LBS的商业营销活动增强商家和用户的联系,并给双方带来实际利益。

LBS的核心是"我在哪里",但它的增值理念却在"这里有什么"上。只要正确理解了增值理念,则可为LBS行业的发展带来新的机遇,把个人服务作为LBS应用发展的方向,将成为未来互联网商家竞争的关键点。移动位置服务被认为是继短信之后的"杀手级"业务之一,有着巨大的市场规模和良好的盈利前景。

> **课堂讨论**
>
> 举例说明LBS营销的商业价值。(提示:可从区域商家联盟等角度阐述)

任务2.5 体验HTML5移动开发技术

2.5.1 HTML5及其特点

1. HTML5简介

HTML5简称H5,是一种制作万维网页面的标准计算机语言。2012年12月17日,万维网联盟(W3C)正式宣布凝结了大量网络工作者心血的HTML5规范已经正式定稿。W3C的发言稿称:"HTML5是开放的Web网络平台的奠基石。"2013年5月6日,HTML5.1正式草案公布。该规范定义了第五次重大版本,第一次要修订万维网的核心语言:超文本标记语言(HTML)。在这个版本中,新功能不断推出,以帮助Web应用程序的作者努力提高新元素互操作性。

从2012年12月27日至今,进行了多达近百项的修改,包括HTML和XHTML的标签、相关的API、Canvas等,同时HTML5的图像img标签及svg也进行了改进,性能得到进一步提升。

支持HTML5的浏览器包括Firefox(火狐浏览器)、IE9及其更高版本、Chrome(谷歌浏览器)、Safari、Opera等,国内的傲游浏览器(Maxthon)和基于IE或Chromium(Chrome的工程版或称实验版)所推出的360浏览器、搜狗浏览器、QQ浏览器、猎豹浏览器等国产浏览器同样具备支持HTML5的能力。

2. HTML5特点

(1)语义特性(Class:Semantic)。HTML5赋予网页更好的意义和结构。它有更加丰富的标签的微数据和微格式,所以构建对程序、对用户都更有价值的数据驱动的Web。

(2)本地存储特性(Class:OFFLINE STORAGE)。基于HTML5开发的网页APP拥有更短的启动时间,更快的联网速度,这些全得益于HTML5 APP Cache以及本地存储功能。

(3) 设备兼容特性(Class:DEVICE ACCESS)。从具有 Geolocation 功能的 API 文档公开以来，HTML5 为网页应用开发者们提供了更多功能上的优化选择，带来了更多体验功能的优势。HTML5 提供了前所未有的数据与应用接入开放接口，使外部应用可以直接与浏览器内部的数据相连，例如视频影音可直接与 Microphones 及摄像头相连。

(4) 连接特性。能更有效地提高工作效率，使得基于页面的实时聊天、更快速的网页游戏体验、更优化的在线交流得到了实现。HTML5 拥有更有效的服务器推送技术，Server-Sent Event 和 WebSockets 就是其中的两个特性，这两个特性能够帮助我们实现服务器将数据"推送"到客户端的功能。

(5) 网页多媒体特性(Class:MULTIMEDIA)。支持网页端的 Audio、Video 等多媒体功能，与网站自带的 APPS、摄像头、影音功能相得益彰。

(6) 三维、图形及特效特性(Class: 3D,Graphics Effects)。基于 SVG、Canvas、WebGL 及 CSS3 的 3D 功能，使用户惊叹于在浏览器中所呈现的惊人视觉效果。

(7) 性能与集成特性(Class: Performance Integration)。没有用户会长时间等待你的 Loading，HTML5 会通过 XMLHttpRequest2 等技术，帮助 Web 应用和网站在多样化的环境中更快速地工作。

HTML5 手机应用的最大优势就是可以在网页上直接调试和修改。原生应用的开发人员可能需要花费很大的力气才能达到 HTML5 的效果，不断地重复编码、调试和运行，这是首先得解决的一个问题。而且 HTML5 还有一大优势是可以进行跨平台的使用。比如你开发了一款 HTML5 的游戏，可以很轻易地移植到 UC 的开放平台、Opera 的游戏中心、Facebook 应用平台，甚至可以通过封装的技术发放到 APP Store 或 Google Play 上，所以它的跨平台功能非常强大，这也是大多数人对 HTML5 有兴趣的主要原因。现在 HTML5 的应用已经相当广泛，未来移动互联网都需要用到 HTML5 的开发应用。

2.5.2 CSS3

1. CSS3 简介

CSS3 是 CSS 的升级版本，能够完全向后兼容。网络浏览器也将继续支持 CSS2。CSS3 主要的影响是可以使用新的、可用的选择器和属性，这些会允许实现新的设计效果(如动态和渐变)，然后可以很简单地设计出现在的设计效果(如使用分栏)，这些对于移动Web设计有积极意义。

CSS3是指在CSS2规范的基础上,高级浏览器可以识别的一些高级行为样式,如圆角:Border-radius、阴影:Box-shadow、旋转、动画、背景渐变等诸多特性,以及更加丰富的CSS选择器。

2. CSS3新增特性

CSS3的新特征有很多,例如圆角效果、图形化边界、块阴影与文字阴影、使用RGBA实现透明效果和渐变效果、使用@Font-Face实现定制字体、多背景图、文字或图像的变形处理(旋转、缩放、倾斜、移动)、多栏布局、媒体查询等。

(1)边框特性。CSS3对网页中的边框进行了一些改进,主要包括支持圆角边框、多层边框、边框色彩与图片等。在CSS3中最常用的一个改进就是圆角边框,通过CSS3的属性可以快速实现圆角定义,同时还可以根据实际情况针对特定角进行圆角定义。

(2)多背景图。CSS3允许使用多个属性(比如Background-image、Background-repeat、Background-size、Background-position、Background-origin 和 Background-clip 等)在一个元素上添加多层背景图片。该属性的应用大大改善了以往面对多层次设计需要多层布局的问题,帮助Web前端开发者在不借助Photoshop的情况下实现对页面背景的设计,简化了背景图片的维护成本。

(3)颜色与透明度。CSS3颜色模块的引入,实现了制作Web效果时不再局限于RGB和十六进制两种模式。CSS3增加了HSL、HSLA、RGBA几种新的颜色模式。这几种颜色模式的提出,使得在做开发的时候不仅可以设置元素的色彩,还能根据需要轻松地设定元素透明度。

(4)多列布局与弹性盒模型布局。CSS3多列布局属性可以不使用多个div标签就能实现多列布局。CSS3中的多列布局模块描述了如何像报纸、杂志那样,把一个简单的区块拆成多列,并通过相应属性来实现列数、列宽、各列之间的空白间距。弹性盒模型布局方便了Web前端开发者根据复杂的前端分辨率进行弹性布局,轻松地实现页面中的某一区块在水平、垂直方向对齐,是进行响应式网站开发的一大利器,如图2.14所示。

(5)盒子的变形。在层叠样式表CSS2.1版本中,想让某个元素变形必须要借助JavaScript写大量的代码才能实现,而在CSS3中加入了变形属性,该属性在2D或3D空间里可操作盒子的位置和形状,以此来实现例如旋转、扭曲、缩放或者移位。变形属性的出现,使Web前端中的元素展示不仅仅局限在二维空间,Web前端开发者还可以通过旋转、扭曲、缩放或者移位等操作实现元素在三维控件上的展示。通过变形元素,Web

前端中的内容展示更加形象、真实。

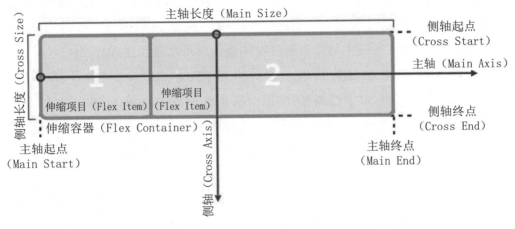

图2.14　CSS3弹性盒模型

（6）过渡与动画。CSS3的"过渡"（Transition）属性通过设定某种元素在某段时间内的变化实现一些简单的动画效果，让某些效果变得更加具有流线性与平滑性。CSS3的"动画"（Animation）属性能够实现更复杂的样式变化以及一些交互效果，而不需要使用任何Flash或JavaScript脚本代码。过渡与动画的出现，使CSS在Web前端开发中不再仅仅局限于简单的静态内容展示，而是通过简单的方法使页面元素动了起来，实现了元素从静到动的变化。

（7）Web字体。CSS3中引入了@font-face，@font-face是链接服务器字体的一种方式，这些嵌入的字体能变成浏览器的安全字体，使开发人员不用再担心用户没有这些字体而导致网页在用户浏览器无法正常显示的问题。CSS3链接服务器字体效果如图2.15所示。

图2.15　CSS3链接服务器字体效果

（8）媒体查询。CSS3中引入媒体查询(Mediaqueries)，可为不同分辨率的设备定义不同的样式。比如，在可视区域小于480像素时，若想让原来在右侧的网站侧栏显示在主内容的下边，以往必须通过JavaScript判断用户浏览器的分辨率，然后再通过JavaScript修改CSS，而CSS3中只需要通过媒体查询就可实现上述操作。

（9）阴影。阴影主要分为两种：文本阴影(Text-shadow)和盒子阴影(Box-shadow)。文本阴影在CSS2中已经存在，但没有得到广泛的运用(CSS2.1中删除了)。CSS3延续了这个特性，并进行了新的定义，该属性提供了一种新的跨浏览器解决方案，使文本看起来更加醒目。CSS3中盒子阴影的引入，可轻易地为任何元素添加盒子阴影。

HTML5-CSS3的绝大部分特性在IE6\7上面是根本不能被识别的，因此那些想要推广HTML5-CSS3的网站肯定还是不能以这些高级特性为主。

目前HTML5-CSS3主要活跃在移动端的智能手机上面，因为手机浏览器的支持还是相当好的。

2.5.3　HTML5设计移动端页面

设计移动端Web页面可以使用Dreamweaver CS6完成。Dreamweaver CS6网页设计软件提供了一套直观的可视界面，供使用者创建和编辑HTML网站和移动应用程序。可使用专为跨平台兼容性设计的自适应网格版面创建适应性版面。在发布前使可用多屏幕预览审阅设计。

Dreamweaver CS6使用更新的"实时视图"和"多屏预览"面板高效创建和测试跨平台、跨浏览器的HTML5内容。利用增强的jQuery 和 PhoneGap支持构建更出色的移动应用程序。下面的设计案例是移动端图标导航页，用以方便用户点击，导航栏目如图2.16、图2.17所示。

图2.16　移动端页面导航

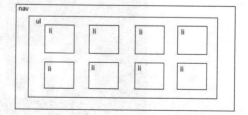
图2.17　页面导航结构图

页面文件index.html，选择文档类型HTML5。设计前需要分析页面结构。

（1）设计页面 index.html。打开 Dreamweaver CS6，新建空白 html 文档，文档类型选择 HTML5，如图 2.18 所示。

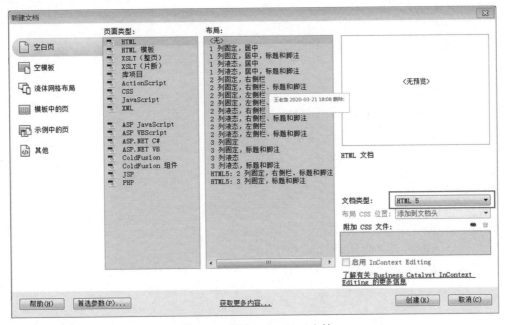

图 2.18　新建 index.html 文档

在 index.html 中＜body＞标记里面添加代码：

```
<! doctype html>
<html>
<head>
    <meta charset="utf-8">
    <title>导航栏</title>
    <link href="index.css" type="text/css" rel="stylesheet">
</head>
<body>
<nav class="hm_nav">
    <ul class="clearfix">
        <li>
            <a href="#">
                <img src="images/nav0.jpg" alt="" />   /*天猫图片*/
                <p> 天猫 </p>
            </a>
        </li>
        <li>
```

```html
        <a href="#">
          <img src="images/nav1.jpg" alt="" />
          <p> 聚划算 </p>
        </a>
      </li>
      <li>
        <a href="#">
          <img src="images/nav2.jpg" alt="" />
          <p> 淘生活</p>
        </a>
      </li>
      <li>
        <a href="#">
          <img src="images/nav3.jpg" alt="" />
          <p> 淘点点 </p>
        </a>
      </li>
      <li>
        <a href="#">
          <img src="images/nav4.jpg" alt="" />
          <p> 充值 </p>
        </a>
      </li>
      <li>
        <a href="#">
          <img src="images/nav5.jpg" alt="" />
          <p> 旅行 </p>
        </a>
      </li>
      <li>
        <a href="#">
          <img src="images/nav6.jpg" alt="" />
          <p> 金币 </p>
        </a>
      </li>
      <li>
```

```html
<a href="#">
    <img src="images/nav6.jpg" alt="" />
    <p>宝箱</p>
</a>
</li>
<li>
    <a href="#">
        <img src="images/nav7.jpg" alt="" />
        <p>金币</p>
    </a>
</li>
</ul>
</nav>
</body>
</html>
```

（2）建立index.css文档并添加下列样式代码。

```css
@charset "utf-8";
/* CSS Document */
li{list-style:none;}
.hm_nav{
    width:100%;
    background:#fff;
    border-bottom:1px solid #e0e0e0;
}
.hm_nav ul{
    width:100%;
    padding:10px 0;
}
.hm_nav ul li{
    width:25%;
    float:left;
}
.hm_nav ul li a{
    display:block;
    text-decoration:none;
}
```

```
.hm_nav ul li a imag{
    width:40%;
    height:40%;
    display:block;
    margin:0 auto;
}
.hm_nav ul li a p{
    text-align:center;
    color:#666;
    font-size:12px;
    padding:6px 0;
}
```

（3）在浏览器中浏览index.html页面。用Google浏览器中开发者工具切换到手机浏览页面查看效果。注意剪切保存天猫、聚划算……图标文件为nav0.jpg、nav1.jpg……

注意：index.html文件和index.css样式文件在同一个文件夹下。Index.html文件中引入链接的样式表方法是在<head></head>之间插入代码：

<link href="index.css" type="text/css" rel="stylesheet">

如果index.html文件和index.css样式文件在images文件夹里面，Index.html文件中引入链接的样式表方法是在<head></head>之间插入代码使用相对路径：

<link href="images/index.css" type="text/css" rel="stylesheet">

这里的页面设计需要学过网页设计基础课程，方可对代码有所理解。

讨论移动Web设计与PC端Web设计的差异。

学习本项目应重点掌握以下三个要点：

1. 要熟悉移动终端设备的类型和应用特点。能了解不同设备的操作系统和应用程序(APP)。

2. 通过对移动通信技术的相关知识的简述,了解基本的移动通信技术知识,特别是4G和5G的发展与应用。

3. 要熟悉二维码技术及其应用。了解RFID技术的特点和应用,掌握移动电子商务中二维码的营销应用。了解基于位置的服务技术及其营销模式。

4. 要了解HTML5和CSS3并掌握HTML5+CSS3在移动Web设计中的基本特点。

项目实训

1. 制作文本、名片、Logo、邮箱、网址和地图功能二维码。用手机扫描的方式做推广宣传。

2. 用Dreamweaver CS6 选择HTML5文档类型设计Web页面infex.html,查看HTML5文档结构。设计CSS3样式表文件index.css并在index.html中引用样式表文档(链接方式引用)。

项目 3　保障移动电子商务的安全

 知识目标

- 熟悉移动电子商务的安全问题
- 了解移动电子商务的安全技术
- 掌握防范移动电子商务安全的措施

 能力目标

- 能够分析并找到移动电子商务存在的安全问题
- 能将移动电子商务的安全技术应用到实践中
- 能在实践中掌握移动电子商务安全的防范措施

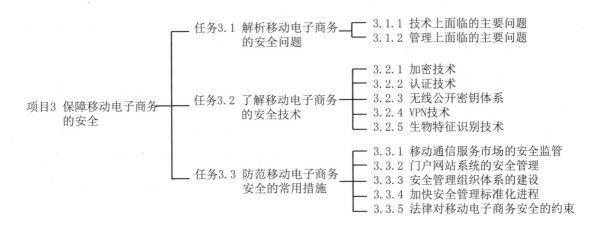

项目3 保障移动电子商务的安全
- 任务3.1 解析移动电子商务的安全问题
  - 3.1.1 技术上面临的主要问题
  - 3.1.2 管理上面临的主要问题
- 任务3.2 了解移动电子商务的安全技术
  - 3.2.1 加密技术
  - 3.2.2 认证技术
  - 3.2.3 无线公开密钥体系
  - 3.2.4 VPN技术
  - 3.2.5 生物特征识别技术
- 任务3.3 防范移动电子商务安全的常用措施
  - 3.3.1 移动通信服务市场的安全监管
  - 3.3.2 门户网站系统的安全管理
  - 3.3.3 安全管理组织体系的建设
  - 3.3.4 加快安全管理标准化进程
  - 3.3.5 法律对移动电子商务安全的约束

案例导入

手机被入侵的风险

智能手机由于时刻与网络连接,因此有将个人信息暴露于网络上的风险,例如位置信息、邮件等。只要窥视者有心,透过黑客攻击即可知道我们的个人隐私,时时刻刻监督着我们的行踪,更令人感到不安的是,有时这些行为还属于合法范围。黑客攻击网络如图3.1。

图3.1 黑客攻击网络

黑客是如何黑掉我们的智能手机的？我们该如何防范这样的事情发生？下面将介绍一些常见的手机被入侵后的症状。

1.过量的网络传输

网络流量可以成为检查手机是否被入侵的一个指标，与电力消耗相同，如果有背景程序异常地消耗网络流量，就必须要担心手机是否被植入未经授权的间谍程序，并遭到第三方有心人士拦截。这些未经授权的背景程序会不断地搜集与发送讯息，重点是用户并不会知道这些讯息传送到了哪里。网络数据传输示意图如图3.2所示。

图3.2　网络数据传输示意图

2.木马病毒与扰人的广告

据资料显示，每天有120万部Android手机受到恶意程序的侵袭，尤其是被植入木马程序。如其名，木马程序会潜伏在手机系统中，并且破坏安全防护，得到系统的根权限，代表可以运行未经许可的恶意程序。如果手机遭到木马程序入侵，将很难消除影响，即便将手机恢复到出厂设置也无法消除影响，因此只能通过重新安装系统，或是透过专门的APP来侦测与清除。国家互联网应急中心发布的2021年上半年对恶意程序的恶意行为统计，排名前三的是流氓行为类、资费消耗类和信息窃取类，占比分别为47.9%、20.0%和19.2%，如图3.3。

据统计，透过木马程序植入的用户会经常性地看到弹出式广告，而恶意软件的开发者可以通过这些广告得到收入，假设每感染一名用户可以得到50美分，那他们每天将可以得到将近50万美元的收入。

3. 伪造APP

HummingBad是一个类似于木马的恶意软件，通常会伪装成社交软件的伪造版本，如果用户不小心安装了，就会感染整部手机。通过HummingBad而遭受攻击的Android手机估计有1000万部，因此其并非是零星式的攻击。恶意木马的攻击用漫话形式来表现如图3.4。

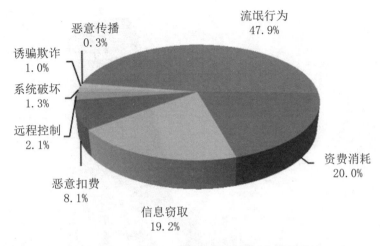

图3.3 移动互联网恶意程序数量按行为属性统计

图3.4 恶意木马的攻击

要防范这类伪造APP最好的方式就是监视手机的资源消耗，正常版的APP虽然会消耗手机电力，但并不会造成使用上的迟缓。如果在安装某些APP后发现手机变慢，就必须要检查是否是伪造APP，且之后别去接受任何的安装提示，因为这有可能是伪造APP诱使用户安装其他木马程序的警示。

4. 网络支付系统

网络付款是再寻常不过的事,但却也有可能成为黑客下手的机会。最好的防范方式就是不在特殊网站中随意地输入信用卡资料,当用户执行付款动作时如果遇到页面卡住不动或是连接错误,就必须要非常小心了,因为这些传输资料可能已经外泄。网络支付如图3.5所示。

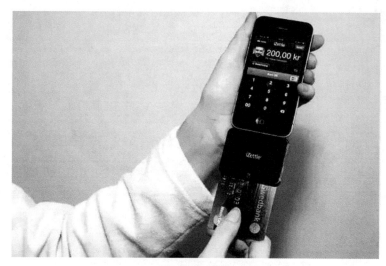

图3.5 网络支付

此外,最保险的方式就是检查付款连接是否有"https"或是"锁"的图示,这代表这些传输是具有加密的,可以有效地防范黑客入侵。

当前,手机已经成为人们现代生活的必备品之一。手机的私密性使得用户在手机上的信息与自身利益密切相关。手机一旦遭受恶意软件、病毒的侵袭,就会妨碍机主的使用,容易泄露个人的隐私,损害用户的经济利益,严重的甚至危害国家安全。手机如何防偷窥、防泄密的问题,越来越受到人们的重视。

(资料来源:搜狐科技,https://www.sohu.com/a/156765656_99910998)

移动电子商务实现了移动通信技术和互联网技术的融合,与传统互联网电子商务相比,其安全问题更为复杂,并成为制约这一新兴商务模式发展的主要瓶颈。信息传输的安全、移动终端的安全、身份认证的安全等一系列安全问题若不能妥善解决,会给企业和个人造成很大的心理障碍,影响移动电子商务活动的顺利进行。因此,提高移动电子商务的安全性能,消除移动用户的安全隐患,促进移动电子商务的健康发展成为当务之急。

2017年6月1日,《中华人民共和国网络安全法》正式实施,2017年12月24日,第12届全国人大常委会第31次会议建议加快个人信息保护、关键信息基础设施保护等网络安全法配套法规的立法进程。这标志着信息安全行业将由合规性驱动过渡到合规性和强制性驱动并重,为此后开展的相关工作提供了切实的法律保障,也为移动电子商务的网络安全奠定了基础。

任务3.1 解析移动电子商务的安全问题

移动电子商务由于利用了很多新兴的设备和技术,因此带来了很多新的安全问题。在传统电子商务中,很多顾客和企业由于担心会因安全问题蒙受损失而一直对这种高效便捷的商务方式持观望态度。而移动电子商务除包含大部分传统电子商务所面临的各种安全问题外,由于自身的移动性所带来的一些相关特性又产生了大量全新的安全问题。总的来说,移动电子商务的安全面临着技术、管理和法律几个方面的挑战,与传统电子商务相比,其安全问题更加复杂,解决起来难度更大。

3.1.1 技术上面临的主要问题

移动电子商务由于采用了移动网络通信技术,其无线通信信道是一个开放性信道,因此移动电子商务的通信过程中存在着比传统有线电子商务更多的不安全因素。

1. 无线窃听

传统的有线网络是利用通信电缆作为传播介质的,这些介质大部分处于地下等一些比较安全的场所,因此中间的传输区域是相对受控制的。而在无线通信网络中,所有的通信内容(如移动用户的通话信息、身份信息、位置信息、数据信息等)都是通过无线信道传送的,无线信道是一个开放性信道,是利用无线电波进行传播的,故在无线网络中的信号很容易受到拦截并被解码,只要具备适当的无线接收设备就可以轻松实现无线监听,且很难被发现。

对于无线局域网络和无线个人区域网络来说,他们的通信内容更容易被窃听,因为他们都工作在全球统一公开的工业、科学和医疗频带,任何个人和组织都可以利用这个频带进行通信。而且很多无线局域网和无线个人区域网络采用群通信方式来相互通信,即每个移动站发送的通信信息其他移动站都可以接收,这些使得网络外部人员也可以接收到网络内部通信内容。

无线窃听可以导致信息泄露,而移动用户的身份信息和位置信息的泄露可以导致移动用户被无线跟踪。另外,无线窃听可以导致其他一些攻击,如传输流分析,即攻击者可能并不知道消息的真正内容,但他知道这个消息的存在,并知道消息的发送方和接收方地址,从而可以根据消息传输流的信息分析通信目的,并可以猜测通信内容。

2. 冒充和抵赖

在无线通信网络中,移动站与网络控制中心以及其他移动站之间不存在固定的物理连接,移动站必须通过无线信道传送用户的身份信息。由于无线信道信息传送过程可能被窃听,当攻击者截获到一个合法用户的身份信息时,就可以利用这个信息来冒充该合法用户的身份入网,这就是所谓的身份冒充攻击。攻击者在截获了合法用户的身份信息后,可以冒充合法的用户接入无线网络,访问网络资源或者使用一些收费通信服务等。另外,攻击者还可以假冒网络控制中心,冒充网络端基站来欺骗移动用户,以此手段获得移动用户的身份信息,从而冒充合法的移动用户身份。

所谓交易后抵赖是指交易双方中的一方在交易完成后否认其参与了此交易。这种威胁在传统电子商务中也很常见,假设客户通过网上商店选购了一些商品,然后通过移动支付系统向网络商店付费,这个应用系统中就存在着两种服务后抵赖的威胁:① 客户在选购了商品后否认其选择了某些或全部商品而拒绝付费;② 商店收到了客户的付款却否认已经收到付款而拒绝交付商品。

3. 重传攻击

所谓重传攻击是指攻击者将窃听得到的有效信息经过一段时间后再传给信息接收者,目的是企图利用曾经有效的信息在改变了的情形下达到同样的目的。例如,攻击者利用截获到的合法用户口令来获得网络控制中心的授权,从而访问网络资源。

4. 病毒和黑客

与有线互联网络一样,移动通信网络和移动终端也面临着病毒和黑客的威胁。随着移动电子商务的发展,越来越多的黑客和病毒编写者将无线网络和移动终端作为攻击的对象。

首先,携带病毒的移动终端不仅可以感染无线网络,还可以感染固定网络,由于无线用户之间交互的频率很高,病毒可以通过无线网络迅速传播,再加上有些跨平台的病毒可以通过固定网络传播,这样传播的速度就会进一步加快。其次,移动终端的运算能力有限,PC机上的杀毒软件很难使用,而且很多无线网络都没有相应的防毒措施。另外,移动设备的多样化以及使用软件平台的多种多样,使其病毒感染的方式也随之多样化,这给我们采取防范措施带来很大的困难。

5. 插入和修改数据

攻击者劫持了正常的通信连接后,可以在原来的数据上进行修改或者恶意地插入一些数据和命令,还可以造成拒绝服务。攻击者可以利用虚假的连接信息使得接入点或基站误以为已达到连接上限,从而拒绝对合法用户的正常访问请求。

攻击者还可能会伪装成网络资源,拦截客户端发起的连接并完成代理通信,这时,攻击者可以在客户端和网络资源中间任意地插入和修改数据,破坏正常的通信。

6. 无线网络标准的缺陷

移动电子商务涉及很多无线网络标准,其中使用比较广泛的是实现无线手机访问因特网的 WAP 标准和构建无线局域网(WLAN)的 802.11 标准。

在 WAP 安全体系中,WTLS 协议仅仅加密由 WAP 设备到 WAP 网关的数据,而从 WAP 网关到内容网络服务器时,信息是通过标准 SSL 传送的。因为数据要由 WTLS 转换到 SSL,所以数据在网关上有短暂的时间处于明文状态,其安全漏洞给移动电子商务的使用带来了很大的安全隐患。

802.11 无线局域网的安全问题主要包括:① 802.11 标准使用的 WEP(有线等效加密)安全机制存在缺陷,公用密钥容易泄露且难以管理,易造成数据被拦截和窃取。② WLAN 的设备容易为黑客所控制和盗用来向网络传送有害的数据。③ 网络操作容易受到堵塞传输通道的拒绝服务攻击。④ 许多 WLAN 在跨越不同子网的时候往往不需要第二次的登录检查。

3.1.2　管理上面临的主要问题

1. 手机短信的安全管理问题

在移动通信给人们带来便利的同时,也带来了很多烦恼,其中垃圾短信成为困扰用户的主要因素。虽然手机号码实名制已正式实施,但一些不法个人或公司总有可乘之机,他们一般通过非正常渠道获得一些发送手机短信价格十分低廉的短信卡,利用"短信猫"在短时间内向移动用户密集发送垃圾短信,这类短信显示的发送号码都是正常的 11 位手机号码,一般情况下,回复的话只是按照正常的短信计价,但是短信中诱惑性的文字可能会间接骗取用户的金融资料,或者是诱骗机主拨打高额的信息台电话。垃圾短信使得人们对移动电子商务充满恐惧,不敢在网络上使用自己的移动设备从事商务活动。同时,伪基站的存在,也为手机短信的安全管理带来了麻烦。

目前通信公司对垃圾短信只是采取事后管理的办法,即限制手机短信的容量,比如每天一个手机号码最多只能发送 100 条短信,发现有号码发送短信异常,数量特别多而且集中,会采取 7 天内禁止该号码再发送信息的处罚。但是那些垃圾短信的制造者会轮流使用多张卡发送短信,每张卡的使用寿命也很短,这使得治理垃圾短信收效甚微。而且作为通信公司来讲,不敢贸然替客户屏蔽掉这些信息,同时运营商也要顾及到客户的隐私权。

2. SP提供商的安全管理问题

SP(Service Provider,服务提供商)提供商通过移动运营商提供的增值接口,可以通过短信、彩信、无线应用协议WAP等方式为手机用户发送产品广告、提供各种移动增值服务。由于SP与移动运营商之间是合作关系,因此移动运营商很难充当监督管理的角色,部分不法SP以利益为重,利用手机的GPRS上网功能,向用户发送虚假信息和广告,哄骗他们用手机登录该网站,实际上却自动订购了某种包月服务,以此网站可骗取相应的信息费。通过通信公司的网关发送短信,一般具备了"代扣费"功能,客户只要回复就落入短信陷阱。这些垃圾短信的大量产生,让许多手机用户不敢看短信、不敢回短信,给一些正规的企业造成了市场困境。

3. 移动终端的安全管理问题

很多用户容易将比较机密的个人资料或商业信息存储在移动设备当中,如PIN码、银行账号,甚至密码等,原因是这些移动设备可以随身携带,数据和信息便于查找。但是由于移动设备体积较小,而且没有建筑、门锁和看管保证的物理边界安全,因此很容易丢失和被窃。很多用户对他们的移动设备没有设置密码保护,对存储信息没有备份,在这种情况下丢失数据或被他人恶意盗用,都将会造成很大的损失。

另外,用户在使用移动设备时大多数是在公共场合,周围行人较多,彼此之间的距离很近,尤其是在地铁这样比较拥挤的交通工具上,若用户在信息安全防范意识方面有所欠缺,易导致设备显示信息和通话信息比较容易泄露给他人。

4. 工作人员的安全管理问题

人员管理常常是移动电子商务安全管理中比较薄弱的环节。未经有效的训练和不具备良好职业道德的员工本身,对系统的安全是一种威胁。工作人员素质和保密观念是一个不容忽视的问题,无论系统本身有多么完备的防护措施,也难以抵抗其带来的影响。

对于外来攻击者,他们可能通过各种方式及渠道,获取用户的个人信息和商业信息等,如果员工在各方面都加紧防范,应该可以杜绝不少漏洞。我国很多企业对职工的安全教育做得不够,且缺乏有效的管理和监督机制,甚至有些企业买通对手的管理人员,窃取对方的商业机密,破坏对方的系统,这给企业带来了极大的安全隐患。

5. 信息安全管理的标准化问题

目前移动电子商务产业刚刚起步,尚没有国际标准,我国也没有自己的国家标准和统一管理机构。设备厂商在无线局域网设备安全性能的实现方式上各行其道,使得移动用户既不能获得真正等效于有线互联网的安全保证,也难以在保证通信安全的基础上实现互通互联和信息共享。由于没有安全标准的评测依据,又缺乏有关信息安全的管理法规,主管部门很难对信息安全标准做出规范要求,这也为移动电子商务信息安全的审查和管理工作带来了很大困难。

你的手机受到过攻击吗?你又是如何防范的呢?

任务3.2 了解移动电子商务安全技术

安全技术可用来对信息提供保密性,对身份进行认证,保证数据的完整性和不可否认性。它是通信、网络、信息等几乎所有领域解决安全问题必不可少的技术,已经应用于当今信息社会的各个角落。同样,在移动商务安全性问题的研究中也需要借助大量的安全技术。移动电子商务是电子商务技术的继承和发展,作为电子商务和移动互联技术的结合,移动商务安全实现技术包括电子商务安全技术,还有移动接入安全性需求。它主要包括的安全技术有加密技术、认证技术、无线公开密钥体系、VPN技术和生物特征识别技术等。

3.2.1 加密技术

加密技术是指利用技术手段把原始信息变为乱码(加密)传送,到达目的地后再用相同或不同的手段还原(解密)信息。加密技术包括两个元素:算法和密钥。算法是将明文与一串字符(密钥)结合起来,进行加密运算后形成的密文。密钥是在明文转换为密文或将密文转换为明文的算法中输入的一串字符,它可以是数字、字母、词汇或语句。常用的现代加密技术有两种:对称加密技术和公开加密技术。

1. 对称加密技术

对称加密技术在加密和解密的过程中采用同一密钥,双方通信时,首先分发要采用的密钥,然后消息发送方使用该密钥和加密算法将明文转换为密文,接收方收到密文后使用对称密钥和解密算法(通常是发送方加密算法的逆过程),将密文转变为明文。对称加密的特点是加解密速度快,而且如果密钥长度合适,会具有较高的保密性。

采用对称加密技术进行通信的过程如图3.6所示。

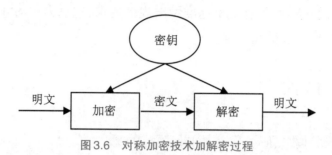

图3.6 对称加密技术加解密过程

对称加密技术的典型算法是DES对称加密算法。DES(Data Encryption Standard,数据加密标准)是美国经长时间征集和筛选后,于1977年由NIST(美国国家标准局)颁布的一种加密算法。它主要用于对敏感信息的加密,后来被国际标准化组织接受作为国际标准。不过,由于DES使用的密钥为56比特,现在已被视为一种不安全的算法。为了解决DES密钥长度相对较短的问题,NIST后来用AES(Advanced Encryption Standard,高级加密标准)取代了DES,成为新的加密标准,该标准可以使用128、192和256比特的密钥。

2. 公开加密技术

1976年,Diffie和Hellman提出了公开密钥算法(Public Key Algorithm)的概念。公开密钥算法又称为非对称密钥算法,其特点是用作加密的密钥不同于用作解密的密钥。因此加密密钥可以公开,任何人都可以利用加密密钥对一个明文进行加密,但是只有用相应的解密密钥才可以对密文进行解密。能够被公开的加密密钥称作公开密钥(Public Key),而用于解密的密钥仅由密钥拥有者秘密保存,称为私有密钥(Private Key)。

如图3.7和图3.8所示,公开加密技术既可以用作信息加解密,又可以用于数字签名认证。当用私钥进行加密时,任何持有公钥的人都可以进行解密,并相信消息来自相应私钥的持有者,所以这种方法可以实现一对多的认证通信。

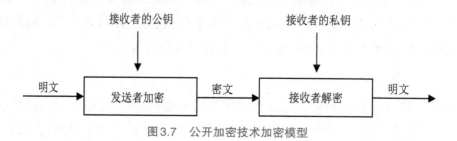

图3.7 公开加密技术加密模型

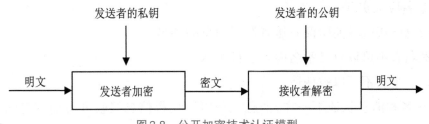

图 3.8 公开加密技术认证模型

公开加密技术的基本思想是：

（1）一对公钥和私钥中的任何一个都可以用于加密，而另一个可以用于解密。

（2）已知公钥，要计算私钥是一个计算上困难的问题；已知私钥，要计算公钥则是相对容易的。

（3）已知公钥和使用公钥加密的密文，在不知道私钥的情况下，要想从密文计算中得出明文是困难的。

公钥密码体制的保密性不依赖加密体制和算法，而是依赖于密钥，可实现保密通信、数字签名等。典型的公钥密码体制有RSA、ElGamal等。

3.2.2 认证技术

认证技术是解决移动电子商务活动中安全问题的基础，可分为数字签名和身份认证。数字签名主要用于保证信息的完整性与抗否认性，身份认证则用于鉴别用户身份。在移动电子商务系统中，有时候认证技术比信息加密本身更为重要。

1. 数字签名

数字签名可以保证信息在传输过程中的完整性，并可以提供对信息发送者身份的验证。在电子商务中数字签名是最普遍应用且可靠性最强的一种方法。

数字签名就是通过一个单向函数对要传送的报文进行处理，得到用于认证报文来源并核实报文是否发生改变的一个字母数字串。用这个字符串来代替书写签名或印章，可以起到与书写签名或印章同样的法律效用。

数字签名是公开加密技术的应用，信息发送方用私钥加密报文摘要，并与原始信息内容附加在一起。使用时，报文发送方在报文中生成128位比特的单向Hash值，即报文摘要；然后用私钥对此摘要进行加密，形成数字签名。然后数字签名和原有报文一起发送给信息接收方，接收方从接收到的原始报文中计算出128位比特的Hash值，用发送方的公钥对数字签名解密，若计算出的两个Hash值相同，则报文接收方就能确认此报文是签名者发送的，并且报文在传输中保持了完整。

数字签名应该实现：

（1）信息的接收者能验证发送者对于信息的签名。

（2）签名者不可以对已签名内容进行否认。

（3）数字签名不可以被伪造。

数字签名和消息认证不一样，消息认证可以使得信息接收方验证信息的发送者以及所发送信息的完整性，但接收方和发送方产生冲突矛盾时，仅仅依靠消息认证是不能解决矛盾的，这时就需采用数字签名技术。

2. 身份认证

身份认证是实现网络安全的重要机制之一，在安全的网络通信中，涉及的通信各方常以某种形式的身份认证机制来验证彼此的身份，即验证其身份与对方所宣称的是否一致，以确保通信的安全。根据被认证对象的属性不同，移动电子商务中的身份认证方案有三类：口令认证、智能卡认证、生物特征认证。

（1）口令认证

所谓口令，是指仅个人所知道的或者所掌握的知识。例如，只有用户自己知道的口令或者密码等。用户可以通过直接方法（如输入口令）或间接方法（如通过正确的计算）回答验证者的提问。

口令认证是最常用的一种认证技术，口令通常是通信对象自己设置的某个秘密值，同时在认证中心保存通信对象设置的口令或者口令的变换值。当通信对象登录认证中心时，需要输入自己的口令。例如，在移动电子商务系统中，用户登录自己的手机银行，需要输入自己设置的手机银行密码信息。这种认证方案属于单因素认证系统，认证的基础建立在通信对象自己掌握秘密口令的基础上。

（2）智能卡认证

智能卡是一种带有智能性的集成电路卡，它不仅具有读写和存储数据的功能，还具有加密、处理数据的能力。常用的银行卡、校园卡、IC卡、手机卡、NFC卡等都是智能卡。智能卡能够存储用户的秘密信息或者数字证书，这些信息存放在智能卡的微处理器当中，外部是不可见的。为了防止遗失或者遭窃，智能卡一般需要和用户的身份识别码（Personal Identification Number，PIN）同时使用，因此基于智能卡的身份认证方案属于双因素认证系统（智能卡＋PIN）。

通信对象持有一张智能卡，智能卡存储其个性化的私密信息，同时验证服务器也在发卡的时候存放该私密信息。进行验证时，用户输入PIN，智能卡先验证PIN的正确性，如果正确，即可读出其中的私密信息，进而利用该私密信息与验证服务器之间进行验证。当然，验证时还需要与身份验证等安全协议一起使用才能完成。

(3) 生物特征认证

通过提取人的生物特征来进行认证是实现数字身份和人的真实身份结合的主要途径,目前生物识别技术正越来越广泛地应用在海关、机场、银行和手机系统及网上交易等需要验明身份的地方。随着计算机技术、密码理论与技术的飞速发展,生物特征认证技术有望成为未来身份认证的最重要的方式。

生物特征认证技术是指提取具有唯一性的生理特性或行为方式作为认证的依据。这种生理特性和行为方式必须具有独立性,利用现有设备可测量,并易于自动识别。整个认证过程分为四个步骤:生物特征提取、特征模板生成、特征测量与比较、特征匹配,从而生物特征认证系统可判断这个人的合法性。生物特征认证技术包括指纹认证、虹膜认证、视网膜认证、手形认证、面部认证、语音认证、签名识别等多种生物识别技术。

我们将在3.2.5节对该认证技术进行详细介绍。

3.2.3 无线公开密钥体系

无线公开密钥体系(Wireless Public Key Infrastructure,WPKI)是对传统的公开密钥体系(PKI)的优化和扩展,它将互联网电子商务中PKI的安全机制引入到移动电子商务中,采用公钥基础设施、证书管理策略、软件和硬件等技术,有效建立安全和值得信赖的无线网络通信环境。WPKI技术能满足移动电子商务保密性、完整性、真实性、不可抵赖性的安全性要求,消除了用户在交易中的风险。WPKI技术主要包含以下方面:

(1) 证书中心CA。CA是数字证书的申请及签发机关,是第三方的可信任机构,具备权威性,是WPKI的核心,专门负责发放、撤销和管理数字证书。

(2) 数字证书库。用于存储已签发的数字证书,用户可由此获得所需的其他用户的证书及公钥,用户可通过证书证明自己的身份,并验证其他人身份的真实性。

(3) 密钥备份及恢复系统。WPKI的必备组件,用于确保证书的安全性。

(4) 应用接口。一个完整的WPKI必须提供良好的应用接口系统,使各种应用能以安全、一致可信的方式与WPKI交互,确保安全网络环境的完整性和易用性。

WPKI对PKI协议、证书格式、加密算法和密钥进行了精简优化,采用了压缩的证书格式,从而减少了存储容量。另外,WPKI采用椭圆曲线密码算法(ECC),而不是传统的RSA算法,可大大提高运算效率,并在相同的安全强度下减少了密钥的长度。

WPKI为基于移动网络的各类移动终端用户提供安全服务,无线终端通过注册机构向认证中心CA申请数字证书,CA经过审核用户身份后给用户签发数字证书。数字证书是包含证书拥有者及其公钥相关信息的电子文件,可用来证明证书持有者的真实身份。它采用基于ECC算法的公钥体制,当发送一份文件时,发送方使用接收方的数字证书中提供的公钥对数据加密,接收方则使用自己的私钥解密,这样可以确保信息安全无误地到达目的地。通过使用数字证书,能保证数据传输的机密性、完整性、身份真实性以及交易的不可抵赖性。

3.2.4　VPN技术

VPN(Virtual Private Network,虚拟专用网)的出现为远程访问技术提供了数据安全的保障,通过构建"隧道"的方式在公共网络上建立个人或者企业的专用网络,可以直接访问公网IP地址完成隧道的建立与连接。通过架设VPN网络可实现远程网络间利用加密协议进行数据高效的、点对点的传输。VPN技术扩展了专用网络,将公有网络转化为安全的私有网络,为使用者提供了安全性、保密性以及可维护性的解决方案,同时也降低了专有网络的架设成本。

目前IPv4(Internet Protocol Version 4,网际协议版本4)资源已经无法满足日益增加的公共网络,在架设局域网时,保留地址被划分到内网,这样就造成一些IP地址在互联网中无法被访问,因此,一般在不借助其他技术手段的情况下是无法穿透局域网对主机进行访问的。而利用VPN隧道技术,可以实现这种需求,VPN网络基本示意图如图3.9所示。

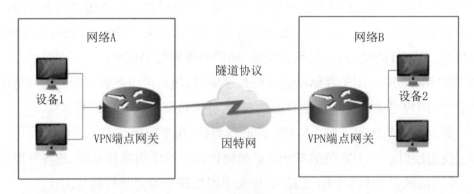

图3.9　VPN网络基本架构图

在一般情况下,VPN端点网关普遍采用内网卡和外网卡这种双网卡的物理结构,外网卡接入公共网络,内网卡则接入局域网,如果某个网络中的终端需要访问另一个网络中的某个终端,其发出的请求数据包中的目标地址应该是目的终端内网IP地址。被访问网络的VPN网关会对接收到的数据包目的地址字段进行检查,然后用相应的VPN隧道协议封装数据包,同时VPN网关会在原始数据包的基础上构造VPN包头,而原始数据则作为负载信息进行封包并传输,报文的目的IP地址为被访问网络VPN网关的外网IP地址。随后,VPN网关再将VPN数据包发送至访问端网络的VPN网关。该VPN网关对接收到的请求数据包进行处理,若该数据包具有VPN协议特征,则可以证明报文的发送端是VPN网关,然后进行解包处理。解包实际上是封包的逆序处理,首先分割VPN协议头,然后提取载荷信息并通过逆封装处理得到原始数据报文,最后VPN网关会把解包后的原始报文发送到目标终端。

在安全性方面,VPN的引进解决了企业内部数据在公网传输安全性难以保障的问题,通过在网络上架设一条安全隧道,对私有网络进行接入。利用VPN强大的安全机制来保障数据传输的机密性、真实可靠性以及完整性,利用网络的非物理特性在虚拟局域网提供了一个架设成本低、安全系数高的解决方案。在网络安全方面,VPN目前主要采用隧道技术、身份认证技术以及密钥管理技术进行保障。

3.2.5 生物特征识别技术

使用生物特征识别技术进行用户身份认证,与传统的身份认证相比,具有方便携带、独一、能够被大部分用户所接受、应用广泛的特点,其相对于传统的令牌认证以及密码认证等存在着更大的优点,所以被广泛应用于移动电子商务中。目前存在的生物特征识别技术有面部识别技术、体味识别技术、掌形识别技术、牙齿识别技术、指纹识别技术、唇纹识别技术、虹膜识别技术、视网膜识别技术、基因识别技术、签名识别技术、掌纹识别技术、经脉识别技术、步态识别技术、击键识别技术、声纹识别技术等。这里选择在移动电子商务中广泛应用的三种生物特征识别技术:指纹识别技术、虹膜识别技术和面部识别技术。

1. 指纹识别技术

(1) 原理

指纹识别技术在生物识别技术当中属操作较难,但安全性较高。由于存储客户的指纹是比较难而且耗费成本的事情,所以为了能够快捷高效地得到用户的指纹,现在许多公司都在采用指纹研究算法来获取用户的指纹。首先通过指纹采集设备采集到人体指纹的图像,然后将该原始数据进行初步的处理。其次利用其需要的软件建立指纹的特征数据,这是一种单方面的数据转换,即我们只能把指纹数据转换成特征数据,但特征数据不能转换为指纹数据,同时指纹和特征数据相结合不能转换成相同的数据。然后我们在该软件上找到我们需要的数据点,也就是指纹分叉和终止的坐标位置。这样在手指上的70个节点就能够产生大约490个数据了。最后我们把其数据存储在计算机中,利用处理前后的两个模板进行比对,看其是否匹配,不匹配则验证失败。

(2) 应用范围

指纹识别技术的应用范围很广泛,例如:

① 指纹解锁。目前大部分的移动智能手机都支持指纹解锁,因为该方式方便、快捷、安全,容易受到用户的喜爱。

② 指纹支付。将指纹绑定于银行卡,通过指纹进行消费支付,早在几年以前美国已经运用了该支付方式,2000年我国上海一家企业也逐渐开通了指纹支付业务。

③ 指纹IC卡。目前大多数人用的IC卡大都是不记名的,即使是记名也都是用密码,但是很多人又会很容易地忘记自己的IC卡密码,因此随着IC卡在人们生活中的使用越来越流行,我们将持卡人指纹信息存入IC卡中,可以大大提高IC卡的安全性,也可以避免因忘记密码而难以使用IC卡的困难。

④ 指纹UKEY。指纹UKEY主要应用于网上银行的身份验证,与如今的密码验证、传统的UKEY验证等相比,指纹UKEY的安全性更高。同时指纹UKEY也不需密码或者PIN,如此一来可以防止病毒软件的入侵,也避免了账号被盗问题的出现。指纹UKEY在很大程度上增加了网上银行的可靠性与安全性,为网上交易量的不断提高提供了好的利用条件。

⑤ 网络交易。对于传统购物方式而言,电子商务日益受到年轻人的热捧。如今,第三方电子支付业务如火如荼,传统的网上交易需要账号密码,若账号密码被盗,用户就不能正常进行购物,甚至造成较为严重的问题。出于降低信用卡盗刷卡与欺诈问题出现的目的,指纹识别技术在第三方电子支付业务得到了广泛的应用。我国有些连锁超市也采用了"指纹付款",购买人员不必携带现金或其他支付工具,在结算时让卖家核对自己的指纹,即可方便地购物了。美国有一些大型超市正在使用该技术,用户在使用指纹进行付款的时候,出示一个有效证件,如身份证就行了,在信用卡或是常用账户当中使用该指纹技术也是可以的,这种方式同样方便地应用在网购电子商务第三方电子支付业务中。

2. 虹膜识别技术

(1) 原理

虹膜识别系统一般首先是运用虹膜图像采集仪器对图像进行采集,接着从原始图像中分割出虹膜,并对其进行归一化,从而排除在获取虹膜图像的过程中由于旋转与尺度变化所产生的负面影响,然后增强图像,从而避免光照对虹膜识别所产生的负面影响,接着通过各种提取特征的技术来提取虹膜图像的特征,最后编码所提取的虹膜特征,并将其保存至特征数据库中,通过模式识别技术来匹配。虹膜识别原理示意图如图

3.10所示。

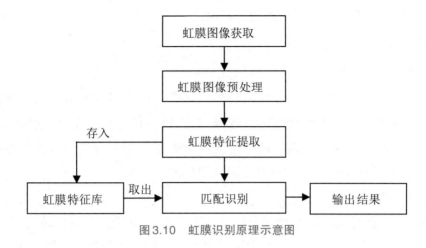

图3.10 虹膜识别原理示意图

(2) 应用范围

① 医疗卫生领域。在医院使用虹膜识别系统,可保证病人的医疗记录不会在未授权的情况下被人看到。在育婴室安装虹膜识别系统产品,可保证只有孩子的父母、医生和护士才能进入室内,这样就降低了婴儿被绑架的概率。由于虹膜识别具有免接触性和可视特性,所以它成为唯一在环境要求无菌或者使用者双手拿东西的情况下也可以使用的身份识别技术。

② 商业贸易领域。对于放有保险箱的房间等限制性场所及其内部的设施,它们自身对安全的要求高,相应地对于控制人员进程系统的准确性和可靠性要求也很高。而PIN、识别码、密码、钥匙以及其他令牌形式又容易被伪造、破解,或者非法获得。所有这些手段都不能作为绝对地授权或者保证申请人的身份。而虹膜识别技术在安全保证方面毫无疑问是非常可靠的。

③ 互联网应用领域。在世界范围内,计算机诈骗、黑客攻击以及恶意公布或出售安全漏洞等犯罪活动的增加,使得系统和网络安全性的提高势在必行。伴随着这种需要,密码管理会造成时间及资金上很大的负担。而有了虹膜识别技术,进行网络诈骗的人以及网络黑客就不可能进入敏感数据库了。网络用户只要简单地看一下摄像机,就可以登录他们已经授权进入的网站。

④ 教育领域。使用虹膜识别可以在孩子和家长间建立相应的关联,保证只有被授权的孩子看护人才能接走孩子。虹膜识别还能用于学校食堂,在学生买饭时使用,学生只要看一下摄像机就可用餐而不需要带钱。这种新设备还使得学生家长能够知道孩子的饮食情况。

⑤ 日常考勤。虹膜识别也可以用于时间以及考勤系统,用来管理越来越负责的人

事关系。员工在上下班时,只需要看一下虹膜识别摄像机就可完成打卡,而且不像卡片或者PIN可以转借,虹膜识别系统所记录的时间完全可靠。

3. 面部识别技术

(1) 原理

当我们使用人脸识别技术时,首先要将用摄像头或数码相机对测试样本拍的照片放在人脸图像数据库中,然后根据样本数据,对人脸图像进行一系列预处理,再提取其特有的数据值,最后把我们得到的最终数据值与数据库中原有的人脸图像数据值进行比较,根据分类识别算法分类,达到人脸识别的目的。

(2) 应用范围

目前在军队、银行、政府、社会福利保障、安全防务、电子商务等领域,生物识别技术已被广泛地应用。例如,一位客户走进银行里取款,他既忘了带银行卡,也忘了密码,但是他想直接取款,于是他在取款机上取款时,就可以利用摄像机扫描自己的眼睛,然后准确而迅速地鉴定完他的用户身份,办理完业务。该银行所使用的技术正是现代生物识别技术中的"虹膜识别系统"。此外,美国"9.11"事件后,提高安全防务在机场工作中是十分重要的。美国维萨格公司的脸像识别技术在各个国际机场中发挥着越来越重要的作用,它可以在成千上万的人中挑出某一张面孔,判断他的身份,看他是不是逃犯。由于面部识别技术的不断发展以及社会的普遍认同,这种技术已得到了广泛的应用。例如:

① 移动设备解锁。越来越多的移动终端设备开始支持面部解锁功能。

② 在住宅的安全与企业的安全管理方面的应用。例如通过面部识别技术开发的防盗门与门禁系统等。

③ 在身份证、护照等方面的应用。以后生物识别技术会在这些方面得到更加广泛的应用,国际民航组织规定,2010年后全部成员国家与地区均要采用计算机读取的护照,这是面部识别技术的一次广泛应用。我国电子护照计划正在起草,相信会在不久的将来得以实施。

④ 在司法、刑侦等领域的应用。例如将面部识别技术应用于互联网,在全国范围开展抓捕罪犯活动。

⑤ 在自助服务方面的应用。例如自动取款机,如果应用人脸识别技术就可以避免用户银行卡和密码被盗,也可以避免被他人冒取现金。

⑥ 在信息安全方面的应用。例如将面部识别技术应用于电子商务、电子政务等领域。在互联网络上运用第三方支付业务来实现交易支付,另外在电子政务方面通过互联网络也能实现大量的审批流程。然而截至目前,密码作为进行交易与审批授权的唯一一种方法,若账号密码被盗取,便不能确保交易的安全与审批的安全。然而若运用生

物识别技术,便能保证交易双方身份和互联网络上的数字身份一致,如此一来能在很大程度上提高电子商务系统、电子政务系统的准确性和可靠性。

你使用过的移动设备上的安全技术有哪些?

任务3.3 防范移动电子商务安全的常用措施

3.3.1 加强移动通信服务市场的安全监管

1. 加快开展手机实名制的落实工作

所谓手机实名制,是指移动通信运营商在办理申请者手机入网手续时,对用户的相关身份证件进行审查。申请者为个人用户的,应当出示有关个人身份证件;申请者为单位的,移动通信运营商应当登记其名称、地址和联系人等事项。

目前,我国已经强制实行了手机实名登记,但垃圾短信、诈骗短信还是层出不穷,利用手机进行的违法犯罪事件也是屡见不鲜。这不仅妨碍了正常的社会公共秩序,甚至危害了国家的安全。而面对利用手机进行的违法犯罪活动,公安机关在侦查中苦于这些涉案手机没有进行身份登记,缺乏破案线索。因此,有必要进一步完善对移动用户进行实名登记管理,减少移动电子商务的安全隐患。

2. 加强相应的政府责任

在政府层面,主要是对用户的隐私权保护提出更高的要求。实行实名制管理以后,要求政府必须加强对用户个人信息的保密,保证只有司法机关和行政机关在必要的情况下,才能通过法定程序,对个人信息进行查询;运营商及其代理机构也要对用户的注册信息进行保密,不得滥用于注册之外的其他用途。另外,政府还应该要求运营商建立畅通的途径,避免过多的干涉,积极与管理部门配合,力争采取切实有效的措施保证未登记用户方便地进行登记。

3. 加强短信息服务的配套管理

治理不良手机短信是一个系统的工作,只有运营商、短信服务商、手机用户和政府共同参与,才能取得根本性的治理效果。

首先,要从准入环节加强管理。经营短信息服务业务,应当按照有关规定取得业务经营许可证。这也是加强短信息服务市场的重要举措之一。

其次,在服务环节,可以对短信息服务提供者设置一些义务性规定。比如,短信息服务业务提供者向用户提供短信息服务,应当将短信息服务规则告知用户,并提示用户须对其本人制作、复制、发布、传播短信息的行为承担法律责任。短信息服务提供者应对短信息内容本身尽到一定的审查义务,发现违法或违规内容的,应当及时向有关部门报告;对于明显违法的,应当立即采取相应的技术手段加以处理。

最后,各政府部门应当密切配合,在各自职责权限范围内,对短信息服务加强监管。特别是通信行业主管部门,应当通过制定必要的规则来明确相关各方的权利和义务,加强日常的监督管理,加强对移动通信运营商和短信息服务提供者的监管,加大处罚力度,真正保护广大移动用户的合法权益,进而保证移动电子商务活动安全顺利进行。

3.3.2 加强门户网站系统的安全管理

1. 安全管理模型的建立及实施

对移动电子商务系统的管理过程是一个动态的管理过程,是一个循环反复、螺旋上升的过程,可以通过建立一个"闭环"管理模型,将安全管理的各个阶段融入于模型之中,然后不断连续审查整个过程,发现问题时及时更新、及时解决,以便形成越来越完善的安全系统,如图3.11所示。

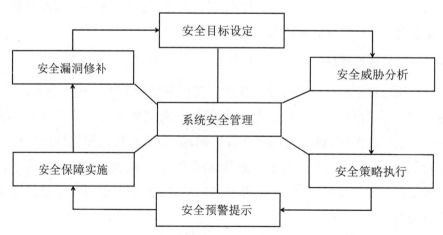

图3.11 系统安全"闭环"管理模型

该安全管理模型的具体实施方案如下:

（1）为移动电子商务系统设定安全的基本目标。

（2）对移动电子商务网络的安全威胁进行分析，确认问题的存在，找出原因并预测可能导致的后果。

（3）对发生安全漏洞的部分强制执行系统的安全策略，保证系统安全正常地运行。

（4）在系统发生错误时设置预警提示，以便及时对系统做出响应，避免不必要的风险发生。

（5）注意实施系统的安全保障措施，如紧急事件响应措施、定期系统安全评估等，确保系统能一直处于最佳的安全状态。

（6）修补系统的安全漏洞，并纠正策略违规行为。

2. 系统安全管理的具体策略

（1）人员管理和培训

从事移动电子商务的经营管理人员对系统的安全负有重大责任，他们面临着防范严重的网络犯罪的任务。而网络犯罪同一般犯罪不同，它们具有智能性、隐蔽性、连续性、高效性的特点，因此加强对内部人员的管理显得十分重要。

首先，要对有关人员进行上岗培训，建立人员培训计划，定期组织安全策略和规程方面的培训，从而提高内部人员的安全素质，增强他们的安全意识和保密意识。

其次，要落实安全责任制，在岗位职责中明确本岗位执行安全政策的常规职责和本岗位保护特定资产、执行特定安全过程或活动的特别职责，对违反安全规定的人员要严肃处理。

最后，要贯彻交易系统安全运作的基本原则：

① 双人负责原则。重要业务不要安排一个人单独管理，实行两人或多人相互制约的机制。

② 任期有限原则。任何人不得长期担任与交易安全有关的职务。

③ 最小权限原则。明确规定只有网络管理员才可进行物理访问，只有网络管理人员才可进行软件安装工作。

（2）信息安全保密

移动电子商务活动提供的信息涉及企业的生产、财务、供应等多方面的机密，因此有必要对信息划分安全级别，确定安全防范的重点，从而提出相应的安全保密措施。信息的安全级别一般分为三级：

① 绝密级。如公司战略计划、公司内部财务报表等。这部分内容不在网站上公开，只限公司高层人员掌握。

② 机密级。如公司的日常管理情况、会议通知等。这部分内容也不会在网站上公

开,只限公司中层以上人员使用。

③ 秘密级。如公司简介、产品介绍及订货方式等。这部分内容在网站上公开,供客户浏览,但是必须有相应的保护措施,防止黑客入侵。

保密工作的另一个重要问题是对密钥的管理。密钥管理贯穿于密钥的产生、传递和销毁的全过程,因此要定期更换密钥,减少黑客通过积累密文增加破译的机会。

(3) 系统日常维护

移动电子商务系统的维护包括硬件维护和软件维护两个方面:

① 系统的硬件维护,包括移动通信的基站、交换机设备和内容提供商的服务器设备。为了保证系统安全可靠地运行就必须对系统进行良好的管理和维护,而由于移动电子商务涉及的网络设备较多,因此系统维护的任务难度很大。对于可管设备,可以通过安装网管软件进行系统故障诊断、显示及公告、网络流量与状态的监控,以及系统性能调优、负载平衡等;对于不可管设备,要通过手工操作来检查状态,做到定期检查与随机检查相结合,以便随时准确地掌握系统的运行状况。

② 系统的软件维护,包括系统软件和应用软件的维护。对于系统软件要定期清理日志文件、临时文件,整理和检测磁盘文件系统,并处理运行中的死机情况等;应用软件维护主要是做好版本控制,提供在线更新功能。

另外,还要做好数据的定期备份工作,以便在需要的情况下对系统数据进行恢复。

(4) 病毒防范

病毒防范是保证系统正常交易的重要方面,如果网络系统遭到病毒袭击,将阻碍和破坏系统交易的顺利开展,因此必须采取必要的病毒防范策略。

① 提高安全防范意识。网络病毒种类繁多,传播方式和渠道非常多,因此需要系统管理人员和工作人员提高警惕,不要打开不明的电子邮件和文件、程序等,对于可能带有病毒的介质如软盘、硬盘和光盘等,要进行病毒查杀,防止病毒进入交易系统。

② 使用防病毒软件。网络防病毒软件有两种:一是单机版防病毒软件,二是联机版防病毒软件。前者是事后杀毒,当系统被病毒感染后才能发挥作用;后者是在网络端口设置一个病毒过滤器,属于事前防范,它能够在病毒入侵系统之前将其抵挡在外。

③ 定期清理病毒。很多病毒都有一个潜伏期,因此有必要实行病毒定期清理来消除处于潜伏期的病毒,从而防止病毒的突然爆发,使服务器始终处于良好的工作状态,进而保证移动电子商务活动的正常进行。

(5) 安全保障措施

对系统实施安全保障措施是系统安全所必需的,如紧急事件响应措施、定期系统安全评估、安全风险分析及更新系统升级等,这些措施都为系统的安全提供了有力的保障,确保系统能一直处于最佳的安全状态,即使系统受到攻击,也能最大限度地挽回损失。

3.3.3 加强安全管理组织体系的建设

1. 制定一套完整的安全方案

一套完整的安全方案是实现移动电子商务系统安全的有力保障,移动服务提供商应结合自己的实际状况,从人力、物力、财力等各方面做好部署与配置。由于安全方案涉及安全理论、安全产品、网络技术、系统技术实现等多方面的专业技能,并且要求有较高的认知能力,因此可以聘请专业安全顾问公司来完成,大多安全顾问公司在做安全方案方面有着丰富的经验,能够制定出符合需要的合理的安全方案来。

2. 制定并贯彻安全管理制度

在对系统安全方案和系统安全处理的同时,还必须制定出一套完整的安全管理制度,如外来人员网络访问制度、服务器机房出入管理制度、管理员网络维护管理制度等,以此来约束普通用户等网络访问者,督促管理员很好地完成自身的工作,增强大家的网络安全意识,防止因粗心大意或不贯彻制度而导致安全事故。尤其要注意制度的监督贯彻执行,否则就形同虚设。

3. 成立网络安全管理机构

(1) 建立安全决策机构。建立由行政领导、IT技术主管、信息安全主管、用户代表和安全顾问组成的安全决策机构,用来帮助建立安全管理框架,组织审批安全策略、安全管理制度,指派安全角色,分配安全职责,并检查安全职责是否已被正确履行,核准新信息处理设施的启用,组织安全管理专题会等。

(2) 建立安全执行机构。建立由网络管理员、系统管理员、安全管理员、用户管理员等组成的安全执行机构,负责起草网络系统的安全策略、执行批准后的安全策略、日常的安全运行和维护、定期的培训和安全检察等。

(3) 选择安全顾问机构。安全顾问机构一般聘请信息安全专家担任系统安全顾问,负责提供安全建议,并为安全策略评审和评估提供意见。选择安全顾问公司时一定要谨慎,一旦聘请了,那么现有的系统就等于对其完全开放,因此要从安全顾问公司的背景、理念、人员管理等多方面考虑,以减少外来人员的安全隐患。

3.3.4　加快安全管理标准化进程

首先，要尽快制定符合我国国情的安全标准，为移动电子商务的安全管理提供依据。我国的移动电子商务起步较晚，安全技术力量薄弱，因此可以参考借鉴国际信息安全标准化的先进经验，根据我国移动电子商务安全保障体系建设和信息安全标准化的需求，集中优势科研力量，深入研究，制定出适合我国国情的移动电子商务安全标准，为我国安全标准化建设提供指南，为安全管理提供依据。

其次，搭建信息安全标准验证管理平台。移动电子商务安全标准化首先要解决信息安全标准的科学性、合理性和实用性问题，我国应加大信息安全标准化的人力、物力和资金投入，尽快开展基础设施建设，搭建信息安全标准的测试、研究、验证环境，从标准的科学性、合理性和实用性等方面深入开展标准的研究和管理工作，以便更好地满足移动电子商务的应用安全。

最后，加强组织领导，推动标准实施。移动电子商务安全主管部门要以安全标准化应用为主，加强对移动电子商务安全的组织领导，加大无线网络及信息安全标准的宣传贯彻实施力度，切实做好安全标准的推广应用和监督检查工作。同时由于信息安全的特殊性，国家必须强化信息安全标准的实施，保证我国信息安全标准的全面和有效落实。

综上所述，要实现安全的移动电子商务，单靠纯粹的技术防范是单薄无力的，安全管理策略的有效实施将使整个安全体系达到事半功倍的效果。只有技术和管理"双管齐下"，才能为移动电子商务系统构筑坚不可破的安全防线。

3.3.5　加强法律对移动电子商务安全的约束

要保证移动电子商务活动的安全开展，除了先进的技术和严格的管理以外，还必须依靠相关法律法规的约束。有了安全的法律环境，才能使移动电子商务交易活动有法可依，使交易双方责权明晰，从而促进移动电子商务的进一步繁荣发展。

目前，我国还没有专门针对移动电子商务安全的法律法规出台，对其安全问题的研究只是在电子商务安全和移动通信市场安全的政策法规基础上，加以适当修改和补充，没有形成明确的法律条文。因此，我国首先应结合实际，由各主管政府部门在相应领域制定专门的法规进行管理和协调，制定出一套针对移动电子商务安全的法律法规，从而为移动电子商务的安全管理提供法律依据。

其次，应注重法律的可操作性，明确各主管部门的职责和权利，并在前置审批部门、专项内容主管部门、移动通信和互联网主管部门以及信息安全标准化组织等机构之间建立有效的沟通机制,制定行政许可和事后监督、制裁违法行为的工作流程,形成监管合力,提高全方位的协调、管理能力,对移动电子商务安全问题实行齐抓共管。同时可以出台维护移动网络信息安全的配套措施,创新管理方法,提高管理效率。

最后,在对移动电子商务安全管理进行法律约束时,若有涉及政策导向性问题的,应该由国家主管部门在适当时机以政策手段进行调控,避免法律对新技术的发展形成体制性束缚。

如何保证智能手机的安全?

学习本项目应重点掌握以下三个要点:
1. 要把握移动电子商务的常见安全问题,能够分别从技术上、管理上进行解析。
2. 要熟悉移动电子商务的一些安全技术,包括:加密技术、认证技术、WPKI、VPN以及生物识别技术。
3. 要掌握防范移动电子商务安全的措施。

1. 电子商务向移动商务发展的趋势愈加明显,请对移动商务犯罪做个调研,找出并讨论针对这类技术的新的安全威胁。准备一份PPT,展示调研结果并列出你认为的网络犯罪的新可能性。

2. 假设你的移动终端出现了安全问题,比如受到病毒危害或者黑客攻击,请列举出移动终端可能出现的安全问题症状,以及移动终端可能会受到的攻击和造成的损失。准备一份简要的展示文稿。

项目 4　开启移动支付功能

知识目标

- 掌握移动支付的概念、分类
- 熟悉移动支付系统的组成
- 了解移动支付系统的运营
- 掌握移动支付的运营模式

能力目标

- 能使用手机等移动设备完成移动支付
- 能使用第三方支付模式进行移动支付

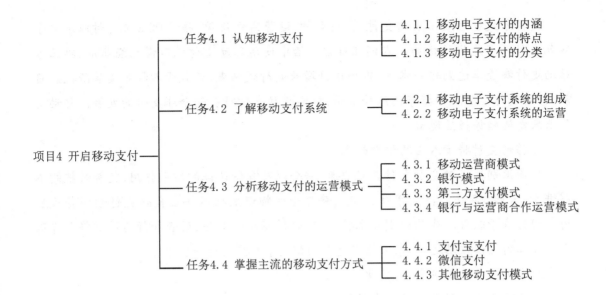

中国移动支付发展趋势

随着智能手机的推广和普及,移动支付业务快速发展。艾瑞支付数据显示,截至2019年第一季度,中国移动支付交易规模仍保持相对高速的增长,2018年达277.4万亿元,2019上半年的交易额为166.1万亿元,较2018上半年上升24.2%,居全球首位。2019年第三季度中国第三方移动支付市场交易份额如图4.1所示。移动支付产品从传统远程支付、二维码支付、NFC近场支付发展到刷脸支付、声波支付等。

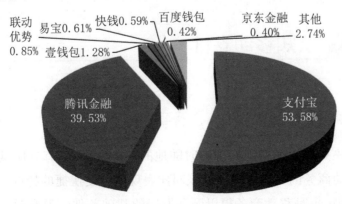

图4.1　2019年第三季度中国第三方移动支付市场交易份额

支付方式也形成了店内支付、在线支付、运营商代收费、移动POS机支付以及电子钱包支付等多元化的格局。人们在日常生活中使用移动支付的习惯已经养成,第三方移动支付渗透率达到较高水平,市场成倍增长的时代结束,正式步入稳步发展阶段。目前,移动支付企业正积极布局海外市场,中国移动支付将引领全球支付的发展。移动支付未来发展趋势将呈现出:

1. 移动支付将步入生物识别时代

生物识别技术对金融支付具有快速、安全以及身份认证的辅助作用,随着科技的不断进步,人脸、声纹、指纹、掌纹、虹膜、静脉等生物识别技术将在金融支付领域普及应用。同时基于软件的生物识别技术将兴起,软件驱动的面部、语音和行为识别将允许基于云计算的验证被动运行,未来将有更多的智能手机应用这一技术。

2. 支付产品更加安全、智能化

一是随着金融科技与移动支付的加速融合,包含生物特征、多维交叉结合的创新支付认证技术将广泛应用,进而取代扫码支付,支付技术将更加安全。二是大数据、云计算、区块链等科技手段与移动支付加速结合,移动支付的自主性和便捷性将实现质的飞跃,个性化的移动支付产品和贴心的综合服务能力,会成为商家选择支付服务商的主要考虑因素,支付产品将更加个性化、智能化。

3. 移动支付技术将促进支付大融合

一是支付账户融合。单卡多账户、多卡多账户给消费者使用带来不便,未来智能终端将会作为各类支付工具的入口,实现支付账户的融合。二是支付工具融合。随着移动支付场景持续增长,线上、线下界限将被打破,实现深度融合,消费体验将趋于统一。三是交易信息融合。传统基于地理位置和产业链的信息割裂现状会被打破,信息及信息通道进一步贯通,促使真正的大数据时代到来。

(资料来源:中国金融新闻网)

任务4.1　认知移动支付

4.1.1　移动支付的内涵

移动商务的主要优点就是能实现随时随地的商务处理,具有方便、快捷的特点,这就相应地要求移动商务的支付方式也应该同样表现出方便快捷的特点。移动支付是移动商务的重要环节,也是移动商务得以顺利发展的基础条件。没有适宜的电子支付手段的配合,移动商务就成了真正意义上的"虚拟商务",只能是电子商情、电子合同,而不能成交。

移动支付可以定义为借助移动终端设备(如移动电话、PDA、移动POS机等),对所消费的商品或服务进行账务支付的一种服务方式。移动支付是移动金融服务的一种,必须安全可靠,其属于电子支付与网络支付的更新方式,主要支持移动商务的开展。移动设备可用于多种付款情况,可以购买数字产品(铃声、新闻、音乐、游戏等)和实物产品,用于公共交通交付(公共汽车、地铁、出租车等)、生活缴费(水、电、煤气、有线电视等)、现场消费(便利店、超市等)。移动支付可以在移动设备、自动售货机、票务机、POS机等多种移动与固定终端上实现。比如中国招商银行的手机银行服务(Mobile Banking Service)就包括移动支付的业务,可查询和缴纳手机话费以及水、电、煤气等各类日常费用,也可直接用手机完成商户消费的支付结算,是当今继信用卡之后最新的支付手段之一。

移动支付与一般的网络支付行为相似,都要涉及消费者、商家、金融机构等,移动支付与普通支付的不同之处,在于交易资格审查处理过程有所不同。因为这些都涉及移动网络运营商及所使用的浏览协议,例如WAP和HTML、信息系统SMS或USSD等。下面将介绍消费者和商家都在金融组织拥有账户的情况下,一种预付款形式的移动商务的一般支付流程。

(1) 注册账号。在进行移动商务交易之前,消费者和商家都要求在移动支付平台注册账号,用于关联自己在交易中的付款与收款账户。

(2) 发布商品信息。商家利用移动交互平台发布自己的商品信息,这里的商品可以是实物形式,也可以是数字文件格式等。

(3) 浏览商品。消费者通过终端设备进入移动交互平台,浏览商品信息。

(4) 订单。消费者可以通过短消息服务或其他服务方式向移动交互平台提出自己的购买意向。

(5) 订单核实。商家对消费者提交的订单进行核实,订单被确认后,移动交互平台将发送消费者支付申请的消息。

(6) 支付申请。移动交互平台首先根据服务号对消费者的支付申请进行分类,然后把这些申请压缩成CMPP(China Mobile Peer to Peer,中国移动点对点协议)格式,最后把它们转交给移动支付系统。

(7) 转账申请。系统会处理消费者的申请,并把相关的、经过加密的客户支付信息等转发给金融机构。

(8) 确认支付。金融机构会对转账申请的合法性进行验证并给出系统反馈。

（9）返回支付结果。在收到金融机构的反馈之后，移动支付系统就会向商家发出转账成功的消息并要求发送商品。

（10）发送商品。商家将商品通过一定形式发送给消费者。

以上所讨论的流程是一种成功支付的方式，即消息者、商家、金融机构能在支付网关的支持下进行移动支付。如果在其中某一步发生错误，整个流程就会停滞，并且系统会立刻向用户发出消息。

4.1.2 移动支付的特点

移动支付属于电子支付方式的一种，因而具有电子支付的特征，但因其与移动通信技术、无线射频技术、互联网技术相互融合，又具有自己的特征。

（1）移动性。随身携带的移动性，消除了距离和地域的限制。结合了先进的移动通信技术的移动性，能随时随地获取所需要的服务、应用、信息和娱乐。

（2）及时性。不受时间、地点的限制，信息获取更为及时，用户可随时对账户进行查询、转账或进行购物消费。

（3）定制化。基于先进的移动通信技术和简易的手机操作界面，用户可定制自己的消费方式和个性化服务，账户交易更加简单方便。

（4）集成性。以手机为载体，通过与终端读写器近距离识别进行的信息交互，运营商可以将移动通信卡、公交卡、地铁卡、银行卡等各类信息整合到以手机为平台的载体中进行集成管理，并搭建与之配套的网络体系，从而为用户提供十分方便的支付以及身份认证渠道。

4.1.3 移动支付的分类

根据不同的标准，移动支付的分类方式有很多，分类的标准和相应的移动支付种类如表4.1所示，随后将分别介绍各种分类的详细内容。

表4.1 移动电子支付分类

分类标准	移动支付种类
交易金额	微支付 宏支付
运营主体	以运营商为主体的移动支付 以银行为主体的移动支付 以第三方专业支付提供商为主体的移动支付

续表

分类标准	移动支付种类
用户账户	银行卡账户支付 话费账户小额支付 中间账户支付
接入方式	STK（短信）方式 IVR（语音）方式 USSD方式 WAP方式 WEB方式
支付方式	在线支付 离线支付
获得商品的渠道	移动服务支付 移动远程支付 移动现场支付
业务模式	手机代缴费业务 手机钱包 手机银行 手机信用平台

1. 按交易金额的移动支付分类

根据交易金额的大小，可将移动支付分为微支付和宏支付两类。

（1）微支付。根据移动支付论坛的定义，微支付是指交易额少于10美元的支付行为，通常指购买移动内容业务，如游戏、视频下载等。

（2）宏支付。宏支付是指交易金额较大的支付行为，如在线购物或者近距离支付（微支付方式同样也包括近距离支付，如交打车费等）。

微支付与宏支付的区别主要有两点：

一是交易金额的界限。由于目前我国中央银行并没有明确的法定规定，而国际上的惯例也因为不同国家的实际国情差距较大而没有统一的规定，所以其界限是由移动支付企业据实际业务情况而定的，如可以以10元人民币为界，也可以以100元、1000元、10000元人民币为界。主要依据还是看是否有利于企业实际业务的开展。小于既定界限的支付就是微支付，大于既定界限的支付就是宏支付。

二是安全要求级别的不同。对于宏支付方式来说，通过可靠的金融机构进行交易鉴权是非常必要的；而对于微支付来说，使用移动网络本身的SIM卡鉴权机制就足够了。

2. 按运营主体的移动支付分类

根据主导移动支付运营的企业不同,可将移动支付分为以运营商为主体的移动支付、以银行为主体的移动支付和以第三方专业支付提供商为主体的移动支付三种。

(1) 以运营商为主体的移动支付。移动支付平台由运营商管理、建设和运维,如代收费业务等。

(2) 以银行为主体的移动支付。银行为用户提供交易平台和付款途径,通过可靠的银行金融机构进行交易鉴权,移动运营商只为银行和用户提供信息通道,不参与支付过程。

(3) 以第三方专业支付提供商为主体的移动支付。移动支付平台由第三方专业支付提供商管理、建设和运维。

3. 按用户账户的移动支付分类

根据用户账户的不同,可将移动支付分为银行卡账户支付、话费账户支付和中间账户支付三种。

(1) 银行卡账户支付。手机号码与银行卡绑定,用户操作银行卡账户进行支付。

(2) 话费账户支付。手机号码与手机用户话费或积分账户绑定,用户操作话费账户进行支付。

(3) 中间账户支付。手机号码与用户在运营商或第三方专业支付提供商开通的自有账户绑定,先充值后消费,用户操作自由账户。

其中,银行卡账户支付业务主要以实物产品为主,应用范围如下:

① 运营商自由业务服务:手机充值缴费、充值卡购买、为运营商中间账户充值。

② 提供购票和商旅等服务:如机票、火车票、小额保险、商旅服务等。

③ 实物商品交易:各种B2C或C2C业务中的实物商品购买,如数码产品、书籍等(考虑税务发票相关规定的限制)。

中间账户及话费账户小额支付业务主要以电子产品为主,应用范围如下:

① 互联网邮箱服务、在线游戏、软件下载、在线杀毒等。

② 数字点卡、影音娱乐、电子图书、电子报刊等。

③ 部分票务应用:如彩票、演出票、电影票等。

④ 其他非实物小额资讯类产品。

4. 按接入方式的移动支付分类

目前移动支付接入方式主要有五种:一是利用STK方式;二是利用IVR方式;三是利用USSD方式;四是利用WAP方式实现;五是利用Web方式实现。目前主要采用的是STK、IVR和Web,其余两种则较少被使用。但是按照中国移动的计划,USSD方式也是将来移动支付的重要接入方式。

(1) STK方式(SIM Tool Kit,用户识别应用发展工具)。它包括一组指令用于手机与SIM卡的交互。这样可以使SIM卡内运行小应用程序,从而实现增值服务的目的。之所以称为小应用程序,是因为受SIM卡空间的限制,STK卡中的应用程序都不大,而且功能简单易用。市场提供的STK卡主要有16 K、32 K和64 K卡。STK卡与普通SIM卡的区别在于,在STK卡中固化了应用程序,通过软件激活提供给用户一个文字菜单界面。这个文字菜单界面允许用户通过简单的按键操作就可实现信息检索,甚至交易。最新的STK卡还可以重新烧卡来实现应用程序的更新。STK卡可以有选择性地和PKI结合使用,通过在卡内实现的R.S.A算法来进行签名验证,从而使利用手机来从事移动商务活动成为现实。

用户在以STK作为接入方式时,需要编辑一条包含特定内容的短讯,并发送至某一特别号码。在接到系统提示后,用户需进行短信确认。确认之后,对用户来说支付操作便已完成,系统会用短信通知用户支付结果。

(2) IVR方式(Interactive Voice Response,交互式语音应答)。在使用IVR作为接入方式时,用户首先需要拨通接入号码,如12588,随后就按照语音提示进行操作,输入订单号、手机号码、支付密码等信息。

(3) USSD方式(Unstructured Supplementary Service Data,非结构化补充数据业务)。USSD技术集短信的可视操作界面、GPRS的实时连接等优点于一身,而且交互速度快,特别适合实时、高速、小数据量的交互式业务。显然USSD特别适用于移动支付。

(4) WAP方式(Wireless Application Protocol,无线应用通讯协议)。WAP是无线Internet的标准,由多家大厂商合作开发,它定义了一个分层的、可扩展的体系结构,为无线Internet提供了全面的解决方案。WAP协议开发的原则之一是要独立于空中接口。所谓独立于空中接口,是指WAP应用能够运作于各种无线承载网络上,如TDMA、CDMA、GSM、GPRS、SMS等。目前,WAP方式比较少见。不过,WAP可提供类似于WWW的菜单,用户只需点击相应的菜单就可完成支付操作,使用起来很方便。随着手机价格和WAP使用费的下降,WAP方式有可能受到青睐。

(5) Web方式(World Wide Web,全球广域网)。所谓Web接入方式,就是以互联网作为选购界面。此时用户可在互联网上挑选商品,并通过互联网激活手机支付。该方式有利于SP开发、提供应用。Web接入方式具体实现包括KJava方式和BREW方式。

5. 按支付方式的移动支付分类

根据支付方式的不同,可将移动支付分为在线支付和离线支付两种。

(1) 在线支付。如通过短信、WAP、IVR 等方式完成的支付,交易发生在网络侧。

(2) 离线支付。如通过近距离非接触技术完成的支付,交易发生在手机侧。

6. 按获得商品的渠道的移动支付分类

根据购买服务或商品类型的不同,即获得商品的渠道不同,移动支付可分为如下三种类型。

(1) 移动服务支付。用户购买的是基于手机的内容或应用(如手机铃声、手机游戏等),应用服务的平台与支付费用的平台相同,即都是手机,以小额支付为主。

(2) 移动远程支付。远程支付有两种方式,一是支付渠道与购物渠道分开的方式,如通过有线上网购买商品或服务,而通过手机来支付费用;二是支付渠道与购物渠道相同,都通过手机,如通过手机来远程购买彩票等。

(3) 移动现场支付。是指在购物现场选购商品或服务,而通过手机或移动 POS 等支付的方式,如在自动售货机处购买饮料,在报摊上买杂志,付停车费、加油费、过路费等。现场支付分为两种:一种是利用移动终端,通过移动通信网络与银行以及商家进行通信完成交易;另一种是只将手机作为 IC 卡的承载平台以及与 POS 机的通信工具来完成交易。

还可以根据无线传输方式的不同分为空中交易和 WAN(广域网)交易两种。空中交易是指支付需要通过移动终端,给予 GSM/GPRS/CDMA1X 等移动通信运营商网络系统;WAN 交易则主要是指移动终端在近距离内交换信息,而不通过移动通信运营商网络,如使用手机上的红外线装置在自动贩售机上购买可乐。

由于传输方式不同,移动支付既可以基于移动通信网络来实现,也可以基于红外线等方式来实现,红外线等方式主要用于短距离的移动支付。目前,我国的移动运营商一般都采用基于移动通信网络的 SMS、WAP 等技术来实现。近两年,韩国的 SK 等移动运营商通过与银行、信用卡机构、零售商店等机构和行业进行合作,相继推出了手机红外移动支付业务,业务发展呈现良好势头。

7. 根据业务模式的移动支付分类

从业务种类看,移动支付可以分为手机代缴费业务、手机钱包、手机银行和手机信用平台等几类。

(1) 手机代缴费业务。手机代缴费的特点是代收费的额度较小且支付时间、额度固定;用户所交纳的费用在移动通信费用的账单中统一结算,如个人用户的 E-mail 邮箱服务费代收。目前,这种服务在手机支付服务中居首要地位。

(2) 手机钱包业务。手机钱包是综合了支付类业务的各种功能的一项全新服务。它是以银行卡账户为资金支持、手机为交易工具的业务,就是将用户在银行的账户和用户的手机号码绑定。通过手机短信息、IVR、WAP 等多种方式,用户可以对绑定账户进行操作,实现购物消费、转账、账户余额查询并可以通过短信等方式得到交易结果通知和账户变化通知。

目前还只有中国移动推出了手机钱包业务。实际上手机钱包并非中国的独创,国外很早就已经开始了这方面的尝试和商业应用。很多欧美国家已经在小型购物、支付交通费用、购买水电等方面引入了手机钱包的方式。在一些地区手机钱包已经占据了与现金、支票和信用卡同等重要的位置,成为最流行的支付方式之一。

(3) 手机银行业务。所谓手机银行,就是通过移动通信网络将客户的手机连接至银行,实现通过手机界面直接完成各种金融理财业务的服务系统。手机银行和手机钱包的主要区别有如下几点:

① 手机钱包由移动运营商与银行合资推出,以规避金融政策风险;手机银行由银行联合移动运营商推出,移动运营商为银行提供信息通道,他们之间一般不存在合资关系。

② 申请手机银行需更换具有特定银行接口信息的STK卡,这就容易受到银行的限制,难以进行异地、异行划拨;而手机钱包则不需要更换STK卡,受银行的限制也较小。

③ 手机钱包需要建立一个额外的移动支付账户;而手机银行只需要原有的银行卡账号。

④ 手机钱包主要用于支付,特别是小额支付;而手机银行可以看作银行服务方式的升级,利用手机银行,用户除了可以支付,还可以查询账户余额和股票、外汇信息,完成转账、股票交易、外汇交易和其他银行业务。

(4) 手机信用平台业务。手机信用平台的特点是移动运营商和信用卡发行单位合作,将用户手机中SIM卡等身份认证技术与信用卡身份认证技术结合,实现一卡多用的功能。例如,在某些场合接触式或非接触式SIM卡可以用来代替信用卡,用户只需要提供密码即可进行信用消费。

现阶段在我国推广手机代缴费和手机钱包比较可行,可接受的用户群体和适用范围比较广泛,中国移动和中国联通也各自独立(或联合银行)推出了这两种方式的业务。而我国的信用卡业务尚处于普及阶段,手机信用平台的推广市场准备和技术准备都不足。

移动支付给我们的生活带来了哪些变革?

任务4.2 了解移动支付系统

4.2.1 移动支付系统的组成

移动支付系统主要涉及三方:消费者、商家及无线运营商,如图4.2所示。

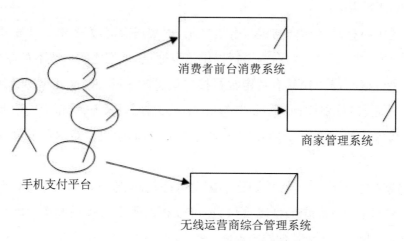

图4.2 移动电子支付系统的组成

消费者前台消费系统:保证消费者顺利购买到所需的产品和服务,并可随时观察消费明细账、余额等信息。

商家管理系统:可以随时查看销售数据,以及利润分成情况。

无线运营商手机支付平台:包括鉴权系统和计费系统。它既要对消费者的权限、账户进行审核,又要对商家提供的服务和产品进行监督,看是否符合法律规定,并为利润分成最终实现提供技术保证。

移动电子支付系统架构如图4.2所示,根据适用场合的差异,分为现场支付和远程支付两种模式,手机支付也将同时具备这两种功能。现场支付通过RFID芯片卡、POS机等设施配合,也就是一般所说的"刷手机"的方式;远程支付通过短信、WAP等手段接入互联网上的商城和银行来实现,涉及消费者、金融机构、业务提供方和商家等实体,类似于计算机电子支付在信息传输环节的无线化。这些实体在由基础网络、接入平台、安全体系、管理平台、业务平台、营销体系、目标客户等组成的移动支付体系上进入信息流动。

从移动通信体系结构来看，支撑移动支付的技术分为平台层、支撑层、交互层、传输层四个层面，如图4.3所示。

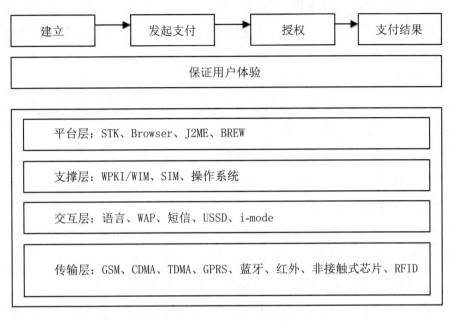

图4.3 移动支付系统技术支持

(1) STK(SIM Tool Kit)。STK卡不是一般通常使用的SIM卡，而是基于Java语言平台的Simera 32K卡片。STK是一种小型编程语言的软件，可以固化在SIM卡中。它能够接收和发送GSM的短信息数据，起到SIM卡与短信息之间的接口的作用，同时它还允许SIM卡运行自己的应用软件。

(2) J2ME。随着Jave的移动版本J2ME在移动领域越来越广泛地被采用，移动支付平台也可以引入JAVA作为支付平台。

(3) BREW(Binary Runtime Environment for Wireless)。BREW是由高通公司(QUALCOMM)提供的一个专门为无线设备设计的瘦薄而高效的应用程序执行环境。BREW为无线应用开发、设备配置、应用软件分发、计费和付款提供了一个完整、开放的解决方案。

(4) 短信。短信服务是移动支付中经常用到的，用于触发交易支付、进行身份认证和支付确认的移动技术。在移动支付中，按照信息流的流向可以分为上行和下行两种方式。用户使用短信的上行通道，发送特定信息（此信息格式由移动支付运营商提供，一般包括购买商品的编号、数量等）到指定的特服号进行支付；另外，也可以通过下行通道向客户推送一些商品或服务，如提醒充值用户进行充值，如果用户确认充值，则完成了此次的移动支付。同时，下行通道也是进行用户消费确认的渠道，以保证支付的安全,避免支付中的欺诈行为。

(5) 自动语音服务(IVR)。自动语音服务技术与短信类似,用户可以通过拨打某个特服号码进行移动支付。在用户支付确认和购买商品确认流程中也使用到IVR技术,如在用户支付前,用户收到一个由移动支付平台外拨的自动语音电话,用户根据电话提示进行支付;支付成功后,商户收到一个由支付平台外拨的语音电话,通知商户支付成功,可以提供商品或服务。

(6) WAP。面向连接的浏览器方式,可实现交互性较强的业务,并可实现网上银行的全部功能。

(7) I-Wode。是日本移动通信公司NTT DoCoMo推出的专有协议,采用该协议,用户可以使用移动电话访问Internet,I-Mode完全基于目前HTML W3C的建议,即cHTML具有标准HTML的灵活性。

(8) USSD。非结构化补充数据业务,是实现互动的全新移动增值业务平台,为最终用户提供交互式对话菜单服务,是在GSM的短信息系统技术基础上的新业务,支持现有GSM系统网络及普通手机,提供接近GRPS的互动数据服务功能。

(9) GPRS/UMTS。GPRS/UMTS均支持IP协议的数据通信,在此网络上可以开发类似于Internet的支付。

(10) RFID/蓝牙。射频识别技术(Radio Frequency Identification,RFID)和蓝牙技术(Bluetooth)是基于射频技术(RF)的两种通信标准,可以将RF技术引入非接触式移动支付服务。一般情况下在手机中内置一个非接触式芯片和射频电路,用户账户支付信息通过某种特殊格式的编码,存放在此芯片中,以适应银行或信用卡商的认证规则。用户在支付时,只需将手机在POS机的读卡器前一晃,用户的账户信息就会通过RF传输到此终端,几秒钟后就可以完成支付认证和此次交易。

(11) 红外线技术。2002年由红外线数据协会制定了一个用户移动支付的全球无线非接触支付标准:IrFM(Infrared Financial Messaging,红外线金融通信)。2003年4月有VISA国际、OMC Card、日本ShinPan、AEON Credit和日本NTT DoCoMo等公司将其引入进行移动支付服务的试验,通过红外线通信把信用卡信息下载并存储在手机里,在支付时通过红外线通信将用户的信用卡信息传输到指定设备,以完成支付认证。

(12) 非接触芯片技术。非接触芯片技术是将IC智能芯片技术与近距离无线通信技术(蓝牙技术、红外线技术等)相结合的一种新型技术,将用户信息存储在智能芯片中,通过近距离无线通信技术与其他接收处理设备进行通信,将信息按照某种格式进行加密传输。

在这些通信技术中,现场支付解决方案中射频识别(RFID)和红外线技术与非接触式芯片的结合将是未来手机作为移动支付设备的技术发展主流。

4.2.2 移动支付系统的运营

1. 基于SMS移动支付系统

SMS(Short Message Service)是第一代GSM的一部分,一条短消息能发送70~160个字符,但限于欧洲各国语言、中文和阿拉伯语。该系统在欧洲、亚洲被广泛使用。SMS是一种存储和转发服务,短信息服务器使移动电话能够使用GSM网络发送短消息。短信息并不是直接从发送人发送到接收人的,而是始终通过SMS中心进行转发。如果接收人处于未连接状态(可能电话已关闭),则消息将在接收人再次连接时发送。SMS具有消息发送确认的功能。要使用SMS的用户需要预定支持SMS的移动网络,并且必须为该用户启用SMS的使用。SMS消息的发送和接收可以和GSM语音同步进行。用户需要有发送短消息和接收短消息的目的地。该目的地通常是其他移动电话,但也可以是服务器。最后,用户还需要有支持SMS的移动电话,并需要了解如何使用其特定型号的移动电话发送和阅读短消息。

SMS移动支付系统流程如图4.4所示,将各步骤介绍如下:

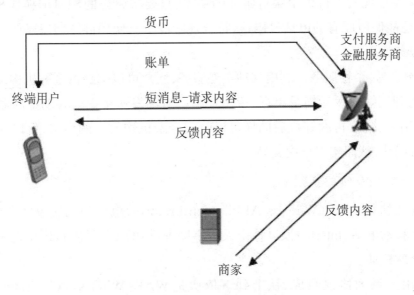

图4.4 SMS移动支付系统流程

(1)为终端用户至支付服务商/金融服务商,终端用户通过短消息形式来请求内容服务,如发送XX(请求内容)到XX(号码)来查询天气预报、新闻等。

（2）为支付服务商/金融服务商至商家，金融服务商收到请求内容后认证终端用户的合法性及账户余额，如合法用户则向商家请求内容，不合法用户则返回相应错误信息。

（3）为商家至支付服务商/金融服务商，商家收到支付服务商/金融服务商的内容请求后，认证服务商/金融服务商，如合法商家发送请求的内容给服务商/金融服务商，如不合法用户则返回相应错误信息。

（4）为支付服务商/金融服务商至商家，支付服务商/金融服务商把收到的内容转发给终端用户；为支付服务商/金融服务商从终端用户的账户中扣除相应内容的费用转账给商家。

基于短信的移动支付系统通过GSM网络将客户手机连接至金融机构，实现利用手机界面直接完成各种金融理财业务的服务系统，主要功能涉及账务查询、自助缴费、银行转账、证券交易、外汇买卖。它主要的优势如下：

① 业务丰富，实用方便。移动支付系统通过已入网的手机终端，为用户提供查询账户记录和汇率等金融信息，提供各种转账等个人理财业务及代缴费等服务，服务内容基本涵盖金融业的主要领域。

② 随时随地，自由自在。由于移动通信网GSM网覆盖广泛，移动银行凡是在GSM网覆盖到的地方，都可以提供服务，用户可以不受时间及地点的限制，随时获得服务。

③ 费用低廉，节省成本。移动金融服务通过发送一条短信完成一笔交易一般至少需要0.1元，而使现有手机带上银行服务的功能，只要将原先的SIM卡换成STK卡，不仅成本低，还能保留原有的电话号码，这符合现阶段手机使用群体期望以低成本享受高质量金融服务的心态。

④ 多次交易，个性服务。利用移动金融服务，用户可以选择由金融机构邮寄单据或由金融机构利用短信发送简易单据，或用户确认后不发送单据。移动金融利用短信的方式，即使用户关机，再次开机后同样可以收到金融机构发送的请求，可以在任何时候对消费进行确认，从而实现再次交易。

2. 基于WAP的移动支付系统

无线应用协议WAP(Wireless APPlication Protocol)也称为无线应用程序协议，是一个在数字移动电话、Internet及其他个人数字助理机PDA与计算机应用之间进行通信的开放性全球标准。

WAP由一系列协议组成，从上到下依次是WAE(Wireless APPlication Environment)、WSP(Wireless Session Protocol)、WTP(Wireless Transaction Protocol)、WTLS(Wireless Transport Layer Security)和WDP(Wireless Datagram Protocol)。WAP将移动网络和Internet以及企业的局域网紧密地联系起来，提供了一种与网络类型、运营商

和终端设备都独立的、无地域限制的移动增值业务。通过这种技术，无论用户身在何地、何时，只要通过WAP手机，即可享受无穷无尽的网上信息资源。基于WAP的移动支付系统框架图如图4.5所示。

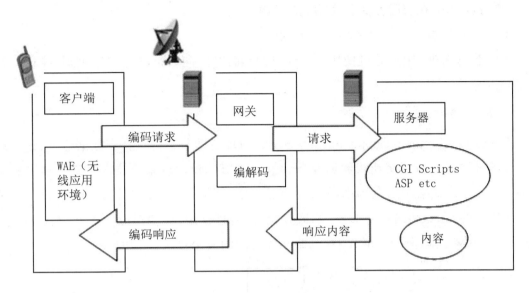

图4.5　基于WAP的移动支付系统框架图

从图4.5中可以看出，当WAP终端发送的请求在网关经协议转换后，再向内容服务器传送，而从内容服务器返回的信息，经网关编程后，转换为较为紧凑的二进制格式，返回移动终端（即客户端）。WAP网关用来连接移动通信网和WWW网。其中，客户端是移动通信网的一部分，服务器是WWW网的一个部分。WAP网关实现的功能除了上述的协议转换和消息编解码这两个外，还具有以下功能：

（1）将来自不同Web服务器上的数据聚合起来，并缓存经常使用的消息，减少对移动设备的应答时间。

（2）提供与数据库的接口，以便使用来自无线网络的信息（如位置信息）来为某一用户动态定制WML页面。

3. 基于i-Mode的移动支付系统

i-Mode（i为Information的缩写）是日本电报电话公司（NTT）、移动通信公司、DoCoMo公司推出的专属协议。采用该协议，用户可以使用移动电话访问Internet。i-Mode已经占领了日本主要市场，被认为是移动支付的成功案例。

系统在传输层使用SSL/TLS协议和其他基于Internet的协议，为i-Mode提供安全保障。TLS和LAPD-M协议是无线电工业和商业协议的标准，i-Mode采用PD-P和针对内容描述的HTML子集（即cHtmI），压缩后的HTML提供Internet服务 cHtmI有以下基本原则：

（1）完全基于目前HTML W3C建议，这就是说cHTML具有标准HTML的灵活性。

（2）cHTML在有限存储和底功能耗CPU上实现。

（3）支持网络内容在单色小屏幕上阅读。

（4）操作方便，用户通过使用4个按钮（向前指针，向后指针，选择，倒退/停止），就可以完成一系列基本操作。

4. 基于USSD的移动支付系统

USSD（Unstrctured Supplementary Service Data）即非结构化补充数据业务，是一种基于GSM网络的新型交互式数据业务，是在GSM的短消息系统技术基础上推出的新业务，USSD系统结构示意图如图4.6所示。USSD业务主要包括补充业务（如呼叫禁止、呼叫转移）和非结构补充业务（如证券交易、信息查询、移动银行业务）两类。USSD是一个特定网络应用中移动终端和网络实体之间的应用协议。

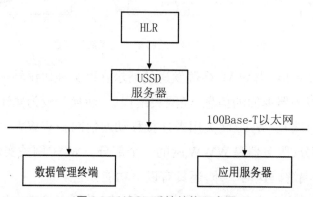

图4.6　USSD系统结构示意图

其中，USSD服务器有两个网络接口分别对应HLR（Home Location Register，用户归属位置寄存器）和局域网：一方面，通过七号信令的MAP（Mobile APPlication Part，移动应用部分）部分与GSM系统的HLR相连；另一方面，通过100Base-T（基带传输速率）以TCP/IP与应用服务器连接。应用服务器则提供各种应用接口，与股票交易所、银行等应用中心连接在一起。GSM系统以及USSD均起着透明通道的作用，USSD业务的处理主要在应用服务器上完成，然后将处理结果传到手机。

数据管理终端则向运营商提供一个易用的基于图形的系统管理维护界面，具有应用管理、用户维护、用户活动跟踪、错误告警等一系列功能。USSD系统采用这种结果，对原有的系统结构影响较小，保持了原有系统的稳定性，还可以针对本地网的具体情况灵活推出功能业务，方便为移动用户提供各类数据业务。

5. 基于J2ME的移动支付系统

J2ME(Java2 Micro Edition)是美国Sun公司为小型资源受限终端设备的应用程序开发提供使用的Java平台。J2ME平台分为两个配置(Configuration)，即CLDC(Connected Limited Device Configuration)联网的受限设备配置和CDC(Connected Device Configuration)联网的设备配置。其中CLDC是为严格受资源约束的设备而设立的。这种设备如移动电话、PDA等。为此，它在每个方面都做了优化。它的虚拟机KVM(键盘Keyboard、显示器Video、鼠标Mouse的缩写)很小，并且不支持Java语言的某些特征，它所提供的类库也很少，而CDC是针对机顶盒等设备设立的，MIDP(Mobile Information Device Profile)移动信息设备配置文件，是目前为止可供使用的用于小设备的框架。它遵循了CLDC的宗旨，尽可能使用尽量少的资源。在这种模型中，每个应用成为MIDlet，MIDlet的生命周期有3个状态，即活动(Active)、暂停(Pause)和被销毁(Destroyed)。MIDlet Suite把多个MIDlet关联到一起。在J2ME平台上把开发的程序(即MIDlet Suite)打包后下载到支持MIDP的真机上即可运行。

目前，绝大多数品牌手持设备都支持MIDP规范。基于J2ME的移动支付系统模式如图4.7所示。该系统由用户(手持设备Client)、商家(Merchant)、移动支付平台(MPP)、银行端处理设备(Settlement)组成，这里移动营运商起到了传媒的作用，为了简化系统不作为移动支付的组成部分。

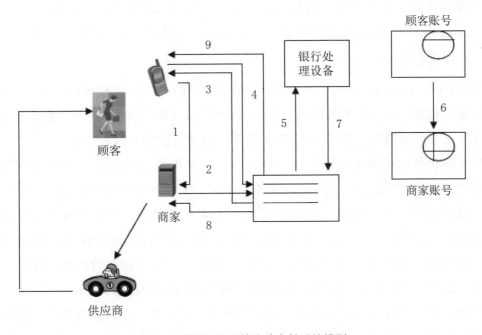

图4.7 基于J2ME的移动支付系统模型

整个交易过程分为以下几个步骤：

（1）顾客挑选商品后，由商家的服务人员录入所买商品的详细信息，如T恤一件40元，裤子一条100元等信息，小计400元。按照固定格式形成Order，选择完毕后告诉商家手持设备ID（如手机号）。

（2）商家对该Order和手持设备ID（如手机号）加密、签名后通过安全Interner通道，如SSL发送给MPP。

（3）MPP接到消息后确认消息的来源，如果消息确实来自指定商家，则对消息处理（如加密签名）后发送给移动用户即顾客。

（4）顾客收到welcome消息后输入PIN码，同意使用移动支付系统，然后确认所买的商品、消费额、商家标示及消息来源，如果消息正确，则同意支付，消息处理后传送给MPP。

（5）MPP在确认消息后向银行发出转账请求。

（6）银行处理支付。

（7）MPP收到转账成功的消息。

（8）商家收到支付成功的通知。

（9）顾客收到电子发票或收据。

（10）商家为顾客提供服务。

其中（3）、（4）两步是手持设备客户和支付平台之间无线环境下的通信，并且必须保证客户对此次交易支付所确认的信息的安全性。移动支付平台对商家的认证也很重要，它可防止假冒商家，因为这是在基于Internet的有线环境下，所以很容易做到。

6. 基于NFC的移动支付系统

NFC（Near Field Communication）是一种短距离的无线连接技术标准，只需将两个兼容终端互相靠近至几厘米的距离，或者让两个终端彼此"接触"，就可以实现电子终端之间简单而安全的通信。NFC的应用包括非接触交易比如支付和交通票务、简单快速的数据交换包括日历同步或电子名片交换以及存储在线数字内容。NFC标准得到了ISO/IEC（国际标准化组织/国际电工委员会）、ETSI（欧洲电信标准化协会）和ECMA（欧洲信息及通信系统标准化协会）等国际标准化组织的认可。NFC终端从一开始就具备互操作性，因为NFC正是基于现有的非接触支付和票务标准研发的，这些标准在世界范围内已得到广泛应用，每天都有数百万人在使用基于这些标准的产品。这些标准不仅规定了非接触运行环境，而且包括数据的传输格式以及传输速率。

借助于NFC技术，能够从环境中"提取"信息。NFC技术允许移动终端读取存储在日常物体中"标签"里的信息。这些标签能够粘贴在物理对象之上，比如海报、公交标识、街道标识、药品指标、证书、食品包装以及许许多多其他物品。

通过NFC技术,能够将非接触的票证和卡片放置于日常终端,比如移动电话中。你可以选择把部分或所有卡片都放置在一部个人终端里,比如一部具备NFC功能的手机,而无需随身携带几张卡片实物。NFC技术有助于非接触业务的普及,因为它基于国际标准,可应用于全球范围内任何地点的任何业务。支付和票务业务是NFC应用最早的业务,因为可以借助于目前已大量普及的支持非接触卡片的基础设施。首先出现的应用将在已具备支付和票务的非接触基础设施的城市进行。

NFC技术可以增强在商场结账处或无人支付终端(比如泊车米表)的非接触支付手段。用户可以虚拟支付卡或者用电子货币非接触票务所具备的高速和灵活性给公共交通和大型活动的入场环节带来革命性的变化;通过使用具备NFC功能的终端,例如移动电话,用户可以购票,并将其存储在终端里,然后就可以通过快速通道进入,而其他人必须得排队等待;此外用户还可以查询余额并更新,电子票用户还可以通过把手机靠近可读信息源,来快速下载信息,比如公交时间表。

一项成功的NFC试验已经成为了主流应用:在德国哈瑙市,公交乘坐者购票时有了一项新的选择。德国公交网络运营商RMV正在通过移动电话来进行日常交易,比如购买交通票和路线选择等。超过90%的测试用户肯定了该系统的方便易用性,认为值得继续使用。现在该业务已对哈瑙市的所有居民开放。支付和票务应用程序将存储在终端中的一个安全模块中。该安全模块可以是NFC终端中能够储存多个应用的智能卡芯片,比如SIM卡,或者安全的内存卡;也可以是终端中的一个额外的内置智能卡片。一旦某个应用,比如信用卡,被可靠地安装在NFC手机中后,客户就能简单地把手机在POS机阅读器上挥动片刻,即可完成支付。这种方便、快速的交易有赖于内置手机的技术,它将世界各地已广泛应用于非接触信用卡和公交卡中的功能整合到移动电话中。

除了与现有的非接触卡片受理基础设施保持兼容之外,一部NFC手机还能为消费者提供其他便利,比如通过手机屏幕显示交易数据,在任何时间、任何地点都能购票。NFC手机还能快速存取服务信息,只需把手机与内置RFID芯片的业务海报接触即可。

NFC基于现有的遍布于世界各地的非接触基础设施,并非一种锦上添花的技术,而是一种能让人们的生活更加方便快捷的技术,使人们更容易支付商品和服务,更容易使用公共交通,更容易存取用户周围的业务信息,更容易在终端之间彼此共享数据。

7. 基于RFID技术的移动电子支付系统

由移动通信终端、RFID读写模块与IC卡构成的移动支付模式的体系结构如图4.8所示。

图4.8　RFID移动电子支付技术的系统结构

在该系统结构中,IC卡是独立的,它既可以接受RFID读写模块的操作,又可以接受商户终端的操作。RFID读写模块的主要作用是查询IC卡上的余额,将来有望能够扩展到充值操作,而商户终端的操作主要是消费类操作。IC卡的独立性保证了IC卡发行方的利益和积极性。

RFID读写模块将保持与移动终端相对的独立性,实现如下几项功能:

(1) 对外接口。该模块提供通过异步收发通信器(UART)、串行外设接口(SPI)等接口方式,实现与移动终端的连接,将来会进一步提供USB(通用串行总线)、SDIO(安全数字输入/输出)等接口方式。

(2) IC卡操作。模块中包含符合ISO14443标准的IC卡读写功能以及MCU(微控制器)处理功能,完整实现了对IC卡的各种操作功能。

(3) 安全特性。模块本身还带有安全处理功能,实现了对IC卡的安全、可靠操作。

(4) 工作模式。模块具有读写模式、低功耗模式以及断电模式,分别适应于不同的需要。

(5) 天线。天线被内置在移动终端中。

由移动终端、RFID读写模块与IC卡构成的移动支付应用模式可以有多种,根据应用模式不同,其核心的应用流程也不一样,典型应用包括小额电子钱包的应用以及与银行卡绑定的移动支付应用。小额电子钱包的应用不记名、不挂失,典型应用如公交卡,RFID模块在小额电子钱包应用中的功能分为下述3个部分。

(1) 远程充值功能。考虑到充值密钥的安全性要求,建议采用后端服务计算充值扇区密钥的方式进行充值操作,如图4.9所示。

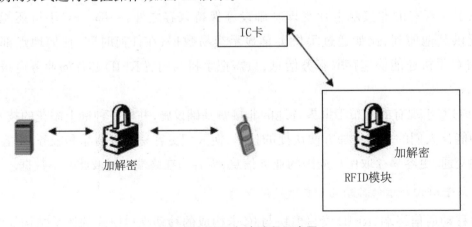

图4.9　RFID加密流程示意图

其基本的操作过程如下：

① 移动终端通过用户界面发起充值操作需求。

② RFID模块收到充值指令后，获取IC卡的基本信息，进行加密，并将加密数据返回给移动终端。

③ 移动终端将数据通过无线方式发送到服务商的后台系统。

④ 后台系统收到数据后解密，并利用解密结果计算出充值所需要的扇区密钥，然后将此密钥加密，通过无线方式发送给移动终端。

⑤ 移动终端接收到数据后，传送给RFID模块。

⑥ 模块解密数据，利用解密数据计算出充值所需要的扇区密钥，并告知移动终端充值准备完毕，可以充值。

⑦ 移动终端向绑定的银行账号申请充值，申请成功后，告知RFID模块可以充值。

⑧ 模块对卡充值，并向手机返回充值结果。

⑨ 移动终端向绑定的银行账号返回充值结果。

（2）消费功能。消费功能有两种模式，一是通过移动终端对IC卡进行扣款操作，二是通过外部的商户终端对IC卡进行扣款操作。通过移动终端对IC卡进行扣款操作的过程如下：

① 采用与充值方式类似的方法从后端服务系统获取IC卡消费密钥，或者通过内置在RFID读写模块中的密钥计算功能计算出IC卡消费密钥。

② RFID读写模块对IC卡执行扣款操作。

③ RFID读写模块将扣款操作的执行结果返回给移动终端。

④ 移动终端向后端系统发送交易记录，消费结束。通过商户终端对IC卡进行扣款操作的过程，商户终端获取IC卡的基本信息，利用IC卡基本信息通过PSAM卡计算出相关扇区的消费密钥，然后商户终端对IC卡执行扣款操作，最后，商户终端将扣款操作的交易记录返回给后端系统，消费结束。

（3）查询功能。查询功能主要指通过移动终端查询IC卡上的余额，其基本过程类似于通过移动终端的消费过程，具体如下：

① 采用与充值方式类似的方法从后端服务系统获取IC卡查询消费密钥，或者通过内置在RFID读写模块中的密钥计算功能计算出IC卡查询消费密钥。

② RFID读写模块对IC卡执行查询余额操作。

从本质上讲，移动支付就是将移动网络与金融系统结合，把移动通信网络作为实现移动支付的工具和手段，为用户提供商品交易、缴费、银行账号管理等金融服务的业务。考虑到分类体系的互斥性和完备性，结合目前移动支付的发展现状，我们发现较新颖的技术实现方式往往支持的终端较少、成本较高、系统复杂，但速率快、交互性强、安全性高，而较早的技术实现方式则反之。总而言之，随着移动通信技术的快速发展，移动支付可以依托的技术也向着客户界面日益友好、交易速度越来越快、安全性逐渐增强的方向发展。

> **课堂讨论**
>
> 请大家上网查找最新的移动电子支付系统,并把它记录下来。

任务4.3 分析移动支付的运营模式

移动电子支付价值链涉及很多方面,其中包括标准制定组织、技术平台供应商、网络运营商、金融组织、第三方运营商、终端设备提供商、商品和服务供应商以及消费者。移动支付的运营模式由移动支付价值链中各方的利益分配原则及合作关系所决定。成功的移动支付解决方案应该是充分考虑到移动支付价值链中的所有环节,进行利益共享和利益平衡。目前移动支付的运营模式主要有4种:移动运营商模式、银行运营模式、第三方支付模式和银行与运营商合作运营模式。

4.3.1 移动运营商模式

移动运营商模式主要通过移动运营商来推动移动电子支付产业价值链的发展。对于运营商推出的移动支付业务大多可以提供3种账户设置方式:手机账户、虚拟银行账户和银行账户。除银行账户外,消费者可以选择手机账户,即账户和手机进行绑定,支付款项将从手机话费中扣除。消费者也可以选择虚拟银行账户,这是一种过渡时期的账户形式,用户开户后可以通过指定方式向移动电子支付平台存入现金,形成一个只能用于移动电子支付的虚拟的银行账户,账户信息将保留在支付平台本地,支付时金额将从这个虚拟账户中扣除,这样,移动运营商以用户的手机话费账户或专门的小额账户作为手机支付账户,用户所发生的手机支付交易费用全部从用户的账户中扣减,如图4.10所示。

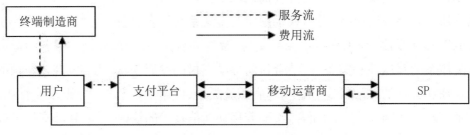

图4.10 移动电子支付移动运营商模式

该模式典型的例子是日本运营商 NTT DoCoMo 推广的 i-Mode Felica 手机电子钱包服务,用户将 IC 卡插入手机就可以进行购物了。i-Mode Felica 使用的 IC 卡中安装了电子货币交易软件,用户拥有一个电子账户,可以购买电子货币充值,进行交易时直接从用户的电子账户中扣除,整个支付过程无需金融机构参与。这种模式的特点是移动运营商直接与用户联系,不需要银行参与,技术成本较低。它的问题在于移动运营商参与金融交易,需要承担部分金融机构的责任和风险,如果没有经营资质,将与国家的金融政策发生抵触。欧洲品牌多采用这种方式,较著名的有由 Orange、Vodafone、T-mobile 和 Telefonica 四家欧洲最大的移动电信运营商联合运营的 Simpay 品牌。

4.3.2 银行运营模式

银行也可以借助移动运营商的通信网络,独立提供移动电子支付服务。银行有足够的个人账户管理和支付领域的经验,以及庞大的支付用户群和他们对银行的信任,移动运营商不参与运营和管理,由银行独立享有移动支付的用户,并对他们负责。在这种模式中,各银行通过与移动运营商搭建专线等通信线路,自建计费与认证系统,为用户手机换置 STK 卡。银行需要将用户手机的 SIM 卡换为 STK 卡,用户在手机上可以直接登录所在银行的账户,进行手机支付交易,如图 4.11 所示。

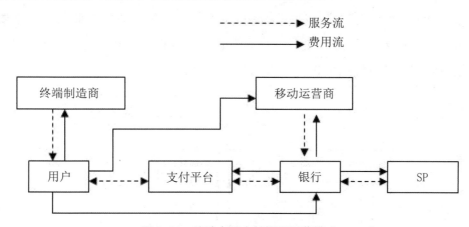

图 4-11 移动电子支付银行运营模式

该模式产生的费用主要有三部分:一是数据流量费用,由移动运营商收取;二是账户业务费用,由银行收取;三是支付业务服务费用,由银行、运营商、支付平台分成。该模式的特点是各个银行只可以为本行的用户提供手机银行服务,不同银行之间不能互通;特定的手机终端和 STK 卡换置也会造成用户成本的上升;移动运营商只负责提供信息通道,不参与支付过程。

银行独立运营的方式在韩国取得了瞩目的成效。所有提供消费金融服务的银行纷纷投资移动支付业务,银行希望人们投入到移动支付的行列,这将大大减少成本,因为手机处理业务的花费比面对面处理业务的费用少得多。这种模式的国内典型案例是中国工商银行推出的手机银行业务。中国工商银行的用户使用手机直接登录或发送特定格式的信息到银行特服号码,银行按照客户的指令可以为客户办理查询、转账以及缴费等业务。

4.3.3 第三方支付模式

第三方支付服务提供商是独立于银行和移动运营商之外的经济实体,利用移动电信的通信网络资源和金融组织的各种支付卡,由自己拓展用户,进行支付的身份认证和支付确认,与银行及移动运营商协商合作,提供手机支付业务。

目前,该模式最成功的案例是瑞典Paybox公司在欧洲推出的手机支付系统。Paybox是瑞典一家独立的第三方移动支付平台提供商,公司推出的移动支付解决方案在德国、瑞典、奥地利、西班牙和英国等几个国家成功实施。Paybox无线支付以手机为工具,取代了传统的信用卡。用户如果想使用该服务,需要去服务提供商处注册账号,并与自己的手机绑定。在购买商品后进行费用支付时,直接向商家提供用户的手机号。商家向Paybox提出询问,经过用户确认后完成支付。第三方支付服务提供商的收益主要来自两个部分:一是向运营商、银行和商户收取设备和技术使用许可费用;二是与移动运营商以及银行就用户业务使用费进行分成,如图4.12所示。

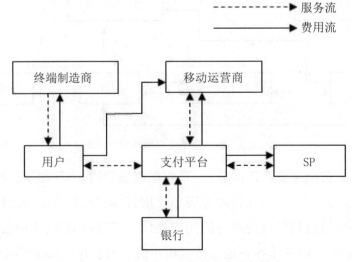

图4.12 移动电子支付第三方支付模式

这种模式的特点是：第三方支付服务提供商可以平衡移动运营商和银行之间的关系；不同银行之间的手机支付业务得到了互联互通；银行、移动运营商、支付服务提供商以及SP之间的责、权、利明确，关系简单；对第三方支付服务提供商的技术能力、市场能力、资金运作能力要求很高。

4.3.4　银行与运营商合作运营模式

银行与运营商合作运营模式最为普遍。银行和运营商发挥各自的优势，在移动支付技术安全和信用管理领域强强联手，如图4.13所示。

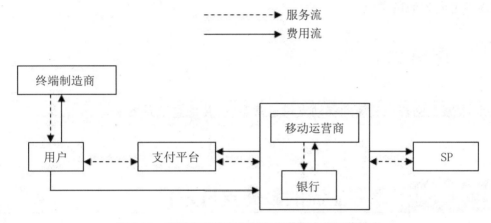

图4.13　移动电子支付银行与运营商合作运营模式

这种模式的特点是：移动运营商与银行关注各自的核心产品，形成一种战略联盟的关系，合作控制整条商业链；在信息安全、产品开发和资源共享方面合作更加紧密；运营商需要与各银行合作，或与银行合作组织建立联盟关系。

欧洲国家的手机支付多数采用多国电信运营商联合运作的方式，而银行作为合作者却不参与运营，业务模式往往通过WAP、SMS、IVP等方式接入来验证身份。这种模式已经被证明无法适应广泛的用户需求。日本则是移动运营商利用其在产业链中的优势地位来推动手机支付业务，整合终端厂商资源，联合银行提供手机银行业务。日本在NTT DoCoMo推出i-Mode Felica也是与Visa合作的结果，手机也同时拥有信用卡的功能。在韩国，银行独家运营模式已形成规模。这主要源于韩国银行业对手机支付的高度重视，同时对其电子技术、电子货币的普及以及人们的消费观念都为手机支付业务的发展奠定了基础。韩国SK Telecom联合五家卡类组织（KORAM Bank、Sumsung card、LG Card、Korea Exchange Card、Hang Card）共同推出的移动电子支付业务品牌MO-NETA，就是此种形式的代表。

我国移动电子支付产业链中的主要环节——银行、移动运营商和第三方支付服务提供商都无法独立开展手机支付业务。目前,最适合我国手机支付业务发展的商业模式是银行与移动运营商合作、第三方支付服务提供商协助支持的整合商业模式。中国移动和中国银联共同投资创办联动优势科技有限公司,共同推出移动电子支付义务并参与运营。采用合作的方式有利于实现资源共享,达到优势互补,促进产业价值链的高效运转。

因此,由于各国产业发展状况的不同,以及各方合作力度的不等,各国所采用的移动支付运营模式会有所不同,同时移动支付的运营模式又将决定价值链中各方利益的分配,从而影响到各个合作方的发展。成功的合作模式将是移动支付能否被市场所接受并逐步走向繁荣的关键。

请大家上网查找最新的移动支付运营系统,并把它记录下来。

任务4.4　掌握主流的移动支付方式

4.4.1　支付宝支付

支付宝(中国)网络技术有限公司是国内的第三方支付平台,致力于提供"简单、安全、快速"的支付解决方案。旗下有"支付宝"与"支付宝钱包"两个独立品牌。自2014年第二季度开始成为当前全球最大的移动支付厂商。

支付宝与国内外180多家银行以及VISA、MasterCard国际组织等机构建立了战略合作关系,成为金融机构在电子支付领域最为信任的合作伙伴。

1. 支付宝的产品服务

使用支付宝支付服务首先需注册一个支付宝账户,分为"个人账户"和"企业账户"两类。在支付宝官方网站或者支付宝钱包注册均可。

用户使用支付服务需要实名认证是央行等监管机构提出的要求,实名认证之后可以在淘宝开店,增加更多的支付服务,更重要的是有助于提升账户的安全性。实名认证需要同时核实会员身份信息和银行账户信息。从2016年7月1日开始,实名认证不完善的用户,其余额支付和转账等功能会受到限制。

个人支付账户分为三类,各类账户的功能、额度和信息认证标准不同。其中,Ⅰ类账户只需要一个外部渠道认证客户身份信息,例如,联网核查居民身份证信息,对应的付款限额只有自账户开立起累计1000元的限额。该类账户余额可以用于消费和转账,主要适用于客户小额、临时支付。Ⅱ类和Ⅲ类账户的客户实名认证强度相对较高,需要分别通过至少3至5个外部渠道验证客户身份信息。其中,Ⅱ类账户的余额付款限额为年累计10万元,Ⅲ类账户的余额付款限额为年累计20万元。

支付宝提供的产品服务如下:还款、转账、缴费、服务窗、快捷支付、余额宝、专卡支付、付款、海淘、红包、国际航旅、退税、海外转运、留学交费、担保交易、淘宝理财、淘宝保险、透支消费、重名查询、共享单车、支付宝小程序、医疗服务、高速支付、码商成长计划、养老专区。

2. 支付宝支付分类

(1) 快捷支付。快捷支付是指支付机构与银行合作直连,形成一个高效、安全、专用(消费)的支付方式。在推出快捷支付之前,大部分网络支付借由网络银行完成。但网络银行存在支付成功率低、安全性低等固有问题。此外,除了大银行之外,国内1000多家银行中仍有大量城镇银行未提供网银服务。

快捷支付解决了上述问题,支付成功率达到95%以上,高于网银的65%左右;快捷支付用户资金由支付宝及合作保险公司承保,若出现资损可获得赔偿。

2010年12月,中国银行与支付宝推出第一张信用卡快捷支付。截至2014年5月,约有180多家银行开通快捷支付服务。

在支付宝推出该业务之后,财付通、银联等第三方支付机构都推出了"快捷支付"。

(2) 手机支付。2008年初支付宝开始介入手机支付业务,2009年推出首个独立移动支付客户端,2013年初更名为"支付宝钱包",并于2013年10月成为与"支付宝"并行的独立品牌。

用户下载安装"支付宝钱包",使用支付宝账号登录就能使用。

自2013年Q2开始,支付宝用户数、支付笔数均超过PayPal成为全球最大支付平台,这一优势仍在不断得到强化;2014年3月份以来,支付宝每天的手机支付笔数已经达到2500万笔以上。

(3) 二维码支付。2010年10月,支付宝推出国内首个二维码支付技术,帮助电商从线上向线下延伸发展空间。

使用方式:用户在"支付宝钱包"内,点击"扫一扫",对准二维码按照提示即可完成。

（4）条码支付。2011年7月1日，支付宝在广州发布条码支付(BarcodePay)，适合便利店等场景使用。这是国内第一个基于条形码的支付方案，尚无同类支付技术。

使用时，用户在"支付宝钱包"内点击"付款码"，收银员使用条码枪扫描该条码，完成付款。

（5）声波支付。2013年4月12日，支付宝与合作方青岛易触联合推出全球首个声波售货机。市面尚无同类支付技术商用。

使用方式：用户在支持声波支付的售货机等场景下，选择商品，然后在"支付宝钱包"内点击"当面付"，按照提示完成支付。

（6）NFC支付。2012年7月31日，支付宝推出利用NFC、LBS等技术的新客户端。随后这一技术方案得到进一步改进。

2014年4月28日，支付宝钱包8.1版支持NFC功能，用户可以用于向北京公交一卡通进行充值。

使用方式：将公交卡等放置于具有NFC的安卓手机后，即可查询公交卡余额以及充值。

值得注意的是，支付宝移动支付均为远程在线支付方案，NFC在当中的作用为"近场握手、远程支付"。与统称的NFC略有差异。

（7）IPTV支付。2012年3月29日，华数传媒与支付宝推出互联网电视支付，实现3秒支付。

使用方式：用户注册为华数会员，并关注服务窗号。使用"支付宝钱包"扫描电视上的二维码，完成支付。

（8）指纹支付。指纹支付是将消费者的指纹数据信息与指定的付款账户（用户在申办业务时指定的银行账户或电子钱包账户）绑定，购物时只要在一台指纹终端机上将手指轻轻一"按"，确认是本人后，即完成付款，消费的金额会在对应的银行账户中扣除，整个过程仅需五秒钟左右。

2014年7月16日，移动支付平台支付宝钱包宣布试水指纹支付服务。支付宝钱包用户在三星智能手机GALAXY S5上已能使用这一服务。这是国内首次在智能手机上开展的指纹支付尝试，此举不仅给用户带去更安全、更便捷的支付体验，也意味着国内移动支付产业从数字密码时代跨入生物识别时代。

（9）刷脸支付。刷脸支付是基于人工智能、机器视觉、3D传感、大数据等技术实现的新型支付方式，具备更便捷、更安全、体验好等优势。2017年支付宝刷脸功能上线，2017年9月份支付宝首家刷脸支付店诞生。刷脸支付的发展与普及，对于提升用户移动支付体验、改善商户经营效率、带动经济社会智能化发展具有重要意义。业内专家认为，刷脸支付的快速兴起不仅改变了人们的生活，更带动了相关移动支付产业链的腾飞。尤其是5G、AI、IoT等前沿黑科技的加速应用落地,中国刷脸支付产业正加速崛起,人机交互进入了新时代,从最初人与机器的交互手段是电脑,到后来的移动设备手机,现在终于可以完全摆脱设备的约束了。

4.4.2 微信支付

微信支付是集成在微信客户端的支付功能,用户可以通过手机完成快速的支付流程。微信支付以绑定银行卡的快捷支付为基础,向用户提供安全、快捷、高效的支付服务。以下是微信支付接入方式。

1. 公众号开通微信支付流程

微信支付(商户功能),是公众平台向有出售物品需求的公众号提供推广销售、支付收款、经营分析的整套解决方案。商户通过自定义菜单、关键字回复等方式向订阅用户推送商品消息,用户可在微信公众号中完成选购支付的流程。商户也可以把商品网页生成二维码,张贴在线下的场景中,如车站和广告海报上。用户扫描后可打开商品详情,在微信中直接购买。

(1) 申请条件/申请资格。

申请成为公众账号,支付商户,必须满足以下条件:

① 拥有公众账号,且为服务号。

② 公众账号须通过微信认证(未认证用户,可先申请微信认证)。

温馨提示:微信认证资质审核通过后,即可申请微信支付功能。

(2) 申请具体流程。

① 进入申请页面,公众平台→微信支付。填写"商户基本资料""业务审核资料""财务审核资料"等资料。

② 签署承诺函。资料审核通过后,按照指引下载承诺函模板,并签名盖章。

温馨提示:须"商户基本资料""业务审核资料""财务审核资料"三项资料都审核通过后方可下载承诺函。

③ 签署协议。确认商户信息,在线签署微信支付服务协议,无需邮寄合同。

④ 注意事项。每个阶段的审核时间为7个工作日。若审核不通过,可在微信公众平台"通知中心"查询审核不通过的原因,修改后再重新上传。为了不耽误进入下一步,建议商户将签订合同与开发工作同步进行(审核通过时,腾讯会将微信支付相关重要开发参数发送至填写"业务审核资料"时填写的邮箱中)。

2. APP开通微信支付流程

（1）APP注册并认证。

（2）注册开放平台账号,提交APP基本信息,通过开放平台应用审核。

① 在线提交申请资料。

② 签署协议。

③ 功能发布。

④ 开发完成后,APP内即可调用微信支付模块内容,发起支付。

3. 线下实体商户接入流程

线下实体商户可通过掌贝等微信支付服务商直接申请。

所需条件：

（1）持有组织机构代码证。

（2）公众账号须通过微信认证。

微信支付一直以来持续打造"智慧生活",将企业责任与更多行业及用户的需求关联,提供更多的商业和用户价值,以下是微信的产品服务：

（1）带来便捷的交易与沟通。创新的产品功能(转账、红包、找零、支付＋会员等)不仅方便了用户的交易,提高了效率,还能让很多传统的生意和习俗更有新意,在交易的同时,带来更多的乐趣,使得社交支付甚至成为情感交流、传达爱意的新方式。

（2）智慧高效的生活体验。线上线下场景的覆盖,给用户提供零售、餐饮、出行、民生等生活方方面面高效智慧的体验,让用户更加自在、有安全感地生活和出行,使其从此告别钱包,告别排队,告别假钱、零钱。

（3）帮助产业升级商业价值输送。微信支付携手各行各业的商户共筑智慧生活,为传统行业带来智慧解决方案,帮助传统行业转型,让传统行业搭上互联网＋的直通车,推动传统行业产业升级,带来新的机会和转变及更多商业化价值输出,引领行业共建智慧生活圈。

（4）生态链延伸,价值共享。微信支付创新的技术支撑和开放的平台原则,与行业一起共享微信支付带来的价值,引领行业共同构建完善的智慧生活生态链,基于智慧生态链的延伸孵化出很多新兴的产业机会,微信支付的服务商遍布全球各地,携手微信支付一起为商户和用户带来智慧生活的体验而努力奔走,扶持帮助服务商共同成长,携手推进智慧化生活进程。

4.4.3　其他移动支付方式

目前,至少以下十种"移动支付"已成为现实。

(1) 二维码支付。也就是"即拍即付"。打开手机上的支付客户端,其中有一项二维码识别的功能,它可以用来拍摄和识别印制在各种物体上的二维码商品信息,识别后,直接点击付款,即可完成交易,商品会由快递员送到家里。

提供者——支付宝、Paypal。

(2) NFC手机钱包。通过在手机中植入NFC芯片或在手机外增加NFC贴片等方式,将手机变成真正的钱包。在付钱时,需要商户提供相应的接收器,这样,大家才能拿着手机去完成"刷一下"这个动作,付款便捷,整个过程就像在刷公交卡。

需要注明一点:NFC全称为Near Field Communication,中文名是"近距离无线通信技术",通过NFC可以方便地传输通讯录、图片、音乐等,也可以用于支付。

提供者——Google、中国移动(微博)、Docomo。

(3) 摇一摇转账。大家都打开支付客户端,拿出手机"摇一摇",对方的账号就会自动跑到你的手机上,接下来就是便捷地输入金额和收款付款了。它背后的技术包括GPS、蓝牙、重力加速感、NFC,等等。

提供者——支付宝、Paypal。

(4) 短信支付。短信支付由来已久,发送一串字符到指定号码就可完成手机充值等各种支付,而现在有了更多的演绎。比如说,短信支付让网上交水电费这件事变成了一项堪称"惊艳"的功能,第一次使用时,你还是用PC在网上操作的,在第三方支付网站登录账户,交完水电费后选择"缴费提醒",此后,每个月到了缴费日时,支付公司将自动发来短信,回复三个验证码,水电费就交完了,仅仅只需3秒,家里永不停电。

后来,这项功能又演变为"超级转账",你甚至不用知道对方的账户,在支付客户端上发起转账后,对方短信回复银行卡号就能完成收款。

提供者——支付宝、联动优势。

(5) "地理围栏"识别、"看照片"确认支付。当你到达A咖啡厅100米的范围内,咖啡厅正在使用的支付应用会启动Geofencing(地理围栏)技术,自动感知到你的到来,调出你的账户、名字和照片等资料,当然同时也会向你发出通知。一旦你收到通知,确认购买一杯咖啡,到达咖啡厅后,你只需要说出名字,收银员看着照片确认那就是你,她就可以按下支付确认键完成支付,你就可以端着咖啡走了。很快你还将收到一个推送通知,告知消费了多少钱并且得到一份电子发票。

提供者——Square。

(6) 语音支付。电视广告中已经嵌入了特定的语音命令,而手机上则安装相应的支付应用。当你在看电视时,把支付应用打开,它就能接收和识别广告里嵌入的语音波段,并主动询问用户是否需要购买此商品并完成付款。

提供者——万事达。

(7) 图像识别支付。这种支付堪称信用卡版的"名片全能王",它使用手机摄像头来读取信用卡信息,包括信用卡号码和到期日,接下来就可以发起收款。

提供者——硅谷创业公司Card.io。

(8) 超声波识别支付。这个功能其实还是一种"近场"的识别,但它利用的是超声波,让手机通过麦克风和扬声器就能完成一次近场"相认",而不必依赖专用的芯片,不用改造你的手机。用户体验就和所有"刷手机"付款的方式一致。

提供者——硅谷创业公司Naratte、摩宝。

(9) 随身刷卡器。随身刷卡器可以用来识别各种银行卡,从而实现随时刷卡消费或缴费的目的。刷卡器很小,呈正方形或长方形,可以轻松插入手机中的耳机插孔,安装后,打开应用就可以刷卡了。

提供者——Square、拉卡拉、盒子支付、快钱、乐刷。

(10) 条码支付。这个支付方式更像是"条码收款"。通过安装支付客户端,你的第三方支付账户可以生成为一个条形码,而收银员用条码枪在用户的手机上一扫,用户点下"同意支付"的按键,一次付款就完成了。

在日常的生活中大家都使用过支付宝、微信等移动支付工具进行支付,但是除了支付业务外,它们也提供很多其他服务,你用过吗?大家可以互相讨论一下用过哪些除支付外的其他服务。

项目小结

本项目着重阐述了移动电子支付的内涵、分类、组成、运营模式,以及移动支付方式。学习本项目需把握以下重点内容:

1. 理解移动支付的内涵、特点、分类。
2. 掌握移动支付系统的组成与运营模式。

3. 能够熟练应用常用的移动支付方式。

项目实训

1. 选择一部手机银行APP,如招商银行、工商银行等,查看目前手机银行提供哪些服务。如何开通手机银行服务?

2. 找一家针对手机用户的购物网站,列举该网站提供的支付方式,体验手机支付的过程。从消费者角度分析手机支付过程(含现场支付、远程支付)中应注意哪些问题。

项目 5　实施移动营销策略

知识目标

- 了解移动营销的基本概念
- 熟悉移动营销的策略
- 掌握移动广告的投放

能力目标

- 学会从应用的角度理解移动营销的概念
- 能将移动营销的策略应用到实践
- 能理解并能进行移动广告的策划与投放

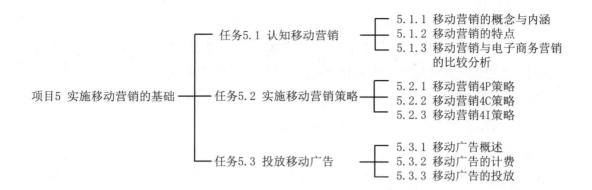

"爱的温度"跨界整合营销

移动互联时代,医药如何通过新的媒体方式有效传递产品信息成为各大药企关注的焦点。与以往单向传播的医药营销模式不同,此次以岭药业"连花清瘟"利用消费者日常生活中的"天气"场景,深挖用户的潜在需求,通过与天气服务平台墨迹天气联手,利用墨迹天气提供的天气数据资源,筛选最适合连花清瘟的消费场景,整合了移动营销策略,打通了线上线下进行互动传播的渠道,轻松强化了用户对"连花清瘟"功效的感知,达到精准营销目的。

【广告主】

以岭药业

【制作公司】

墨迹天气

1. 项目介绍

项目名称:"爱的温度"跨界整合营销

投放额度:175万元

起止时间:2018.9~2018.12和2019.1.30~2019.3.12

2. 市场分析

广告定位:通过与墨迹天气的跨界合作,传达以岭药业莲花清瘟的品牌温度,提升销量。

项目背景：

（1）2018年下半年到2019年春节，以岭药业旗下专治感冒、流感的中成药——连花清瘟胶囊，希望通过新的媒体方式有效传递产品信息，传达品牌温度。

（2）借助墨迹天气的天气数据资源，重磅打造"医药+天气"春节场景化营销"爱的温度"活动，强化品牌关怀印象，向消费者传递温暖。

项目挑战：

（1）各大品牌感冒药传播诉求大同小异，"温暖治愈"是共性，面对品牌同质化的传播内容，如何推陈出新，塑造品牌个性？

（2）由于医药行业的特性，传统的医药营销往往是枯燥的教育型宣传模式。如何解决这一痛点，获得用户的深度参与和感知？

传播受众：聚焦秋冬季节更替，易患感冒人群和春节期间的春运人群，延展传播策略，向大众推广。

3. 核心展示

项目洞察：

（1）天气变化引发感冒高发，消费者对感冒药的需求随即增长。此番合作，基于墨迹天气的天气属性与人群优势，提炼连花清瘟的关爱属性，借势换季和春节热点，以"爱的温度"为营销主题，切入年轻消费群体，打造暖心的营销活动。

（2）关于春节借势的思考，将关注点放在春节期间不能及时回家或不能团圆的特定人群身上，通过创意传播，给予这类人群关爱，凸显品牌温暖特性。

营销策略（见图5.1）：

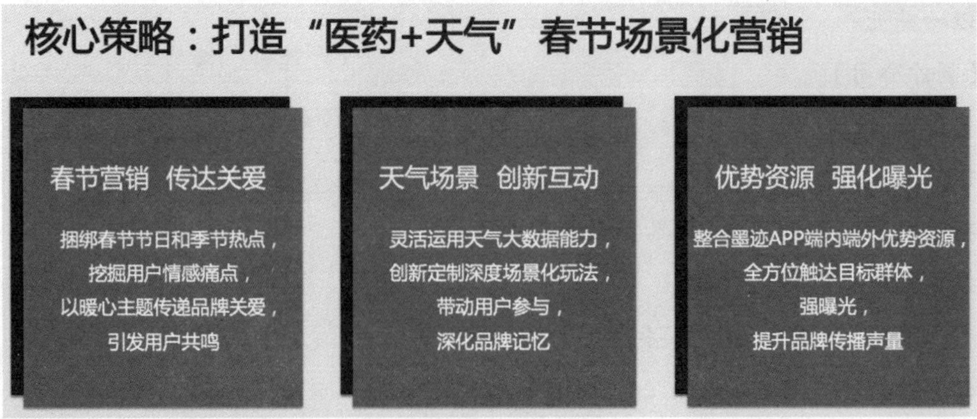

核心策略：打造"医药+天气"春节场景化营销

春节营销 传达关爱	天气场景 创新互动	优势资源 强化曝光
捆绑春节节日和季节热点，挖掘用户情感痛点，以暖心主题传递品牌关爱，引发用户共鸣	灵活运用天气大数据能力，创新定制深度场景化玩法，带动用户参与，深化品牌记忆	整合墨迹APP端内端外优势资源，全方位触达目标群体，强曝光，提升品牌传播声量

图5.1 整合营销的核心策略

营销规划（见图5.2）：

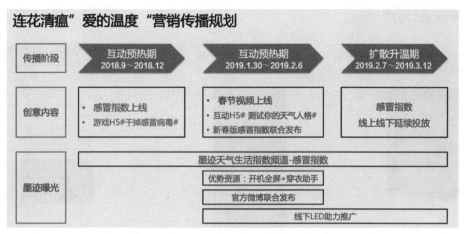

图 5.2 连花清瘟"爱的温度"营销传播规划

创意亮点(见图 5.3、图 5.4):

图 5.3 营销活动的创意亮点 1

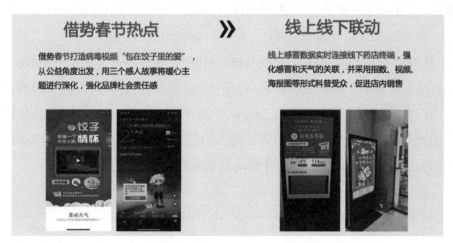

图 5.4 营销活动的创意亮点 2

传播形式(见图5.5):

资源组合传播　　　大流量优势　视觉核心　品牌联动

开机全屏-墨迹天气第一关注入口
基于视频内容及品牌形象主题定制，大尺寸强势曝光，为视频引流

穿衣助手-墨迹原生IP
基于品牌形象及春节元素对墨迹的服装、道具、文案等多元化展现形式进行定制化植入，实现品牌的趣味立体化曝光

墨迹天气官方微博
借助墨迹官方百万粉丝级微博的传播优势，联动连花清瘟官方微博发布视频，造势推广。转发抽奖吸引粉丝互动转发，扩大传播覆盖

图5.5　资源组合传播方式

4. 营销效果

墨迹平台上的数据表现超出预期，传播周期内总曝光量超28亿，总点击量超544万次。两个H5互动，总曝光量超463万次，总互动参与数超10万人。春节视频总曝光量超256万次。

(资料来源:艾瑞网 http://a.iresearch.cn/case/6718.shtml)

随着移动互联网技术的发展、移动互联网时代环境的改善以及智能终端的普及和广泛应用，人们的生活方式、消费习惯和消费方式发生了巨大的改变。正是由于这种改变，使得传统的大众营销方式不再那么有效，而面对如此庞大和迅速增长的无线移动通信终端群体，企业对于市场营销方式的关注，已逐渐由大众营销方式向利用无线移动通信终端这一新媒体来谋求精准地达到"一对一的营销方式"转化。

目前，移动营销已经具备了一定的基础。中国互联网络信息中心(CNNIC)发布的第46次《中国互联网络发展状况统计报告》显示，截至2020年6月，我国手机网民规模达9.32亿人，我国网民使用手机上网的比例高达99.2%，中国移动互联网市场规模保持稳定增长。由此可见，移动互联正在深刻影响人们的日常生活，移动互联网市场进入高速发展通道，为企业应用移动互联网展开移动营销提供了延伸空间。

任务 5.1　认知移动营销

5.1.1　移动营销的概念与内涵

营销学大师 Philip Kitler(菲利普·科特勒)将营销定义为个人和集体通过创造、提供并同他人交换产品价值,以获得其所需所欲之物的一种社会和管理过程。换言之,营销是创造、传播、传递和交换对顾客、客户、合作伙伴乃至整个社会有价值的产品和服务的一系列活动、机制和过程。营销在商务活动中的地位举足轻重。如今,越来越多的企业利用移动互联网开展商务活动,作为其重要环节的移动营销,占据着无可动摇的地位,正被客户广为接受,也是企业在移动商务中应用最为广泛的一个领域。

移动营销早期称作手机互动营销或无线营销。移动营销是互联网营销的一部分,它融合了现代网络经济中的"网络营销"(Online Marketing)和"数据库营销"(Database Marketing)理论,亦为经典市场营销的派生,为各种营销方法中最具潜力的部分,但其理论体系才刚刚开始建立。所谓移动营销(Mobile Marketing)指面向移动终端用户,在移动终端上直接向分众目标受众定向和精确地传递个性化即时信息,通过与消费者的信息互动达到市场营销目标的行为。移动营销是随时、随地都能够带来即时、直接、交互沟通的一种渠道,概而言之,就是透过移动渠道来规划和实施想法,对产品或服务进行定价、促销、流通的过程。

5.1.2　移动营销的特点

1. 个性化

由于移动终端不是面向大众,而是面向个人的,因此,手机等移动终端都具有个性化特点。移动终端具有先天的随身性,实用的应用服务让人们大量的碎片化时间得以有效利用,吸引越来越多的手机用户参与其中;平台的开放也给手机用户更多个性化选择;通过它们所传送或接收的信息也呈现出个性化的特点。

2. 交互性

在移动电子商务环境下,传受双方可以相互实施影响。以广告为例,企业通过广告内容向消费者传递信息,同时,消费者可以使用移动电话、短信、邮件、登录网站等形式向广告商做回应。甚至可以将广告转发给自己的朋友们,形成所谓病毒式营销。这种方式对广告商极为有利,因为在转发讯息的过程中用户成了发送者,增加了讯息的可信度。因此,在移动营销活动中,企业可以即时、便捷地对消费者进行信息搜集,消费者也可以对产品从设计到定价和服务等一系列问题发表意见,这种双向互动的沟通方式提高了消费者的参与性和积极性,更重要的是它能使企业的营销决策有的放矢,从根本上提高了消费者的满意度。

3. 即时性

由于移动营销具备便捷、互动的功能,因此会产生即时的效果。移动营销是一种真正个人化、交流导向的即时营销,即人们可以在信息出现的同时就获得信息并回复信息,起到立竿见影的双向功效。

4. 灵活性

移动技术可随时、随地、随身使用。在营销过程中,企业与消费者的灵活互动,可以使企业随时随地掌握市场动态,了解消费者的需求,为他们提供服务、企业资讯等大量信息,引导消费者购买到所需商品。

5. 精准性

移动营销可以实现精确的个性化传播。通过可量化的精确的市场定位技术突破传统营销定位只能定性的局限,借助先进的数据库技术、网络通信技术及现代高度分散物流等手段保障与顾客的长期个性化沟通,摆脱了传统沟通的高成本束缚,使营销达到可度量、可调控等精准要求,保持了企业和客户的密切互动沟通,从而不断满足客户个性需求,建立稳定的企业忠实顾客群。

6. 经济性

在目前全球金融危机的压力下,降低企业营销成本,拓展企业市场成为迫切需求。由于移动终端用户规模大,不受地域、时间限制,移动营销以其快捷、低成本、高覆盖面的特点与优势迎合了时代潮流和用户需求。基于移动互联网络的移动营销具有明显的优势,它以其低廉的成本、广泛的受众规模成为企业提升竞争力、拓展销售渠道、增加用户规模的新手段,并受到越来越多企业的关注。

7. 整合性

移动电子商务可以完成从商品信息的发布到交易操作的完成和售后服务的全过程,这是一种全程的营销渠道。另一方面,企业可以借助移动网络将不同的传播营销活动进行统一的设计规划和协调实施,通过统一的传播咨询向消费者传达信息,从而可以避免不同传播渠道中的不一致性产生的消极影响。随着5G网络商用化进程的加快,移动网络信息传送和承载能力更加强大,移动网络会完成有线互联网所有的功能,促使移动营销的整合性功能加强。

5.1.3 移动营销与电子商务营销的比较分析

随着移动网络和移动技术的发展,依托移动网络的移动营销与传统营销相比有许多与生俱来、令传统营销方式可望而不可即的优势,并对企业的传统经营方式形成了巨大冲击。但是,由于种种实际原因,移动营销不可能完全取代传统营销。事实上,移动营销与传统营销是一个整合的过程,在今后可预见的很长一段时期内,移动营销和传统营销将互相影响、互相补缺和互相促进,直至最后实现相互融合的内在统一。

相对传统的电子商务营销活动,移动营销也依托于互联网,但其融入了先进的移动通信技术和移动通信网络,不仅具备了传统电子商务营销的各项功能,更为重要的是提供了个性化、移动性、普及性和使用方便等特性。与电子商务营销相比,移动营销具有以下独特优势:

1. 移动营销具有不受时空限制的移动性

同传统的电子商务营销相比,移动营销的一个最大优势就是移动用户可随时随地获取所需的服务、应用、信息和娱乐。他们可以在自己方便的时候,随时、随地、随身、随心地使用移动终端查找、选择及购买商品和服务。

2. 移动营销可以提供更好的私密性和个性化服务

由于移动终端一般都属于个人使用,不会是公用的,再加上移动营销使用的安全技术也比电子商务更先进,因此可以更好地保护用户的私人信息。

移动营销能更好地实现移动用户的个性化服务,移动计算环境能提供更多移动用户的动态信息(如各类位置信息、手机信息),这为个性化服务的提供创造了更好的条件。移动用户能更加灵活地根据自己的需求和喜好来定制服务与信息的提供。

3. 移动营销信息的获取将更为及时

移动营销活动中,移动用户可实现信息的随时随地访问,这本身就意味着信息获取的及时性。但需要强调的是,同传统的电子商务营销相比,用户终端更加具有专用性。从运营商的角度看,用户终端本身就可以作为用户身份的代表。因此,营销信息可以直接发送给用户终端,这进一步增强了移动用户获取信息的及时性。

4. 移动营销可充分利用基于位置的服务

移动通信网能获取和提供移动终端的位置信息,与位置相关的商务应用成为移动营销领域中的一个重要组成部分。位置信息还可以通过其他许多方式加以利用到移动营销活动中。例如,如果知道位置,有关业务选择就可以缩小到相关性最强的范围。服务内容可以根据位置加以改变,如移动终端显示屏上的最近餐厅、酒店名称就可以随用户当时的位置变化。

5. 移动支付更加方便快捷

在移动营销中,用户可以通过移动终端访问网站、从事商务活动,服务付费可通过多种方式进行,可直接转入银行、用户电话账单或者实时在专用预付账户上借记,以满足不同需求。目前,国内外也涌现了如 Square、Paypal Here、Google Wallet、支付宝、拉卡拉等新晋的移动支付产品。

5.1.4 移动营销的主要模式

1. 推送模式

推送模式(PUSH模式)是指企业通过群发功能直接向用户发送带有广告性质的短信或者彩信。由于短信营销操作简单,成本较低,传播对象群体规模大,并且可以针对特定的对象展开营销,因此短信营销在移动营销中占据了很大的份额。它具有很强的针对性,主要体现在针对特定区域、特定人群、特定时间、特定内容等几方面。

随着移动通信技术的进步,短信营销向更高层次发展,出现了支持多媒体传送的多媒体短信服务(Multimedia Message Service,MMS),即彩信服务。相对传统的文本短信服务来说,MMS服务能够传递更全面的信息,包括图片、声音、动画等。

这种推送模式是企业主动将营销信息发给用户的一种模式,其优点在于可以迅速便捷地直接将信息传递给用户,覆盖面较广;其缺点在于企业无法知道营销信息是否真正地传达给了用户,因为用户可能会对营销信息产生反感而在阅读前就将信息删除。

2. 独立WAP网站模式

无线应用协议(Wireless Application Protocol,WAP)是向移动终端提供互联网内容和先进增值服务的协议标准,是简化了的无线互联网协议。WAP将互联网和移动电话技术结合起来,使使用移动终端设备(如手机、PDA)的用户能够访问互联网。用户只需要通过手机浏览器就可以浏览WAP站点,可以在WAP站点上浏览新闻、收发邮件、下载文件等。

WAP网站如同普通的互联网站点一样,为企业提供了又一个营销平台。企业可以在WAP网站上做广告,还可以提供电子折扣。消费者主动在WAP网站上下载电子折扣券的方式将使商家的打折信息传播得更广,更具有针对性。另一方面,商家通过WAP网站给消费者发送营销信息可以采用流媒体等丰富生动的形式,能够强烈激发消费者的兴趣。

3. WAP组合模式

WAP组合模式主要包括三种模式,分别为推送模式与WAP的组合模式、二维码与WAP的组合模式、手机搜索引擎与WAP的组合模式。推送模式与WAP的组合模式是采用短信或彩信推送的形式加上无线网络的超级链接形式进行的移动营销。商家先给用户发送文字短信或彩信,介绍相关商品的信息,对该信息感兴趣的用户可以点击链接进入相应的WAP网页。这种方式不但可以节约营销费用,而且也可以简单地计算WAP网页的点击率,为广告商付费和后台用户管理提供了便利。

手机二维码是将手机需要访问和使用的信息编码到二维码中,利用手机的摄像头识读。用户通过手机摄像头扫描二维码或输入二维码下面的号码、关键词就可以实现手机的快速上网,省去了在手机输入URL的繁琐过程,实现了一键上网,给手机用户带来了极大的便利。二维码还可以网络下载,为在线视频、网上购物、网上支付等提供方便的入口。

手机搜索引擎与网络搜索引擎一样,企业只要将WAP网站提交给搜索引擎公司,企业的目标客户就可以通过一定搜索引擎搜索到企业的WAP网站。

4. 与短信相关的营销模式

与短信相关的营销模式主要有短信互动营销平台和短信网址模式。短信互动营销平台是企业到移动运营商那里申请短信端口后,通过互联网连上移动运营商的网关,即可实现短信群发功能。顾客通过编制指令发送到指定号码即可查询及反馈各种信息;或者由运营商通过"企信通""集信通"等业务帮助企业搭建短信平台,通过这个平台,各企业单位可以面向客户发送各种商业短信,以无线形式实施市场宣传及信息、客户管理等。

短信网址模式是移动互联网上用自然语言注册的网址,可以利用SMS短信方式或WAP寻址方式帮助移动终端设备快捷访问互联网的内容和应用。通过使用短信网址营销,企业可开展短信咨询、短信留言、短信投诉等一系列服务活动,并能有效降低企业的客户成本,实现与客户的实时互动。

5. 捆绑嵌入模式

这种模式是将广告以图片、彩铃、游戏等形式嵌入到终端手机中,或者将广告内容嵌入到手机软件中的新型广告模式。这种模式代表了未来手机广告的发展方向。

列举实例说出你常用的移动APP与传统电子商务网站交易的不同。

任务5.2 制定移动营销策略

随着营销理念的中心逐步由企业转向目标对象,营销策略的应用也从4P发展到4C、4I理论并不断成熟。移动营销活动应遵循方便、个性化、创新的营销理念。它们之间并非是取代关系,而是一种互补、完善和发展的关系。然而,4P、4C、4I的营销理论虽然仍可适用,但不能达到移动营销所需求的"个性化""一对一"的精细化程度。因为基于移动电子商务所独具的个人化、地域性、网络化的优势,移动电子商务营销应首先在识别用户身份的基础上实现市场细分、差别化营销。在识别目标用户后提供个性化的服务和针对性的产品推广是移动营销的直接目的。个性化的实现必须基于即时性的用户位置定位及互动沟通。因此,著名手机媒体专家朱海松在《无线营销:第五媒体的互动适应性》文中又提出了4I营销模型使其更为"精细化"。

5.2.1 移动营销的4P策略

4P营销组合策略是由美国营销学学者麦卡锡教授在20世纪60年代提出的,即产品(Product)、价格(Price)、渠道(Place)和促销(Promotion)。网络营销是借助于网络这一平台开展的营销活动。移动营销是在网络营销的基础上增加了移动通信网络和移动通信技术的应用,所以传统的4P营销理论仍然是适用的。

1. 产品策略(Product)

产品策略是市场营销4P组合的核心,是价格策略、渠道策略和促销策略的基础。所谓产品策略,即指企业制定经营战略时,首先要明确企业能提供什么样的产品和服务去满足消费者的要求,也就是要解决产品策略问题。它是市场营销组合策略的基础,从一定意义上讲,企业成功与发展的关键在于产品满足消费者需求的程度以及产品策略正确与否。因此,产品策略是企业市场营销活动的支柱和基石。

产品是市场营销组合中最重要的因素。在网络营销中,产品的整体概念可分为5个层次,如图5.6所示。

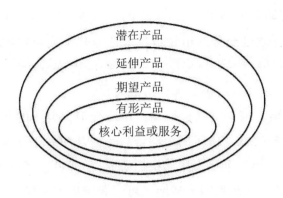

图5.6 网络营销产品层次关系图

（1）核心利益层次。核心利益层次是指产品能够提供给消费者的基本效用或益处,是消费者真正想要购买的基本效用或益处。

（2）有形产品层次。有形产品层次是产品在市场上出现时的具体物质形态,主要表现在品质、特征、式样、包装等方面,是核心利益或服务的物质载体。

（3）期望产品层次。期望产品层次是在网络营销中,顾客处于主导地位,消费呈现出个性化的特征,不同的消费者可能对产品的要求不一样,因此产品的设计和开发必须满足顾客这种个性化的消费需求。这种顾客在购买产品前对所购产品的质量、使用方便程度、特点等方面的期望值,就是期望产品。

（4）延伸产品层次。延伸产品层次是指由产品的生产者或经营者提供的满足购买者延伸需求的产品层次,主要是帮助用户更好地使用核心利益的服务。在网络营销中,延伸产品层次要注意提供满意的售后服务、送货、质量保证等,这是因为网络营销产品市场的全球性,如果不能很好地解决这些问题,势必影响网络营销的市场广度。

（5）潜在产品层次。潜在产品层次是延伸产品层次之外,由企业提供的能满足顾客潜在需求的产品层次,它主要是产品的一种增值服务,与延伸产品的主要区别是,就算顾客没有潜在产品层次仍然可以很好地使用顾客需要的产品的核心利益或服务。

网络营销的产品层次同样适用于移动营销。与网络营销产品策略内容承接,移动营销的产品策略也包含新产品开发策略、品牌策略等,但其在具体实施上更具自身个性化、移动性、方便性、基于位置等特点。因此,在移动营销的新产品开发上,应该抓住客户需求,开发优势资源信息。对于移动电子商务这个新的商业领域的开拓,最重要的是了解目标客户的目前需求和潜在需求,对于移动消费群体来说,即时信息是用户使用移动通信设备的主要目的,但同时也有许多亟待开发的潜在需求。在移动信息服务方面,应有重点的配置服务资源,以达到最佳效果。

2. 价格策略(Price)

在网络营销和移动营销活动中,所采用的价格策略以顾客主导定价为基本。为满足顾客的需求,顾客可通过充分的市场信息来选择购买或者定制生产自己满意的产品或服务,同时以最小代价(产品价格、购买费用等)获得这些产品或服务。简单地说,就是顾客的价值最大化,顾客以最小成本获得最大收益。

(1) 低价定价策略。借助网络进行销售比传统销售渠道的费用低廉,因此,网上销售价格一般比市场价格要低。由于网上的信息是公开和易于搜索比较的,因此,网上的价格信息对消费者购买起着重要作用。根据研究,消费者选择网上购物,一方面是因为网上购物比较方便,另一方面是因为从网上可以获取更多的信息,从而以最优惠的价格购买商品。低价定价策略可采用以下几种方式:直接低价定价策略、折扣策略、网上促销定价策略。

(2) 定制生产定价策略。定制生产定价策略是在企业能实行定制生产的基础上,利用网络技术和辅助设计软件,帮助消费者选择配置或者自行设计能满足自己需求的个性化产品,同时承担自己愿意付出的价格成本。

按照客户需求进行定制生产是移动电子商务满足个性化需求的基本形式。定制化生产根据客户对象可以分为两类,一类是面对工业组织市场的定制生产,另一类是面对大众消费者市场,实现满足个性化消费的定制生产以及按定制定价。

(3) 使用定价策略。所谓使用定价策略,就是顾客通过互联网注册后可以直接使用某公司的产品,只需要根据使用次数进行付费,而不需要将产品完全购买。采用按使用次数定价,一般要考虑产品是否适合通过互联网传输,是否可以实现远程调用。目前,比较适合的产品有软件、音乐、电影等产品。

(4) 拍卖竞价策略。网上拍卖是消费者通过互联网进行公开竞价,在规定的时间内价高者赢得产品。网上拍卖竞价有以下几种方式:竞价拍卖、竞价拍买和集体议价。其中,竞价拍买是竞价拍卖的反向过程,由消费者提出一个价格范围,求购某一商品,由商家出价,出价可以是公开的或是隐蔽的,消费者将与出价最低或最接近的商家成交。

(5) 免费价格策略。免费价格策略是市场营销中常用的营销策略,它主要用于促销和推广产品,一般是短期的和临时性的。但在移动营销中,免费价格不仅仅是一种促销策略,还是一种费用有效的产品和服务定价策略。

免费价格策略就是将企业的产品和服务以零价格形式提供给顾客使用,满足顾客的需求。免费价格策略有这样几种形式:第一种是产品和服务完全免费,即产品(服务)从购买、使用到售后服务所有环节都实行免费服务;第二种对产品和服务实行限制免费,即产品(服务)可以被有限次使用,超过一定期限或次数后,取消这种免费服务,需要付费后继续使用;第三种是对产品和服务实行部分免费,如一些著名研究公司的网站仅发布部分研究成果,如果要获得全部成果则必须付费;第四种是对产品和服务实行捆绑式免费,即购买某产品或服务时赠送其他产品或服务。

3. 渠道策略(Place)

与网络营销的营销渠道类似,移动电子商务的营销渠道利用其自身移动网络的跨时空性,与移动信息技术的融合减少了企业与消费者之间的环节,简化了营销渠道,主要有直接营销渠道和间接营销渠道两种,如图5.7所示。

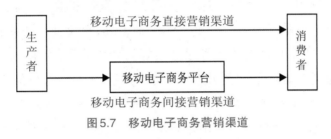

图5.7 移动电子商务营销渠道

(1) 直接营销渠道。企业利用移动网络直接与消费者进行交易。但这种交易主要是与产品有关的信息流完成,至于产品流,则要借助物流配送系统完成,而资金流,则要通过支付系统完成。

(2) 间接营销渠道。一方面,电子商务弱化了传统中介的作用,但另一方面,电子商务强化了新型中介的作用。新型中介通过融合互联网技术,提高了交易效率、专门化程度和更大规模经济。例如,阿里巴巴、Amazon等电子商务交易平台网站。基于互联网的新型网络间接营销渠道与传统间接分销渠道有很大的不同,传统间接分销渠道可能有多个中间环节,如一级批发商、二级批发商、零售商,而网络间接营销渠道只需要一个中间环节。如今,大多数的中间电子商务交易平台纷纷布局建立了自己的移动客户端,搭建了一个个基于移动电子商务的交易平台,向用户提供更加便捷的应用。

4. 促销策略(Promotion)

与传统促销一样,网上促销的核心问题也是如何吸引消费者,为其提供具有价值诱因的商品信息。最常见的网络促销,分别是网络广告、站点推广、销售促进和关系营销。其中网络广告和站点推广是网络营销促销的主要形式。

(1) 网络广告。目前,网络广告类型有很多,根据形式不同可以分为旗帜广告、电子邮件广告、电子杂志广告、新闻组广告、公告栏广告等。从理论上说,移动广告与网络广告一样,具有很好的交互作用,以及可测量、可跟踪、可评估和可反馈等特性。

移动广告顺应了移动营销的趋势。它是一种依托手机终端的新型营销方式,与传统媒体相比具备精准性、互动性、灵活性和个性化的特点,较之传统媒体广告服务则更为关注便捷性、用户收看场景和网络承载力。

(2) 站点推广。站点推广就是利用网络营销策略扩大站点的知名度,吸引网上流量访问网站,起到宣传和推广企业以及企业产品的效果。站点推广主要有两种方法,一种是通过改进网站内容和服务,吸引用户访问,起到推广效果;另一种是通过网络广告宣传推广站点。前一种方法,费用较低,而且容易稳定顾客访问,但推广速度比较慢;后一种方法,可以在短时间内扩大站点知名度,但费用不菲。

(3) 销售促进。销售促进就是企业利用可以直接销售的网络营销站点,采用一些销售促进方法如价格折扣、有奖销售、拍卖销售等方式,宣传和推广产品。

(4) 关系营销。关系营销是一种重要的促销工具,它通过与企业利益相关者,包括供应商、顾客、雇员、股东和社会团体等建立良好的合作关系,为企业的经营管理创造良好的环境。通过与网上新闻媒体建立良好的合作关系,将企业有价值的信息通过网上媒体发布和宣传,以引起消费者对企业产生兴趣,同时通过网上新闻媒体树立企业良好的社会形象。特别是通过网络的交互功能吸引用户与企业保持密切关系,培养顾客忠诚度,提高顾客的收益率。

5.2.2 移动营销的4C策略

4C理论是由美国营销专家劳特朋教授在1990年提出的,是以消费者需求为导向,重新设定了市场营销组合的四个基本要素:顾客(Customer)、成本(Cost)、便利(Convenience)和沟通(Communication)。它强调企业首先应该把追求顾客满意放在第一位,产品必须满足顾客需求,同时降低顾客的购买成本,产品和服务在研发时就要充分考虑客户的购买力,然后要充分注意到顾客购买过程中的便利性,最后还应以消费者为中心实施有效的营销沟通。

1. 顾客(Customer)

顾客是指消费者的需要和欲望。企业要把重视顾客放在第一位,以"顾客为中心",强调服务顾客比开发产品更重要,满足消费者的需求和欲望比产品功能更重要,不能仅仅卖企业想制造的产品,而是要提供顾客确实想买的产品。

2. 成本(Cost)

成本是指消费者愿意支付的钱。首先要了解消费者为了满足需求或欲望愿意付出多少钱,而不是先给产品定价,即向消费者要多少钱。从顾客的体验来看,顾客愿意支付的价格不单纯指顾客愿意支付的成本,而是指顾客让渡价值,也就是顾客体验到的总的顾客价值与总的顾客成本的差额,面对愈演愈烈的价格战,企业应努力提高总的顾客价值和减少非货币客户成本。移动商务带来的总的顾客价值体验,来自四个方面:产品价值、服务价值、人员价值和形象价值。产品价值是由产品的功能、特性、品质、品种与样式等所产生的价值,它是顾客选购产品时所考虑的首要因素。

3. 便利(Convenience)

首先考虑在消费者购物等交易过程中如何给消费者带来便利,而不是考虑销售渠道选择和策略。根据消费者的购买地域或购买方式的偏好,构建通畅的营销渠道,为顾客方便购买提供条件。便利性是指为消费者参与促销活动提供方便,如方便地获取信息、促销品和携带方便等。实际上这一点也是与消费者成本紧密联系的,消费者参与促销活动如果不便利,成本也自然会随之增加。

4. 沟通(Communication)

移动电子商务可以通过无线网与消费者进行一对一的沟通,这种沟通方式比传统营销方式沟通更加方便和快捷。企业可以通过短信、建立个性化网页、跟踪工具、聊天室、电子邮件和自动应答、帮助系统和呼叫中心及问题解决工具与顾客进行沟通。

5.2.3 移动营销的4I策略

进入移动互联网时代,利用网络技术,充分理解和认识用户特征,深入挖掘用户需求,让全面细分、满足各类客户体验成为可能。因此,在业务多样化、需求差异化和服务精细化的移动互联网时代,4I模型能够更好地满足移动营销的市场需求。该模型的建立是在移动设备和移动网络新技术优势的基础上以客户为中心,向客户定向、精确、有效地传递个性化营销信息,通过与客户的信息互动,实现"一对一"的市场营销目标。

1. 识别(Identification)

识别沟通的分众对象并与其建立"一对一"的关系。分众的精细化就是目标个体,目标个体是指目标消费者已经不是抽象的某一个群体了,而是差别化的个体,移动营销就是利用第五媒体的手机与差别化的个体进行"一对一"的沟通。同时,这种目标个体是可识别的,即分众的量化。这种识别包括不同消费者之间的个性需求识别,以及同一消费者在不同地点、不同时间段的特定需求。个体的可识别,就可对目标消费的个体进行量化管理。前面谈到的三种营销理论都假设消费者是一种抽象的描述,他们的需求是一致的。实际情况是,每个消费者都是独一无二的。传统营销理论回避了某个消费者到底是谁的问题,消费者的关系建立是模糊的,不可识别的,因为消费者有需求,但是"谁"的需求,"他"到底在哪里,却不能回答。消费者是"见利忘义"的,这种"见利忘义"体现在大量的促销活动可以轻易地使消费者转移品牌,消费者的品牌忠诚度更难把握和琢磨,所以移动营销可做到分众识别,个体锁定,定向发布广告。

2. 即时(Instant)

即时性体现出了移动营销的随时性和定时性。移动终端的便利性使得移动营销可以及时地与目标消费者进行沟通。移动营销的即时性可快速提高市场反应速度。在相互影响的市场中,对经营者来说最现实的问题不在于如何控制、制订和实施计划,而在于如何站在顾客的角度及时地倾听顾客的渴望和需求,并及时答复和迅速做出反应,满足顾客的需求,移动营销的动态反馈和互动跟踪为这种营销策略提供了一种可能。要强调的是,移动营销的即时性对于企业来讲意味着广告发布是可以定时的。这是因为当企业对消费者的消费习惯有所觉察时,可以在消费者最有可能产生购买行为的时间发布产品信息,这需要对消费者的消费行为有量化的跟踪和调查,同时在技术上要有可以随时发布信息的手段。另一方面也要求在识别用户地理位置后即时触发营销行为,主动推送营销信息。

3. 互动(Interactive)

互动就是参与。顾客忠诚度是变化的,他们会随时转向其他品牌。要保持顾客的忠诚度,赢得长期而稳定的市场,"一对一"的无线互动营销可以与消费者形成一种互动、互求、互需的关系。在移动营销活动中,移动营销中的"一对一"互动关系必须对不同顾客(从一次性顾客到终身顾客之间的每一种顾客类型)的关系营销的深度、层次加以甄别,对不同的需求识别出不同的个体,才能使企业的营销资源有的放矢,使互动成为相互了解的有效方式。

4. 个性化(Individuation)

手机、便携式计算机、PDA的特性为个性化、私人化、功能复合化及时尚化的实现提供了得天独厚的优势,这些也逐渐形成评价一部移动终端能否满足用户需求的默认标准。这使得利用第五媒体手机进行的移动营销活动具有强烈的个性化色彩。"让我做主""我有我主张""我的地盘我做主""我运动我快乐""我有,我可以""我能",这些在消费生活中人们高喊的口号越来越明显地传达出市场的个性化特征,这种消费诉求要求市场的营销活动和所传递的信息也要具有个性化。人们对于个性化的需求将比以往任何时候都更加强烈。

课堂讨论

为什么说移动营销更适合开展一对一的精准营销？

任务5.3　投放移动广告

5.3.1　移动广告概述

移动互联网广告，也称移动广告，是指基于无线通信技术，以手机等移动设备为载体的一种广告形式，是移动营销的重要组成部分。移动广告主要是通过移动设备访问移动应用或移动网页时显示的广告。如今移动广告阶段正是智能手机的全盛时期，移动媒体分析家对移动媒体的潜力不断看涨，移动媒体的成长空间是巨大的。据艾媒数据中心的数据显示，2019年中国移动广告市场规模为3770.7亿元。预测在2020年移动广告市场规模将突破4000亿元，达到4110.3亿元。

1. 移动广告的特性

移动终端相比电脑更普及，比报纸更互动，比电视更便携，因此移动广告拥有与其他传统广告形式所不同的特征。

（1）精准性。相对于传统广告媒体，移动广告在精确性方面有着先天的优势。它突破了传统的报纸广告、电视广告、网络广告等单纯依靠庞大的覆盖范围来达到营销效果的局限性，而且在受众人数上有了很大超越，传播更广。移动广告可以根据用户的实际情况和实时情境将广告直接发送到用户的手机上，真正实现"精准传播"。

（2）即时性。移动广告即时性来自于手机的可移动性。手机是个人随身物品，它的随身携带性比其他任何一个传统媒体都强，绝大多数用户会把手机带在身边，甚至24小时不关机，所以手机媒介对用户的影响力是全天候的，广告信息到达也是最及时、最有效的。

（3）互动性。移动广告互动性为广告商与消费者之间搭建了一个互动交流平台，让广告主能更及时地了解客户的需求，增强消费者的主动性，提高其自主地位。

（4）扩散性。移动广告的扩散性，即可再传播性，指用户可以将自认为有用的广告通过微信、短信、微博等方式转发给亲朋好友，直接地向关系人群扩散信息或传播广告。

(5)整合性。移动广告的整合性优势得于移动互联网技术的发展速度,移动广告可以通过文字、声音、图像、动画等不同的形式展现出来。手机不仅仅是一个实时语音或者文本通信设备,也是一款功能丰富的娱乐工具(影音功能、游戏终端、移动电视等),更是一种即时的金融终端(手机电子钱包、证券接受工具等)。

(6)可测性。对于广告业主来讲,移动广告相对于其他媒体广告的突出特点还在于它的可测性或可追踪性,使受众数量可准确统计。

2. 移动广告的形式

随着移动增值业务种类的日益丰富和移动增值业务平台的日益完善,移动广告的表现形式也越来越丰富多彩。移动广告的主要表现形式如下:

(1)Banner广告。Banner广告算是最普遍的移动广告展现形式。一般使用GIF图,也可以使用静态图形,或用多帧图像拼接为动画图像,一般在APP的底部或者顶部出现,尺寸较小的话对用户的干扰影响也较小。Banner主要体现中心意旨,形象鲜明地表达最主要的情感思想或宣传中心。其特点归结起来就是短小精悍、重点突出,不足之处主要是较为容易被忽视,如图5.8所示。

图5.8 底部Banner示意图

（2）插屏广告。插屏广告（Interstitial Advertising），是移动广告的一种主流形式，其形式和效果类似于电视、PC端视频的插播广告。插屏广告主要采用了自动广告适配和缓存优化技术，可支持炫酷广告特效，视觉冲击力强。一般出现在开头、中间和结尾等部分，持续时间短则几秒，长则一分多钟，对观看者具有强烈的视觉冲击效果。

插屏广告，已经是移动广告平台最火的广告形式，尤其是在各类APP中，视频播放前、暂停、退出时就会以半屏或全屏的形式弹出。相比较Banner形式，插屏的广告形式会显得更加大气美观，广告点击率、转化率也高于Banner等广告形式。插屏广告是目前比较有效的精准广告推广形式，如图5.9所示。

图5.9　插屏广告示意图

（3）积分墙广告。积分墙广告是除Banner、插屏广告外最常见的移动广告形式，是第三方移动广告平台提供给应用开发者的另一新型移动广告盈利模式。积分墙是在一个应用内展示各种积分任务（下载安装推荐的优质应用、注册、填表等），以供用户完成任务获得积分的页面。用户在嵌入积分墙的应用内完成任务，该应用的开发者就能得到相应的收入，目前积分墙主要支持Android和iOS平台。

积分墙分有积分和无积分两种模式。有积分的模式内含有"虚拟积分"的功能，开发者可以在自己的应用中设定消耗积分的地方，比如购买道具，以刺激用户在应用中安装积分墙的产品，获得积分进行消耗。无积分的模式分为列表和单个应用两种展示模式。通常以推荐"热门应用""精品推荐"等为推荐墙入口,用户点击进入,便可看到推荐的优质产品。

积分墙广告较之于其他的形式也有其自身的特点:第一,操作简单,不管是用户还是开发者在操作上都很容易实现,无需繁琐的过程和步骤;第二,丰富多样,积分墙内的应用非常丰富,可以说你想要的积分墙内几乎都有,当然那些劣质的应用除外;第三,智能可靠,现在的积分墙基本能实现实时表现数据,能够有效地避免数据延误,同时拥有多重安全机制,可以最大限度地保护积分墙聚合服务不间断。积分墙广告示意图如图5.10所示。

图5.10　积分墙广告示意图

(4) 富媒体广告。富媒体(Rich Media),是相对于图片类而言的,因为它具有动画、声音、视频或交互式信息传播方式。富媒体是一种信息传播方式,富媒体广告是指以这种传播方式来表现的广告形式。

富媒体广告包含4种,分别为矢量为基础技术的广告(Flash等动画),程序语言实现或者控制的广告(JavaScript、HTML等小程序),流媒体视频(利用QuickTime等播放),

交互式富媒体(结合多种多媒体形式,如视频、动画、点击、滑动、摇动手机等)。其中在手机上,流媒体视频及交互式富媒体最为流行。富媒体广告,对用户来说就是看到的广告比较酷炫,对广告主来说可以更好地展示产品,对互联网公司来说就是要加载更多的广告素材,如图5.11所示。

图5.11　富媒体广告示意图

(5) 原生广告。原生广告(Native Advertising),是一种让广告作为内容的一部分植入到实际页面设计中的广告形式,是一种通过在信息流里发布具有相关性的内容产生价值,提升用户体验的特定商业模式。原生广告是最近几年在新媒体中经常看到的一种广告形式,如微信朋友圈、微博、各大新闻、社交平台中出现的文字、图片、视频等广告等。它们属于一种植入广告,但不同于硬性植入广告,也不同于软性植入广告。它们既有明显的植入印迹,又不破坏用户体验。 原生广告按照特征可分为内容类广告(信息流)、插播广告、激励互动广告等类别,每一种类别源于原生,又高于原生,它们是以广告的形式做到营销的原汁原味的。原生广告示意图如图5.12所示。

图5.12 原生广告示意图

(6)移动视频广告。移动视频广告分为传统贴片广告和In-APP视频广告,是指在移动设备内进行的插播视频的模式。这种广告形式主要通过移动互联网在移动设备中(手机、PSP、平板电脑等)展现,其技术主要采用数码及HTML5技术,融合视频、音频、图像及动画,利用手机用户开启或退出移动应用等"碎片时间"来插播视频。

移动视频广告主要应用于移动互联网,在移动设备中展示,作为一种新的展示模式,用户正处于慢慢接受的过程,因此,过度频繁的移动视频展示,不仅不能树立品牌效果,还可能导致用户体验受损。其目前主要有两种形式:

第一种是贴片。它是在视频开始之前插播的一小段广告。贴片广告的时间通常都很短,在三到五秒左右。因为如果广告时间太长,容易引起视频观看者的不满。在土豆、凤凰、新浪、优酷等视频中都存在贴片广告,将视频运用到移动应用(如手机应用、手机游戏)上的一种贴片广告模式,主要是在应用开启或过渡时插播。爱奇艺的贴片广告截图如图5.13所示。

图5.13 爱奇艺的贴片广告截图

第二种是角标。它是以透明的角标界面出现在视频播放窗口旁边的广告形式,不会影响用户对视频节目的观看。它会一直存在于播放窗口的旁边,时不时地出现一些动态效果以引起用户的注意,在观看过程中是允许用户对其关闭的。

(7) HTML5广告。HTML5广告是利用HTML5的编码技术来实现的一种数字广告形式,是移动互联网技术与移动广告强强联合的结果。作为移动互联网的"新语言",HTML5提供了全新的移动传播框架平台,其主要功能是通过多元化视频、音频、动画等展示效果呈现系列的信息。相较于其他品牌传播手段,H5凭借其互动性的表达、超时空限制等特性成为新型移动广告形式。

HTML5广告不是移动广告的"专属",是传统PC互联网时代的产物,但从技术和广告特性上来看无疑是最适合在移动端展示的。在技术层面,HTML5技术是唯一一个兼容PC、Mac、iPhone、iPad、Android、Windows Phone等主流平台的跨平台语言。在广告自身层面,它易于发布,表现形式更活泼、有趣,具有强大的图形能力和灵活的音频/视频功能。更重要的还在于广告扩展性上,它具有令人难以置信的潜力,企业广告主都希望在各种新颖的移动智能设备上显示广告。腾讯宣传广告如图5.14所示。

图5.14 《生命之上,想象之下》腾讯UP大会HTML5宣传广告

(8) 信息流广告。信息流广告(Feeds Ads)是位于社交媒体用户的好友动态或者资讯媒体和视听媒体内容流中的广告。信息流广告的形式有图片、图文、视频等,特点是算法推荐、原生体验,可以通过标签进行定向投放,根据自己的需求选择推曝光、落地页或者应用下载等,最后的效果取决于创意、定向、竞价三个关键因素。信息流广告示意图如图5.15所示。

信息流广告是由Facebook首先推出的。这种穿插在内容流中的广告,对用户来说体验相对较好,对广告主来说可以利用用户的标签进行精准投放,因此特别是在移动互联网时代到来后它迎来了爆炸式的增长,几乎所有的互联网媒体都推出了信息流广告平台。

信息流广告具有很强的优势,如:

① 流量更加庞大。

② 算法较竞价更为领先。

③ 信息流广告投放形式丰富。

④ 目标用户定向精准。

⑤ 结合大数据和AI进行精准投放,无论是品牌曝光还是获取效果都可满足需求,用户体验更好。

图 5.15　百度信息流广告

当然，移动广告形式还远不止这些，各种移动广告形式优点各不相同，广告主在选择各种广告模式的时候还需考虑到成本、投放周期、投放效果等因素。

5.3.2　移动广告的计费

广告主投放广告之后最关心的就是需要知道广告投放的效果，传统的电视、平面媒体的广告投放限于其单向的投放方式很难做到精确统计广告的效果。而随着新技术的产生，移动终端可识别的特性决定了移动广告的精确统计的优势和特点，产生了许多精确统计的方式，如从按到达人次付费的CPM，到多种按实际效果付费的方式如Pay Per Call，这些统计方式实际上代表了广告业从大众到分众、从片面到精准的过程。

目前，移动广告费用支付衡量主要有CPA、CPC、CPM、CPP、CPR等。

1. CPA(按行为付费-按注册量，Cost Per Action 每行动成本)

CPA是一种按广告投放实际效果计价方式的广告。CPA计价方式是指按广告投放实际效果，即按回应的有效问卷或订单来计费，而不限广告投放量。CPA的计价方式对于网站而言有一定的风险，但若广告投放成功，其收益也比CPM的计价方式要大得多。广告主为规避广告费用风险，只有当网络用户点击旗帜广告，链接广告主网页后，才按点击次数付给广告站点费用。

2. CPC(按点击付费-点击广告,Cost Per Click;Cost Per Thousand Click-Through 每点击成本)

CPC是一种点击付费广告,根据广告被点击的次数收费。如关键词广告一般采用这种定价模式,比较典型的有Google广告联盟的AdSenseforContent和百度联盟的百度竞价广告。以每点击一次计费。这种方法加上点击率限制是宣传网站站点的最优方式。但是,也有不少经营广告的网站觉得此方法不公平,比如,虽然浏览者没有点击,但是他已经看到了广告,对于这些看到广告却没有点击的流量来说,网站成了白忙活。有很多网站不愿意做这样的广告。

3. CPM(按展示付费-弹出窗口,Cost Per Mille,或者Cost Per Thousand;Cost PerImpressions 每千人成本)

CPM是一种展示付费广告,只要展示了广告主的广告内容,广告主就得为此付费。CPM(每千人成本)指的是广告投放过程中,听到或者看到某广告的每一人平均分担到多少广告成本。传统媒介多采用这种计价方式。在网上广告,CPM取决于"印象"尺度,通常理解为一个人的眼睛在一段固定的时间内注视一个广告的次数。比如说一个广告横幅的单价是1元/CPM的话,意味着每一千个人次看到这个Banner的话就收1元,以此类推,10000人次访问的主页就是10元。至于每CPM的收费究竟是多少,要根据以主页的热门程度(即浏览人数)划分价格等级,采取固定费率。

4. CPP(Cost Per Purchase 每购买成本)

广告主为规避广告费用风险,只有在网络用户点击旗帜广告并进行在线交易后,才按销售笔数付给广告站点费用。无论是CPA还是CPP,广告主都要求发生目标消费者的"点击",甚至进一步形成购买,才付费;CPM则只要求发生"目击"(或称"展露""印象"),就产生广告付费。

5. CPR(Cost Per Response 每回应成本)

CPR是指以浏览者的每一个回应计费。这种广告计费充分体现了网络广告"及时反应、直接互动、准确记录"的特点,但是,这个显然是属于辅助销售的广告模式,对于那些实际只要亮出名字就已经有一半满足的品牌广告要求,大概所有的网站都会给予拒绝,因为得到广告费的机会比CPC还要渺茫。

6. CPS(Cost Per Sales 按销售付费-按销售分成)

CPS是一种以实际销售产品数量来计算广告费用的广告,这种广告更多地适合购物类、导购类、网址导航类的网站,需要精准的流量才能带来转化。

7. CPT(Cost Per Time 按时长付费)

CPT是一种以时间来计费的广告,国内很多的网站都是按照"一个月多少钱"这种固定收费模式来收费的,这种广告形式很粗糙,无法保障客户的利益。但CPT的确是一种很省心的广告,能给网站、博客带来稳定的收入。

8. CPV(展示广告)

CPV又称富媒体广告,按展示付费,即按投放广告网站被展示的次数计费,网站被打开一次计一次费,按千次IP计费。

广告形式的变化体现了互联网广告发展的趋势,即广告永远朝着广告主利益和效果最大化的方向发展。

5.3.3 移动广告的投放

1. 移动平台的概念

移动广告平台(见图5.16)和互联网的广告联盟相似,移动广告平台是一个平台或者中介,连接着应用开发者和广告主,通过各种数据的整合和分析,为广告主提供跨媒介、跨平台、跨终端的广告投放平台。在线广告的演化进程催生出程序化购买的概念,即把从广告主到媒体的全部投放过程程序化,通常需要一个程序化平台去购买广告展示,主要分为以下几个平台。

(1) DSP(Demand Side Platform)。DSP是广告需求方平台,也就是广告主服务平台,为广告主提供跨媒介、跨平台、跨终端的平台,通过数据整合、分析实现基于受众的精准投放,并实时监控不断优化。广告主可以通过DSP平台设置自己想要的受众目标以及愿意出多少钱购买这些受众的曝光等操作完成广告投放,面向广告购买方。

(2) SSP(Supply Side Platform)。SSP是供应方平台,是为媒体的广告投放进行全方位的分析和管理的平台。它是媒体服务平台,媒体方可以通过SSP平台完成广告资源的管理,如流量分配、价格、筛选等,面向广告售卖方。它也是媒体优化自身收益的工具,一般一个媒体会采用多个SSP,并且SSP并非媒体优化营收的必选项。

(3) ADX(Ad Exchange)。ADX是广告交易平台,连接买方和卖方。它是DSP实现受众精准购买的交易场所,是一种汇聚了各种媒体流量的大规模交易平台。广告交易平台分开放式的以及封闭式的,封闭式广告交易平台又称私有广告交易平台(Private Ad Exchange),两者的主要区别在于,封闭式的平台是以一家媒体的或一家广告网络的广告资源为主,对整个广告投放过程的控制力较强,是介于广告交易平台和SSP之间的模式。

（4）DMP(Data Management Platform)。DMP为数据管理平台，整合各方数据并提供数据分析、数据管理、数据调用等，用来指导广告主进行广告优化和投放决策。通过将各种来源的数据进行规范化、标签化管理，为DSP等提供数据支持，能使DSP获得更好的投放效果。

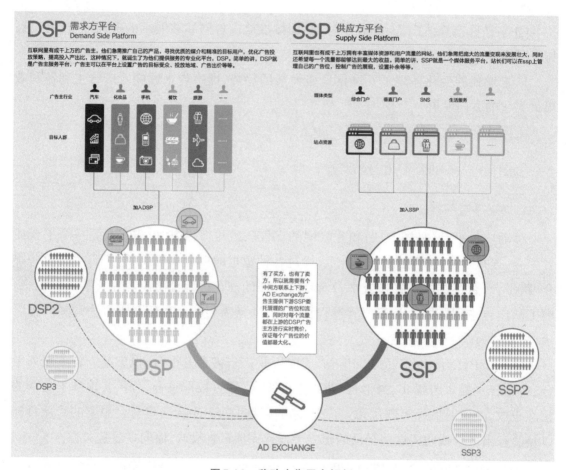

图5.16　移动广告平台解析

2. 移动广告投放流程

移动广告业务的运营包括移动广告投放的规则、流程的制定，以及具体广告形式的运营。这些内容彼此间密切联系、相互影响又相互制约，使移动广告的投放按照策划的内容有条不紊地顺利实施。移动互联网广告投放流程主要有以下几点：

（1）明确客户需求。明确客户需求是进行接下来一系列操作的基础，只有前期与客户进行很好的沟通，才能使接下来一系列工作顺利开展，不至于走错方向。

（2）分析产品及受众。明确了客户需求后，就要开始分析产品及受众，深入挖掘产品,分析竞争对手的特点并寻找产品最具竞争力的点。分析受众特点,比如地区、特性、上网时间等,为广告精准投放做准备。

(3) 拟订方案。前期准备完成后就要开始拟订方案了,对投放中的每一步都要进行具体的分析,做出解决方案。在进行方案的拟订时要考虑到后期投入与计划的偏差,为计划修改留出一定准备空间。

(4) 投放广告。考察广告投放媒介,选择并进行投放活动。

(5) 跟踪反馈。广告发布出去之后,就要对广告效果进行全面的评估,如是否达到广告的目的或是否产生对其他方面的影响,可以通过数据分析,寻找计划中的漏洞和不足,进行及时调整并再次投入活动。根据广告主的反馈进行效果评估和数据核对,数据核对包括数据报表、账目核对(广告主结算、媒体结算)等。另外,根据用户的反馈,对产品和平台的故障进行优化和服务的调整。

3. 移动广告投放策略

(1) 投放触达精准人群。传统的移动广告投放,因广告主数据积累有限,在投放中往往会采用全面通投模式进行推广,然而想要短期内获取有质量的流量,需要触达至精准人群,才能带来精准的投放效果。可通过大数据,细分监测各渠道:了解推广目标,构建目标受众需求场景,多维度标签筛选目标用户,最后加以对比分析,将触达受众转化率低的区域排除之外,从而有针对性地投放,真正做到把钱花在刀刃上。

(2) 优化广告投放内容。随着移动广告内容与形式的多样化发展,优化广告投放内容很关键。首先要明确移动广告的投放目标,以结果为导向,借助专业的大数据智能分析技术对品牌调性、目标受众进行深入分析,精准匹配与目标受众需求契合度较高的内容场景进行推广。

此外,在投放渠道的选择上,还需通过大数据采集,对每一个渠道内容进行效果监测,综合分析各渠道的贡献价值,调整各渠道的投入比例,从而制定出更高ROI(投资回报率)的媒介方案。

(3) 筛选重点投放渠道。不同移动广告渠道所带来的品牌曝光、用户关注以及后续传播的流量都不同,广告主可利用大数据对各个渠道的多维分析,采用多类型渠道推广组合,投放多个高ROI(投资回报率)渠道来实现广告目标,降低成本。用有效数据识别高匹配度渠道,可提升广告投放回报率,获取优质精准的流量,从而达到精准移动广告投放的效果。

(4) 运用大数据实时优化投放效果。在移动端广告中,从点击到激活的行为,需要多处数据进行分析、贯通全流程。依托企业自身构建大数据分析体系要消耗大量的人力、物力、财力,广告主可依托大数据体系,跨屏打通数据信息,用真实准确的数据,来监测每处渠道投放效果,实时优化。

随着智能化生活的普及程度增大,移动营销必然会跟智能数据相结合,未来移动广告渠道的增多、用户群体的分散,也使移动广告营销的未来趋向精准化、智能化。

讨论移动广告与PC端网络广告的差异。

学习本项目应重点掌握以下三个要点:

1. 要把握移动营销的定义和其独有的个性化、移动性等特征。要能理解并比较移动营销与传统电子商务营销之间的差异。

2. 要熟悉4P、4C、4I理论的发展,掌握移动电子商务营销策略4P、4C、4I的理论基础及应用。

3. 要掌握移动营销传播的方式及移动广告的投放。

1. 选择某一网络游戏产品的移动营销案例,分析并总结网络游戏产品适合采用的移动营销策略,试提出自己对网络游戏推广的创新创意营销方法。

2. 选择某一品牌产品,结合移动广告投放流程,为该产品进行市场、受众的分析,并确定移动营销目标后,为其选定一个移动广告平台,设计和策划投放移动广告,写出具体的策划方案。

项目 6

体验移动营销活动

  知识目标

- 了解 APP 营销的基本概念
- 熟悉 APP 营销的方法
- 掌握微博、微信等主流移动营销技巧

  能力目标

- 能够结合实际理解 APP 营销的内涵与营销模式
- 能够分析典型 APP 营销案例
- 能够理解微博、微信营销实质,并能借助该类平台实施营销活动

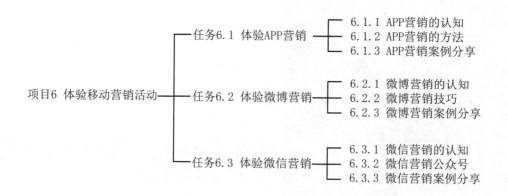

瑞典邮政APP营销:体验快递员的生活

在当前数字时代,传统的品牌营销方式已经不能打动用户了,一种彰显用户体验与互动参与的新的营销方式越来越受用户的喜爱——APP营销。随着智能机的大规模普及,越来越多的用户把时间花在自己的手机上,面对这一变化趋势,企业品牌争斗用户的战场开始转移到这方寸之间,而其中APP营销又是一个很重要的手段。瑞典邮局的Sweden's Safest Hands(瑞典最安全的手)APP就是为品牌营销带来更新鲜用户体验的案例,它让普通人也体验了一次快递员的生活。主界面如图6.1所示。

活动是以一种竞赛的形式开展的,安装了这个应用的用户需要在24小时内运送服务器发来的虚拟包裹到指定地点,最终能够在保证虚拟包裹安全性的前提下第一个运送到指定地点的用户获胜,作为奖励,该获胜用户会获得所运送虚拟包裹中标识的真实物品。通过这个APP活动,不仅让用户了解了邮政工作,也成功将"最安全的手"的形象与瑞典邮局关联起来。

具体流程为:

(1)选择虚拟包裹。打开APP选择想要运送的虚拟包裹,在该页面会说明虚拟包裹的重量、运送距离等。

图6.1 瑞典邮政APP主页面

（2）运送包裹。根据APP中的GPS功能，按照指示的方向，利用手机骑着虚拟脚踏车来运送虚拟包裹。在运送的过程中需要用手机保持脚踏车的平衡，时刻关注页面右上方的包裹完整度量表，保护好包裹。在页面下方则时刻显示所在地点离指定地点的距离，让用户时刻掌握自己的运送进度，如图6.2所示。

图6.2 瑞典邮政APP活动页面1

（3）运送意外处理。

① 当虚拟脚踏车"摔倒"时，用户需要重新开始。由于用户在运送的过程中需要时

刻盯着屏幕,小心翼翼地保持虚拟脚踏车的平衡,因此用户很容易碰到障碍物造成虚拟脚踏车"摔倒",如图6.3所示。

图6.3　瑞典邮政APP活动页面2

② 当"摔倒"次数过多,会造成虚拟包裹的完整度过低,用户可以通过右上方的包裹完整度量表来看,当呈现红色状态时就说明完整度过低。此时,用户需要到最近的邮局"修复"包裹,提升包裹的完整度。当用户到达指定地点的邮局时,包裹会自动"修复"完毕,如图6.4所示。

图6.4　瑞典邮政APP活动页面3

③ 当碰到一堵墙或者一条河时,可以随时要求系统指引另一个方向,如图6.5所示。

图6.5 瑞典邮政APP活动页面4

(4) 防止被竞争对手超越。由于每一次虚拟包裹都发送到所有用户的APP上,这使得用户会面临非常多的竞争对手。在运送过程中不仅要保证脚踏车的平衡性,还要防止被其他参与者超越。

瑞典邮政准备了42个虚拟的"神秘包裹",里面装有手机、相机等丰厚奖品,价值从300到5000克朗不等。用户首先需要在APP商店下载一个该活动的应用。每天6点、12点和18点,瑞典邮政会在APP上放出一个新的包裹,用户需要通过自己的手机在24小时内将包裹运送至目的地。这个活动大大地吸引了很多用户,具体表现在以下几个方面:

一是趣味驱动。随着智能手机快速发展,APP手机游戏娱乐用户不断增加。现在的社会中,每个人都会去玩一些APP手机游戏,趣味十足,实为打发时间、调剂生活的一大圣品。"寻找瑞典最安全的手"要求用户利用手机骑着虚拟脚踏车来运送虚拟包裹,在运送的过程中,用户需要时刻盯着手机屏幕,根据APP指定的方向,小心翼翼地保持虚拟脚踏车的平衡性以保证安全运送虚拟包裹。这不失为一个很有趣的、用户可以亲身走动体验的小游戏。

二是好奇驱动。在瑞典,邮政是非常出名的,很多人都以在邮政工作而感到骄傲,但是邮政吸纳的员工却是很有限的。如果不能去邮政工作,但却能对邮政工作有所体验,也能够大大满足他们对邮政工作的好奇心。另外,消费者在接触一项新的游戏时,总是对它存在好奇感,想知道开发者会有什么新奇的想法,这个游戏究竟是如何操作的,这些都驱动着消费者下载Sweden's Safest Hands,并参与"寻找瑞典最安全的手"的活动。

三是竞争驱动。俗话说,不想当将军的士兵不是好士兵。每个人都有竞争心理,希望能够超越别人证明自己,这是一种很正常的向上心态。Sweden's Safest Hands抓住了这一点以竞争形式开展活动,使每一个人都有同等的机会参与活动,用户在参与的过程中需要面临很多竞争对手,防备被其他的参与者超越,这就造成了一种你争我抢的场面。同时还要分心保持脚踏车的平衡性,这种矛盾会产生很大的刺激感,激起了用户尝试的兴趣。

四是利益驱动。利益在企业所举行的活动中起到重要作用,很多企业举行的活动都离不开利益。瑞典邮政准备了42个"神秘包裹",里面装有手机、相机等丰厚奖品,价值从300到5000克朗不等。当用户参与活动第一个将虚拟包裹安全送到指定地点时,会在隔天收到这个虚拟包裹的真实物品。这让用户不仅获得了娱乐,满足了好奇心,享受了竞争胜利的喜悦,同时还能够获得自己劳动换来的礼物,一举四得、美煞旁人。

由此可见,APP的应用为品牌营销带来了更为新鲜的用户体验,不仅能让用户参与品牌活动、娱乐用户,还能让用户了解品牌、成为品牌的忠实粉丝。

(资料来源:瑞典邮政 App 营销:体验快递员的生活,梅花网,http://www.meihua.info/a/62069)

移动应用的爆炸式增长,使数字营销达到了前所未有的高度,在移动互联网时代,拥有一款APP成为接触和拉拢消费者的有效途径。移动网民人均安装APP总量持续增长至60款,2019年第四季度人均APP每日使用时长达5.1小时(极光大数据:《2019年Q4移动互联网行业数据研究报告》)。报告进一步显示,APP已经占据了智能手机用户使用手机时间的86%。目前,47%的营销机构和企业已经拥有了自己的APP,65%的营销人打算开发APP,APP营销正受到越来越多人的青睐。

《2019年全球移动状况报告》同样印证了这一点:在全球所有市场中,移动APP占据了受众移动互联网在线的绝大多数时间,手机网页在移动互联网接受时间中的占比平均不足20%。从2017年6月到2019年6月,未新下载任何应用程序的用户数量从2017年的51%上升到2019年的67%,人们对于APP的使用习惯正在固化,新的APP获取用户的难度将增加。

任务6.1　体验APP营销

6.1.1　APP营销的认知

1. 对APP营销的误解

福布斯和Adobe进行的一份研究显示:60%的市场营销人认为APP营销的关键是

提供独家报道、独家新闻或独家专文,由此驱动客户去下载APP。换句话说,就是把独家内容通过APP渠道分发,用户为了继续浏览对应内容,就必须下载对应的APP,而无法通过传统的在线方式阅读。通过独家内容确实可以吸引到很多人来下载APP,短时间内APP下载量飙升带来的喜悦感也令人振奋。但是这种结果是基于一种错误的逻辑产生的,因为APP营销的关键根本就不是所谓的"独家内容"。

以Flipboard的成功为例,短短时间内,其发展了5600万用户,并每周以数以百万计的用户数量增长。与传统的电子化内容截然不同,Flipboard是一种实时"出版"、自动生成内容、个性化的社会媒体,用户还可以和好友分享聚合阅读的内容。

Flipboard的火爆对于走"内容APP"路线的营销人来说是个坏消息,既然有了如此棒的聚合阅读工具,那用户为何还要在手机里安装各种各样的软件、受各种广告和推送的轰炸呢?因此试图以独家内容的方式来开展APP营销已经被证明是一种失败的方式,即使是那些巨头企业,也难免有这样的尴尬——企业网站每个月访问量高达2000万次,但是公司的APP只有区区10万用户,且现实中,手机用户习惯一旦形成则企业再难逆大势而行。

2. APP营销模式与特点

首先,从费用、效果、效率、客户数据、二次开发和活动推荐等方面对传统的营销方式进行具体的分析和认识,见表6.1。

表6.1 传统营销方式的特征分析

营销方式	费用	效果	效率	客户数据	二次开发和活动推荐
DM宣传页	成本较高	效果无法预知,属不可控因素	需要专业的人员操作,耗费时间	无法收集	难度较大
传统媒体	成本较高	效果取决于第三方媒体的收视率	需要提前约定和审查广告内容	客户范围比较广泛,无法收集	难度较大
网络营销	好的广告位需要较高的费用,需要推广人员	关键在于网站流量,需要专人管理维护	撒网式地发布促销等信息,用户转化率较低	可以收集客户数据,但是无法精准定位用户	可以通过短信、邮箱等方式
团购网站	通常是得到10%的销售额效果再付费	效果比较明显,关键在于团购网站的排列及网站流量	效率较低,有排期,需要通过团购平台的审核	客户数据被团购平台掌握,需要二次付费	团购网站可以实现

与传统的营销方式不同,APP营销是以APP应用程序为基础的一种推广营销方式。依托于移动互联网,一方面企业可以通过移动终端的APP形式发布产品、推送广告、开展各种销售促进活动、强化企业品牌认知等;另一方面,用户能够打破时间和空间的限制,更灵活地开展自主订阅、信息获取、产品购买、体验分享等一系列活动,实现企业一媒体一用户之间的全新互动,其营销模式如图6.6所示。

图6.6 APP营销相关概念解析

作为一种新型高效的移动营销模式,APP营销具有十大突出特点:

(1) 成本较低:超级低廉的营销成本,如魔漫相机、美图秀秀等。

(2) 持续性强:企业的营销思想通过APP永久地存在用户手机中。

(3) 促进销售:一是面向销售人员的辅助类APP,用于受理顾客服务;二是面向消费者的服务类APP,如查找优惠信息等。

(4) 信息全面:刺激用户的购买欲望,如布丁优惠券、美团外卖。

(5) 品牌忠诚:品牌忠诚度是用户主动下载APP的主要原因之一。

(6) 灵活度高:用户只需扫描二维码,便可下载商家的APP。

(7) 精准度高:通过量化的市场定位技术使营销可度量、可调控。

(8) 稳定高速:保持了企业与客户的密切沟通、客户链式反应增殖。

(9) 互动性强:手机APP可以随时随地查找信息,深受用户喜爱。

(10) 用户黏性:APP中的趣味性内容会吸引用户,形成用户黏性。

3. APP营销盈利方式

据调查,有90%的用户手机24小时都不曾离身。可见,"第三屏"的重要性与日俱增(第一屏为电视,第二屏为上网电脑,第三屏就是手机),时刻在线的移动互联网设备已经成为现代人的首选,使用流量远远超过传统互联网(PC端)的APP,成为手机电商及各大电商平台盈利的主打方式之一。具体盈利方式如图6.7所示。

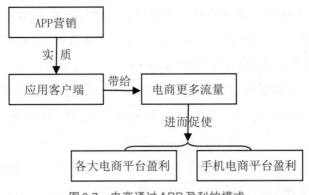

图6.7 电商通过APP盈利的模式

4. APP营销十大推广渠道

在手机APP应用数量呈爆炸式增长的情况下,如何高速、有效地推广一款APP显得尤为重要。现归纳十大主流推广渠道如下:

(1) 线下预装。相对而言,该种硬推广规模较大,一次预装几十万甚至上百万都是轻松的,是那些拿到风险投资,想快速把安装量做上去的首选方式。此种推广渠道的效果较好,转化率很高。

(2) 安装平台。目前主流平台主要有硬件开发商店(如联想应用商店、华为智汇云等)、网络运营商(如移动 MM、电信天翼空间、联通沃商店等)、各种应用商店、客户端(如豌豆荚手机精灵、360手机助手、腾讯应用中心等)。

(3) 微博推广。通过微博进行内容营销,可以近距离地与海量用户进行沟通,还可以获得不错的点击率。微博推广时,要充分利用意见领袖、话题制造者、评测网站等账号的用户,通过互动来增加用户的黏性。

(4) 付费广告。这种推广方式的成本比较高,尤其是那些非高峰期的本地电视节目时段、知名的互联网平台,以及流量超大的门户网站。这种方法可能不一定很有效,但无论是传统媒体还是新媒体的收入来源都离不开广告的宣传,用户每天都能看到广告,在潜移默化中形成品牌效应。

(5) 口碑推广。APP的功能必须先让用户喜欢并感觉良好,这样用户才会向朋友推广。例如,向喜欢吃肯德基的朋友推荐"肯德基"这款APP时,朋友会很感谢,因为可以让他们快速知道周边店铺的优惠信息。

(6) 免费发放。主要是对APP产品进行限时营销(免费促销)的有效手段,让开发商供应无广告、无注册要求或其他附加条件的高级应用,并在某一特定时段将这些APP无偿供应给用户。

(7) 刷榜推广。如果某款APP的排名比较靠前,自然可以快速获得用户的关注,同时获得较高的真实下载量。使用刷榜的方式推广APP时,产品的好坏是成功的最大关键点。不好的产品即使被刷到排行榜前列,也会很快被挤出去,意义不大。推广只是一种手段,建议推广者要更专注于自己的产品本身。

(8) 视频营销。视频能传达的信息是文字和图片无法替代的,来一段应用的酷炫展示视频,很容易使受众群体记住,如果同时加上现在流行的微信或二维码,还会获得更好的效果。

(9) 社区营销。在国内的智能手机论坛和高端社区上做广告的投放,也可以找一些与应用用户定位较为相似的社区做一些广告投放或进行一些活动营销。例如一些人气比较活跃的论坛,包括机智论坛、安卓论坛、中关村在线论坛、太平洋手机论坛等。

(10) 资源置换。这种推广方法主要是通过分析用户经常访问的应用,与这些应用做一些资源置换。另外,还可以在APP客户端中内置微博分享功能,并在微博客户端的重点位置做推荐等。同时,也可以考虑与其他应用和门户网站做资源置换。

5. APP营销发展趋势

面对激烈的竞争,企业要想在未来占领互联网市场,必须先于他人看到商界的发展趋势。从用户角度和内容角度而言,APP营销的发展趋势如图6.8所示。

图6.8　APP营销发展趋势

6.1.2　APP营销的方法

以手机上网为平台的信息化传播便是通常人们所说的手机媒体。手机媒体被公认为是继报刊、广播、电视、互联网之后的"第五媒体"。而APP是手机媒体的再次升级,是更为高级的营销模式,比传统的手机移动客户端以及互联网网站的传播要更加快速、有效。

1. 创意广告营销

如今APP已被人们广泛使用,向APP中植入广告是最为基本的营销方法。广告植入一般是通过动态广告链接进行的,只要用户点击广告栏,就会进入指定的界面或链接,从而实现营销推广的效果,具体如图6.9所示。

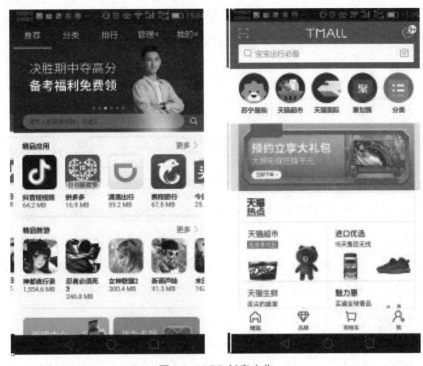

图6.9　APP创意广告

这种广告营销模式能让用户主动关注广告、传播广告信息,辅之以"分享有礼"活动,通过用户自己的人际关系实现层层传播,刺激以老拉新,放大影响,如图6.10所示。

图6.10　APP分享有礼广告

2. 用户体验营销方法

APP能够为用户提供各种信息，极大程度地便利用户的生活。企业将自己精心设计的APP发布到应用商店中，供用户使用，用户在使用过程中会了解到企业的文化以及价值观等信息，这便是用户体验营销方法，其营销模式如图6.11所示。

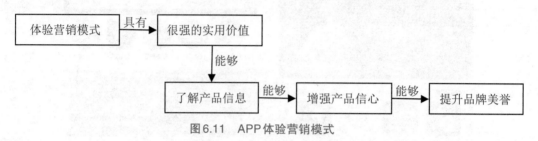

图6.11　APP体验营销模式

通过个性化的内容设计，能瞬间抓住用户的心，建立企业与用户的长期稳定联系。如图6.12所示，亲信APP是一款记录小孩成长轨迹的手机应用，记录小孩生活就像发朋友圈一样简单，并自动生成小孩的个人时间轴主页。另外亲信APP提供多种方式帮小孩增加成长值，还能统计每日、每周、每月的增长数据，排行榜单排名一目了然，排名不仅限于家庭，成长值还能作为家庭活跃度的指标，看看自己家庭在全应用家庭的排名分布情况。同时小孩拥有自己的个人主页，爸爸妈妈从小孩出生起就可以记录，亲友对小孩的记录也会同步到小孩个人主页，如果用户愿意，亲信APP可帮其记录小孩从出生到老去的每一刻。此类APP很多，又如美柚APP以经期管理为切入点，同时为女生提供备孕、怀孕、孕期、育儿、生理经期、减肥、瘦身、美容、美妆、购物、社区交流等功能，让她们在获得保健知识的同时，持续认识该品牌。商家便可借此收集精准客户，实现营销效果。

图6.12　亲信APP体验营销及美柚家族展示

3. APP内容植入法

一般而言,在付费与免费的APP中,用户会更倾向于选择免费的APP。为了实现APP的盈利,商家需要思考的不是在应用中插入广告,而是如何将应用中的广告做得更有趣味性、更引人注目。

APP营销除去技术流,就是内容流。拥有量级用户的APP在内容营销上更是显得尤为谨慎。例如:

支付宝——十年晒单运动

作为打败银行业稳居国内移动支付的领军者,支付宝的一举一动都令人瞩目。其中,支付宝的十年晒单活动可以成为其中的典型案例。支付宝"十年账单日记"发布后,朋友圈又被刷屏了,虽然强制升级到支付宝钱包最新版本有点生硬,但是在"晒账单""看排名""找槽点"等好奇和攀比心理的作祟下,人们还是纷纷接受此举动。于是乎就出现了这样的感叹:"不敢相信,我居然花了这么多钱""原来××是土豪呀""你排名多少"……而这也又一次验证了在社交网络走红的秘诀:洞察人性和简易化操作就是让大家在有兴趣的基础上,玩得舒心,乐得分享。

4. 购物网站营销方法

购物网站营销方法是指商家开发自己产品的APP,然后将其投放到各大应用商店以及网站上,供用户免费下载。该模式基于互联网购物网站,将购物网站移植到手机上面,用户可以随时随地浏览网站获取所需商品信息、促销信息,进行购物,这种模式相对于互联网购物网站更快速便捷,内容丰富,而且这类应用一般具有很多优惠措施。

根据极光(Aurora Mobile,NASDAQ:JG)发布的《2020年Q1移动互联网行业数据研究报告》综合商城行业中,2020年3月,手机淘宝APP以59.8%的渗透率以及2.55亿的DAU保持行业领先,而拼多多的渗透率同比增长则最为明显,达13.7%;此外,具有"网赚"功能的电商平台链信DAU同比增速最快。如图6.13所示。

5. APP品牌营销法

以APP为基础,企业将自身的企业文化以及产品植入用户的心目中,使用户建立对企业的好感与忠诚度,这便是APP品牌营销。

例如,星巴克手机APP"闹钟":这是一款为起床困难户专门定制的,同时也是为了宣传的效果。星巴克推出了一款别具匠心的闹钟APP——Early Bird,用户在设定的起床时间闹铃响起后,只需按提示点击起床按钮,就可以得到一颗星,如果能在一个小时内走进任意一家星巴克店,就能买到一杯打折的咖啡。千万不要小看这款APP,他让你从睁开眼睛的那刻起便能与这个品牌联系在一起。这款APP创意是2012年最成功的,也是影响力最大的创意APP之一,如图6.14所示。

- 2020年3月,手机淘宝app以59.8%的渗透率以及2.55亿的DAU保持行业领先,而拼多多的渗透率同比增长则最为明显,达13.7%;此外,具有"网赚"功能的电商平台链信DAU同比增速最快

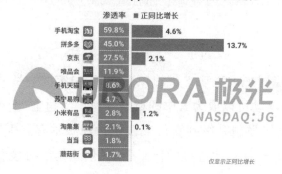

图6.13 综合商城APP渗透率与DAU数值

图6.14 星巴克APP营销

6.1.3 APP营销案例分享

1. 可口可乐APP:CHOK

可口可乐APP界面如图6.15所示。

图6.15 可口可乐APP界面

透过电视广告与手机互动,与用户做贴近的新型互动体验。

用户下载此款APP到手机后,在指定的"可口可乐"沙滩电视广告播出时开启APP,当广告画面中出现"可口可乐"瓶盖,且手机出现震动的同时,挥动手机去抓取电视画面中的瓶盖,每次最多可捕捉到3个,广告结束时,就可以在手机APP中揭晓奖品结果,奖品都颇具吸引力,如汽车之类。

此款APP品牌营销创意也成了可口可乐攻破传统电视广告与线下用户互动的难题。

2. 宜家APP:定制自己的家

宜家APP界面如图6.16所示。这是款可让用户自定义家具布局的APP,用户可以创建并分享自己中意的布局,同时可参与投票选出自己喜欢的布局,宜家还会对这些优秀创作者进行奖励,利用个性化定制营销来达成传播效果。对线下实体店来说,APP往往不是最好的销售工具,但往往是弥补线下体验短板的工具,通过APP可打通会员营销、体验与服务体系。

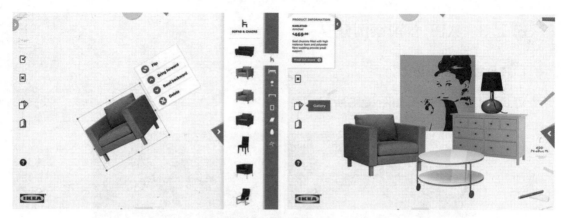

图6.16 宜家APP界面

3. 法国航空APP:Music In The Sky(空中的音乐)

法国航空手机APP如图6.17所示。安装此APP后,在法国航空的航班上想听音乐时,只要用手机对着天空,搜寻空中随机散布的歌曲,捕到后便可直接试听。不同国家空中散布的歌曲也不同,旅行吧APP中还有互动游戏可以赢取优惠机票。

图6.17 法国航空手机APP: Music In The Sky

此款APP的创意,让乘客乘飞机不再无聊,让音乐融入空中生活,创造独特的试听体验,形成口碑传播,扩大航空公司的影响力与知名度。

4. 丰田ToyToyota亲子互动APP:Backseat Driver

此款APP让坐在后座的孩子手持手机就可与前座的父母一起开车了。只要开启手机GPS功能,小朋友(5~12岁)即可跟着实际车速,感受道路的每一个转弯,每一趟旅途都会透过地图记录里程数,最后连上Twitter与朋友一起分享,如图6.18所示。

这是一个把品牌延续到下一代的APP,等小朋友长大了仍然能回味起小时候和父母一起开车时的感受。

图6.18 丰田APP界面

5. 手机APP：ibutterfly

ibutterfly APP界面如图6.19所示。该APP将各色优惠券变身为一只只翩翩飞舞在城市各个角度的蝴蝶（虚拟的），通过下载ibutterfly APP利用手机摄像头进行捕捉，根据各个地区的特点，蝴蝶的种类也有所不同，可帮助服务、餐饮行业进行有趣的宣传。该项目正是将APP+AR+LBS有机地结合，使客户既得到实惠，又得到良好的游戏体验。国内做优惠券的朋友可以参考一下。

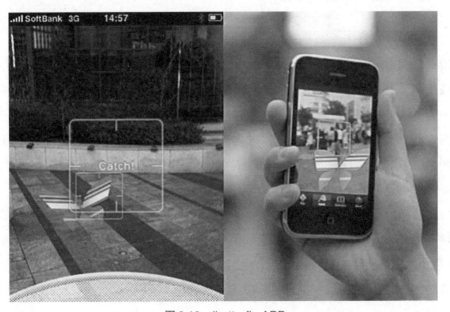

图6.19 ibutterfly APP

任意一款有创意的APP都离不开这些元素,好奇、善良、健康、分享、娱乐等。针对每个需求点都可以创作很多的APP,创意的成败关键在于与产品的贴近程度,适合自己公司和产品、满足用户需求的才是最好的,当然也不能忘了APP创意的最初目的,商业模式固然重要。

APP营销以创意超越"软广告"很快就会成为现实,好的APP创意可以自发地传播,除了提升品牌影响力外还能给公司带来丰厚的利润。随着企业大数据的产生与发展,未来更多的企业会根据大数据的分析结果及客户的行为轨迹来创作更多适合自己的APP,未来2~3年将是企业、行业APP的兴起之年,创意将无处不在。

"好玩+有用+互动+分享"将是未来企业APP商业模式的主要方向,如360°的产品展示、不同颜色和款式的产品介绍,带游戏感、互动性、功用价值的APP则会增强用户兴趣,同时可以随时分享至社交媒体,发散性传播给企业带来更多客户的同时提升了企业的品牌形象。

任务6.2 体验微博营销

6.2.1 微博营销的认知

1. 微博营销的含义

微博营销是指通过微博平台为商家、个人等创造价值而执行的一种营销方式,也是指商家或个人通过微博平台发现并满足用户的各类需求的商业行为方式。微博营销以微博作为营销平台,每一个听众(粉丝)都是潜在的营销对象,企业利用更新自己的微型博客向网友传播企业信息、产品信息,树立良好的企业形象和产品形象。每天更新内容就可以跟大家交流互动,或者发布大家感兴趣的话题,以此来达到营销的目的,这样的方式就是互联网新推出的微博营销。

该营销方式注重价值的传递、内容的互动、系统的布局、准确的定位,微博的火热发展也使得其营销效果尤为显著。微博营销涉及的范围包括认证、有效粉丝、朋友、话题、名博、开放平台、整体运营等。自2012年12月份后,新浪微博推出企业服务商平台,为企业在微博上进行营销提供一定帮助。

2. 微博营销的优缺点

(1)微博营销的优点

① 操作简单,信息发布便捷。一条微博,允许发布的信息在140个字左右,任何人只需要简单构思,就可以完成一条信息的发布。这点比博客方便得多,毕竟要构思一篇好的博客文章,需要花费大量的时间和精力。

② 互动性强。微博往往通过手机登上网设备来进行阅读和发布,所以时效性非常强,既能与粉丝即时沟通,又可以及时获得用户反馈。

③ 低成本。做微博推广的成本比做博客推广或论坛推广的成本要低些,这不单单体现在金钱上的投入,还体现在时间投入、思维投入等方面。

(2) 微博营销的缺点

① 需要有足够的粉丝才能达到传播效果。人气是微博的基础,在没有任何知名度和人气的情况下去通过微博推广或营销是非常困难的。

② 信息发布太快太多。由于微博中新内容产生的速度太快,所以如果发布的信息没有被粉丝及时关注到,那就很可能被埋没在海量的信息中了。

③ 传播力有限。由于一条微博文章最多只有一百多个字,所以其信息仅限于在信息所在的平台进行传播,很难像博客文章那样被大量转载。同时由于微博缺乏足够的趣味性和娱乐性,一条微博信息很难像社会化网络中的转帖、分享那样被大量转帖,除非博主是极具影响力的名人或机构。

3. 微博营销的分类

(1) 个人微博营销。很多个人的微博营销是由个人本身的知名度来得到别人的关注和了解的,明星、成功商人或其他社会成功人士运用微博往往是想通过这一媒介让粉丝更进一步去了解自己和喜欢自己,微博在他们手中也就是发挥平时抒发感情的作用,功利性并不是很明显,营销效果一般只能通过粉丝们跟踪转帖来达到。

(2) 企业微博营销。企业一般以盈利为目的,他们运用微博往往是想借此增加企业知名度,最终将产品卖出去,企业微博营销相对困难,因为知名度有限,短微博无法让消费者直观地理解商品,且微博更新速度快,信息量大,故企业开展微博营销时,应当建立起自己固定的消费群体,与粉丝增强交流、互动,加大企业宣传。

(3) 行业资讯微博营销。以发布行业资讯为主要内容的微博,往往可以吸引众多用户关注,类似于通过电子邮件订阅的电子刊物或者RSS订阅等,微博内容成为营销的载体,订阅用户数量决定了行业资讯微博的网络营销价值。因此,运营行业资讯微博与运营一个行业资讯网站在很多方面类似,需要在内容策划及传播方面下很大工夫。

4. 微博营销品牌影响力

2018年3月,微博与尼尔森联合发布2018《微博营销品牌影响白皮书》。该白皮书研究数据显示,微博营销项目对企业在认知度、喜爱度、预购度与推荐度上的提升率均高于尼尔森中国地区 DBE(Digital Brand Effectiveness)项目整体研究均值。其中,广告投放10天左右的微博项目在认知度、预购度与推荐度的提升率效果明显,对品牌认知度的提升最为显著(图6.20)。此外,涵盖 KOL(Key Opinion Leader)广告投放的微博项目在品牌推荐度提升上最明显,同时在喜爱度、预购度与推荐度的提升率上均高于微博项目均值。

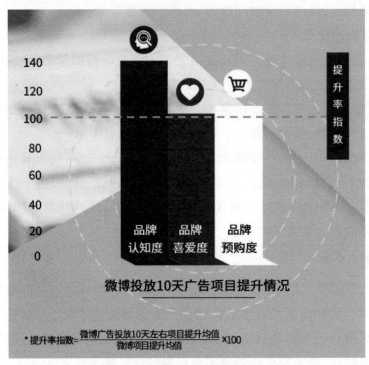

图6.20　微博投放10天广告项目提升情况

在微博广告效果评估方面,调研数据显示,因拥有庞大粉丝群的明星KOL影响力巨大,明星与KOL参与的营销活动在品牌喜爱度、预购度和推荐度的提升上效果明显。粉丝数量超过3200万的明星KOL对企业品牌喜好度的提升高达84.8%,如图6.21所示。

在企业营销活动中,KOL通过微博与粉丝热情互动,粉丝团为自己喜爱的明星疯狂打CALL,微博阵地已成为品牌与消费者沟通的桥梁。同时,广告形式丰富的微博可以多点触达消费者,让品牌广告出现在更多目标受众面前。例如邀请KOL参演品牌短视频的举措,不仅可以最大化传播品牌故事,还能够形成消费者与品牌方的共鸣。

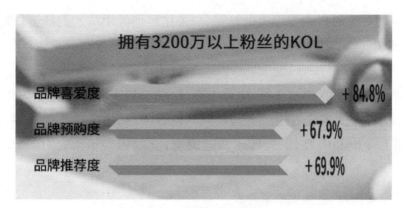

图 6.21 微博广告效果评估

传统行业与新兴行业均借助微博提升品牌影响力。白皮书指出,传统行业的预购度与品牌喜好度提升最多,品牌预购度提升率高达46.4%;新兴行业的品牌推荐度与喜好度提升最多,品牌推荐度提升率高达到54.8%。

在电商领域KOL对粉丝的影响同样显著,以天猫618理想生活狂欢节为例,天猫邀约KOL畅谈理想生活并录制成视频,经KOL广泛转发、与微博全量资源曝光,极大地提升了用户对其活动的参与度及推荐度,活动参与度提升率高达117.1%,推荐度提升超过103%。

2020年2月26日,新浪微博发布了2019年第四季度及全年财报。数据显示,截至2019年年底,微博月活跃用户达到5.16亿人,相比2018年年底净增长约5400万人,其中移动端占比94%;日活跃用户达2.22亿人,相对年增长2200万人。

6.2.2 微博营销技巧

1. 确定内容定位

每个微博都是一个人,一个个性鲜明的人,比如,爱范儿(ifanr)为你推荐科技资讯,蛮子文摘(MZWZ2012)为你推荐微博精选内容,天翼阅读(readmore)为你推荐精品好书,还可在线免费试看。每个用户在首屏的关注列表不会超过7个,如何做好定位,是开展微博营销的第一步。

内容定位可以从资料设置入手。资料设置包括头像(Logo)、昵称(公司名、关键词)、签名(品牌词、产品词、其他长尾关键词、个人账号)、学校、个性域名等,结合品牌、产品业务词来设置,以简单易记为佳。

2. 内容精心选材,数量得当

核心内容围绕公司的产品运营去做,忌每天只发布广告,这样会让人觉得无趣,不妨把它想成个人朋友圈,除了工作还有闲暇的娱乐时光,比如公司内的好人好事,挂着员工牌的员工们在练习抖音上很火的舞蹈,户外拓展训练中员工们嬉笑打闹、互助友爱的场景等,无形中也在宣扬着企业文化,塑造着企业品牌。发布的东西要有真实的生活素材。

此外,每日推送不能超过3条,建议1条,仅仅起到提醒的作用。另外,考虑到用户都是手机登录,在推送或者用户主动获取的内容方面,图文都不要过多,建议在2屏之内,最好加上导语和内容标签,便于快速浏览,获取内容精要,为用户节约时间,节省流量。

3. 语言风格要独特,总体要有亲和力

用户使用微信的环境是不确定的,可能是在洗手间,也可能是在排队或高铁上,总之时间很碎片、状态很休闲,用户需求的不是条条框框、一板一眼,而是快乐阅读,因此语言一定要有亲和力,一定要能接地气。

4. 内容推送的时间

在恰当的时间做正确的事才是最完美的。内容推送的时间和做新媒体社交平台一样,尽量根据目标用户的特点设置主动推送时间,避免不必要的骚扰,如避开大家用餐、睡觉时间,当然如果有热点事件那就第一时间推送。

5. 利用热点事件制造话题,策划活动,玩转互动

热点事件营销、名人事件营销,一直都是营销人士乐此不疲去做的事。道理很简单,关注的人多,你做得好,分享转发的人就多,那么品牌产品获得的曝光就多。"百度风云榜""本地大号""新闻门户网站""朋友圈"等,都可以找到热点、名人事件,团队策划结合产品营销,专人做好互动,只要能坚持下去,效果绝对会有。当然,不是每个热度都要去蹭,热度能不能蹭、怎么蹭需要综合考量产品、品牌定位及关联度等。

6. 预设海量标签

微博本来就有娱乐的一面,当一个用户通过标签回复与你的账号进行互动时,如果总是收到同样的消息,将是很尴尬的事情。目前微博的每个规则预设10个标签,配备5条推送内容(随机推送),而规则只能设置60个,也就是说标签最多可以设置600个,内容为300条,这远远不能满足海量用户的个性化需求,因而设置足够多的标签备用成为首选。

7. 形成专属特色

所谓特色,其实体现在每一个细节上,如何让用户在潜移默化中记住你,这个不仅可以在内容上进行创新,也可以在形式上进行创新,例如每一张图片都有同一个标签,可以是企业LOGO,也可以是一句广告词,又比如在任何一篇文章最后加上专属ID等。

8. 粉丝通

基于微博的推送机制,任何一条信息都需要用户去"处理",而任何一个关注都是很"私密"的决定,因此,每条信息都非常重要,都必须是用户想要的。微博"粉丝通"是基于微博的海量用户,把企业信息广泛传递给粉丝和潜在粉丝的营销产品,它会根据用户属性和社交关系将信息精准地投放给目标人群,同时"粉丝通"也具有普通微博的全部功能,如转发、评论、收藏等。

6.2.3 微博营销案例分享

1. 故宫博物院微博上线"云游故宫"案例

2010年3月,面对互联网大潮,故宫博物院开通新浪微博官方账号。600多岁的故宫插上数字化翅膀,正变得越来越年轻。目前,故宫博物院微博粉丝数超过一千万。

2020年初,新冠肺炎疫情暴发,根据疫情防控工作需要,故宫博物院闭馆。与此同时,国内观众的春节假期延长,开学复工推迟。在家宅着怎么办?为让广大网民走近故宫,了解它所承载的悠长历史,欣赏它所珍藏的文物,通过故宫得到更深的中华优秀传统文化的滋养。故宫博物院微博为网友送上一份"云游故宫"指南,并介绍"云游故宫"的工具大礼包。比如用来看建筑的"全景故宫""V故宫",用来看文物的"数字文物库""故宫名画记""数字多宝阁",用来看展览的"故宫展览"App,以及官网上的虚拟展览等,让广大网友足不出户就可以逛故宫、看展览、赏文物、学历史。

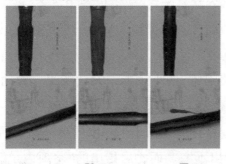

图6.22 故宫博物院微博上线"云游故宫"

如今,拥有独特表达方式与视觉风格的故宫博物院微博,在网民和故宫之间搭建起一座桥梁,让更多人通过这座桥爱上故宫这种"生活方式",并树立正确的审美观、价值观,共同感受中国气派、中国风范!

(摘自:中国网信杂志 作者:盛馨艺 故宫博物院数字与信息部)

2. 支付宝锦鲤微博营销活动案例

2018年国庆假期过后,阿里巴巴的支付宝锦鲤活动成为了互联网最热门的话题(见图6.23),中奖者信小呆一夜之间变成新网红,微博粉丝从数百疯涨过百万,这是支付宝又一次绝顶成功的微博营销。

图6.23 支付宝锦鲤微博营销活动

2018年9月29日下午14点整,支付宝在其官方微博发布了一条关于中国锦鲤抽奖活动的微博,1小时后支付宝抛出一张各大商家见面礼的超长清单图片。当天晚上20点,支付宝将活动内容宣发到其公众号平台,邀请更多用户参与。多平台的曝光和极高的话题娱乐性,加上各大平台的助力及明星和大V号的宣传转发,如高晓松和回忆专用小马甲等,使得活动最终转发量达到近300万次,涨粉200多万人。

10月7日,支付宝揭晓中奖锦鲤,信小呆走进大众视线。大约半小时后,支付宝官博引导网友搜索"信小呆"(见图6.24),让其迅速登上热搜榜单第一名。明星李现的转发和各个微博大V对于话题的参与度,让信小呆与中国锦鲤这个话题各种发酵,随之引发了"蹭欧气等"各种段子的层出不穷。而之后传出的"奖项内定"等消息,更是一步步地让"信小呆"成为一个热门标签。

图6.24 支付宝官方微博发布锦鲤营销活动

据报道,本次活动换来了企业微博社会化营销历史新纪录——单条微博阅读量超过2亿,周转发量超过310万,互动总量超过420万。一时间,带动全国各地微博号、公众号纷纷效仿。而支付宝只在微博开屏上投了广告,预计成本不会超过50万元人民币。

自支付宝锦鲤火了之后,无论在微博还是微信,全国各地各种锦鲤刷屏,各种机构、商家争先恐后学起了支付宝的锦鲤活动,例如有行业划分的游戏锦鲤、美食锦鲤、体育锦鲤、数码锦鲤,地域划分的杭州锦鲤、北京锦鲤、深圳锦鲤,等等,各种分类的锦鲤鱼龙混杂,倾巢而出,无数山寨锦鲤霸屏,类似活动多到根本无法统计,如图6.25所示。

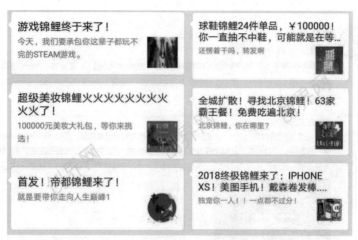

图6.25 支付宝锦鲤活动带动各种锦鲤活动刷屏

虽然看似如火如荼,但事实上却不温不火,在中国锦鲤和信小呆之后,再也没有其他锦鲤上过热搜,绝大部分山寨锦鲤活动就是一个变相的加大版的抽奖和转发。

支付宝一向擅长做活动营销,这只是多次成功营销的一个案例,而很多人只看到了表面的热闹,没有把握住活动的精髓和要诀。

(1)经验丰富的活动实战。从2016年开始举办的集五福活动、之后的双十二抽奖,然后是"6.18"的天选之子,再到这次的"中国锦鲤",支付宝这些年积累了大量实际活动的工作经验,并不像其他机构账号那样只是临门一脚,效果自然可想而知。

即使这样,支付宝为了做好这次活动,据说提前准备了近2个月的时间,不断地策划、联系、确定,反复核准,最后敲定。

(2)一场精彩的联合传播配合战。在这次活动开始之前支付宝就有1200多万的微博真实粉丝,且粉丝黏性和互动活跃度都很高。微头条的405万粉丝,加上微信的数百万粉丝,本身已经直接覆盖了超过2000万网民。在活动开始后,就有数百个微博蓝色加V机构账号加入,粉丝从数万到数百万,跟随支付宝官博一起互动,为活动进一步推高了声势。

据公开数据,支付宝锦鲤活动当天,就有100万的转发量,而后续一周,陆续超过200多万的转发量,这是一次支付宝和其他蓝V的联合作战。在这其中,很多蓝V并非事先安排,而是被活动吸引或者出于营销目的加入。这次的联合传播配合战,预计影响了1亿~2亿人。

(3)有趣是关键。首先,锦鲤这个标签卡位很准,今年锦鲤一词跳出粉丝圈蔓延到娱乐圈甚至整个大众社会,吴青峰、杨超越、王思聪等名人锦鲤纷纷涌现出来,让锦鲤一词不停上热搜。支付宝锦鲤活动成功卡位,让锦鲤变成了一个影响巨大而简洁、易于传播的标签。结合抽奖,让锦鲤与支付宝画上了等号,变成了幸运、幸福、神奇、惊喜等象征幸福美好的代名词。

活动的关键是有趣。活动的礼物,也包含了精心的策划。持续一年的全球各地的购物和旅游活动,本身就是一个巨大的话题,同时也能够在后期保持持续性的讨论。

(4) 小槽点引发的大流量。支付宝这场活动中数以百计的礼物里,有一件很"特殊",它只是一句话——欢迎你,这正是来自于加拿大旅游局的礼品。因为加拿大旅游局并没有拿出任何实质性的奖品,只是说很欢迎中国游客前往。于是支付宝把这份特殊的礼物加入了礼品清单中,引发网友们主动吐槽"加拿大旅游局太抠了！""太有趣了！",而这些吐槽带来了大量的二次传播。

(5) 完美意义的中奖者。中奖者信小呆是一个"完美"的中奖者。90后小姑娘,极具网感,善于面对镜头,擅长调侃和制造段子。自带网红体质的她毫无意外地在这次事件之后成为网红,微博粉丝数在极短的时间内从原本的几百涨至一百多万,增长速度堪比娱乐圈明星。图6.26为信小呆的微博。

图6.26　信小呆微博

在接下来的一年里,她的旅游和消费经历,还可持续性地制造成网红内容分享,继续给她和支付宝制造影响力。从这个意义上来说,信小呆是支付宝的一条锦鲤,她再次把活动和影响拉升了一个高度。

这一次,支付宝携全球数千大牌海选"中国锦鲤"活动,让微博成为全世界品牌营销中心的同时,也让支付宝坐稳了全球品牌领袖江湖地位。这可能是中文社交媒体平台第一次成为世界级品牌狂欢的阵地,也寓意着在物联网时代的社会化营销领域,中国品牌有能力成为世界品牌的领袖,中国的社交媒体平台有能力成为世界品牌的营销舞台。

通过社会化营销创意低成本的撬动裂变式传播链依然在发挥作用,微博作为天然开放式社交媒体平台,依然是很好的品牌营销平台。从支付宝这波操作中,能感受到品牌做传播的新趋势。企业传播将封闭的独角戏变成开放的舞台剧,品牌营销将进入生态化传播新时代。

3. OLAY联手微博玩转跨年闺蜜情感营销,一起#无惧年龄#

2020年新年之初,一支视频悄然在微博上引发了裂变式传播,获得突破2.4亿次的主账号视频播放量。这也只有最富有洞察的品牌主们在开放的社交场域上实践,才能让我们看到这样的威力。

这一支刷屏之势的视频就是来自OLAY,在跨年之际打造的闺蜜情感营销活动。

OLAY创意来自于今年的年份数字——2020年,从字面上看是两个20的组成,从谐音上看是"爱你爱你",其实这就像是两个闺蜜。合拍的闺蜜就像世界上有另外一个自己,能在各种时刻陪伴你、支持你,与你一起无惧年龄(见图6.27)。

图6.27 OLAY 微博跨年闺蜜情感营销

这是很巧妙又很有意思的想法,OLAY将年龄洞察融入闺蜜情感当中,打造"闺蜜式开年",以闺蜜情引发消费者深度共鸣。他们制作了一个颇为动人的以闺蜜之间的故事为主线的视频。"谢谢你的无条件支持,让我确信,放手去追我要的幸福,不需要跟从别人的脚步",三对拥有深厚感情的闺蜜,上演了一幕幕感人真挚的剧情。

OLAY的视频,聚焦在了三位90后女性与她们闺蜜的真实故事,分别洞察了90后三个不同年龄的痛点:

故事一：放手去追，我会支持你

随着音乐《当你孤单你会想起谁》响起，25岁的漫漫看着与自己一起走过15年时光的闺蜜心怡结婚了，看见她那么幸福，为她开心的同时，却也为自己感到害怕，害怕自己被落下，但是却也不愿意去将就。

当心怡郑重地向大家解释不抛捧花了，而将这束代表着美好祝福的捧花亲手递到漫漫手里的时候，漫漫就知道，这是来自闺蜜无条件的支持："你尽管去追求自己想要的，而不是去跟从别人的脚步。"

"虽然我知道我也已经不小了，承受着很大的压力，但是幸好还有你在支持我，让我可以再努努力，去追求自己真正想要的幸福"（见图6.28）。

图6.28　闺蜜情感营销故事一

故事二：用行动表达，我在你身边

29岁的单亲妈妈皮皮，一个人经营着一家奶茶店，尽管这样显得有些孤单，但证明一个人也有更多精彩的可能，这未尝不是一种喜悦？

而在接到大订单的时候，皮皮更是会开心得像个小女孩，迫切地与闺蜜佳佳分享这份喜悦。虽然佳佳没有主动开口，但是却用行动告诉着对方，在这条路上，她不是自己一个人。

"谢谢你什么都没有说，却在默默地给予我你能做到的所有，把已经是个孩子妈妈的我，宠成了当年的小女孩模样"（见图6.29）。

图6.29　闺蜜情感营销故事二

故事三:我会等你,一起兴风作浪

28岁的市场总监娜娜一路拼搏奋斗,尽管实现了升职加薪,但还是只有那个不和她谈工作的闺蜜Susie,会让她感觉到放松和快乐。

两人约好了一起去看跨年演唱会,但是很遗憾因为自己加班开会而错过了,本来以为Susie已经去了,没想到最后还是在等她。

"虽然这一路走来很累,好像变成了一个无所不能的模样,但是只有你知道,我还是那个想兴风作浪、肆无忌惮的女孩"(见图6.30)。

图6.30 闺蜜情感营销故事三

在当前的营销世界里,攻心为上。看到这些故事时,话题参与者会不自觉地把自己的目光投向身边的闺蜜,寻找自己的相同感触。所以,OLAY这波营销很快就在微博上引起关注,#2020闺蜜##爱你爱你#的话题已经引发了将近8亿次的阅读量,还成功冲上热搜榜。

还因为"闺蜜情"自带的互动属性,引来话题参与者主动@自己的闺蜜,在微博上晒出自己的闺蜜故事,产生很多优质的UGC(User Generated Content,用户生成内容)内容(见图6.31)。

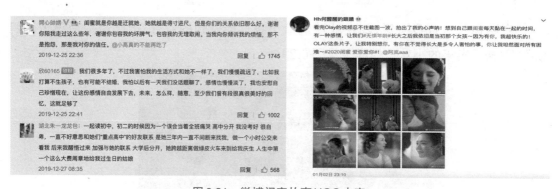

图6.31 微博闺蜜故事UGC内容

从"外观"上来看,OLAY闺蜜情营销,是一次目标、平台、手法极其精准的教科书式的打击,也让我们看到了2020年护肤品行业营销的正确打开方式。

首先,OLAY洞察不同圈层的痛点,找到了最合适的合作IP。

业内闺蜜虽多,可围绕"闺蜜情"和无惧年龄这样的主题,OLAY煞费苦心请来了中国女排的闺蜜组合丁霞和惠若琪。女排运动员有自己的黄金年龄,随年龄渐长,运动员还要面对体力下降与更多心理挑战。OLAY找到丁霞和惠若琪这组女排闺蜜,讲述闺蜜的鼓舞让彼此坚信,保持无畏,不论何时都在黄金年龄。(见图6.33)

女排运动员有自己的黄金年龄,随着年龄渐长,运动员还要面对体力下降与更多心理的挑战。OLAY找到丁霞和惠若琪这组女排闺蜜,讲述闺蜜的鼓舞让彼此坚信:保持无畏,不论何时都在黄金年龄(见图6.32)。

图6.32 OLAY"和闺蜜一起无惧年龄"主题

图6.33 OLAY合作IP

很快,年龄的话题也吸引了大量女性圈层用户的关注,自称年过半百的微博高级副总裁王雅娟也抛出了自己的"冻龄照"。脸上完全没有岁月痕迹的王雅娟瞬间也被各路亲朋好友客户同行同学问道:"唐僧肉在哪里买到的?""别说业务了,咱们先说说怎么冻龄?"惹得她把自己的微博昵称都改成了"可能吃了唐僧肉"。呼应OLAY的♯无惧年龄♯的社交主题(见图6.34)。

图6.34　OLAY合作IP-3

这些闺蜜故事都道出了千万女性的心声:年龄并不能成为女性实现人生目标的拦路虎,不论何时都是我们的黄金年龄。

热门闺蜜IP的故事,不仅完美诠释了"闺蜜情"和无惧年龄的理念,更让千千万万的消费者拥有相同的信念。从深层看,OLAY闺蜜情营销成功的背后,是营销逻辑的升级——情感和价值观营销才是属于这个社交时代的正确玩法(见图6.35)。

不少品牌至今还在生搬硬套地夸自己的产品、成分、功效,它们营销的主题还停留在产品上。事实上,在这个产品过剩、社交网络盛行的时代里,推销产品在当前只是初级的营销方式。OLAY的做法是,在为消费者提供优质产品的前提下,还能为消费者提供情感价值,并更进一步地为消费者打造了"无惧年龄"的正向价值观。

图6.35　OLAY闺蜜营销

可以说,OLAY用闺蜜营销的成功证明,化妆品营销需要完成从产品到客户,再到人文精神的升级。这样的市场定位已经超越了依靠产品本身制造的区隔定位。

当品牌理念与品牌效果产生一致性时,对于用户来说显然更具有说服力,而这也是OLAY大受欢迎的原因。

任务6.3　体验微信营销

6.3.1　微信营销的认知

2011年年初腾讯公司推出了"微信",仅仅用了不到两年时间其用户数量就突破了3亿大关,如今成为移动互联网用户最主要的社交联系工具。微信的出现改变了人际沟通和社会交往模式,这些变化也大大加速了营销策略的蜕变进程。特别是通过微信用户可以在短期内聚集起来的庞大用户群(朋友圈、品牌社区)正成为社会化媒体营销重点,它在商家的品牌营销中发挥着不可估量的作用。

微信营销是指企业或商家利用微信平台,通过向用户传递有价值的信息实现品牌力强化或产品、服务销量增长的一种营销策略。微信营销具有以下特点:

1. 高到达率

营销效果很大程度上取决于信息的到达率,这也是所有营销工具最关注的地方。与手机短信群发和邮件群发被大量过滤不同,微信公众账号所群发的每一条信息都能完整无误地发送到终端手机,到达率高达100%。

2. 高曝光率

曝光率是衡量信息发布效果的另外一个指标,信息曝光率和到达率完全是两码事,与微博相比,微信信息拥有更高的曝光率。在微博营销过程中,除了少数一些技巧性非常强的文案和关注度比较高的事件被大量转发后获得较高曝光率之外,直接发布的广告微博很快就淹没在微博滚动的动态中了,除非是刷屏发广告或者用户刷屏看微博。而微信是由移动即时通信工具衍生而来的,天生具有很强的提醒力度,比如铃声、通知中心消息停驻、角标等,随时提醒用户收到未阅读的信息,曝光率高达100%。

3. 高接受率

微信用户之多,已经成为或者超过类似手机短信和电子邮件的主流信息接收工具,其广泛和普及性成为营销的基础。除此之外,由于公众账号的粉丝都是主动订阅而来的,信息也是主动获取的,完全不存在垃圾信息招致抵触的情况。

4. 高精准度

事实上,那些拥有粉丝数量庞大且用户群体高度集中的垂直行业微信账号,才是真正炙手可热的营销资源和推广渠道。比如酒类行业知名媒体佳酿网旗下的酒水招商公众账号,拥有近万名由酒厂、酒类营销机构和酒类经销商构成的粉丝,这些精准用户粉丝相当于一个盛大的在线糖酒会,每一个粉丝都是潜在客户。

5. 便利性

移动终端的便利性再次增加了微信营销的高效性。相对于PC电脑而言,未来的智能手机不仅能够拥有PC电脑所能拥有的任何功能,而且携带方便,用户可以随时随地获取信息,而这会给商家的营销带来极大的方便。

6.3.2 微信公众号

微信公众号是开发者或商家在微信公众平台上申请的应用账号,该账号与QQ账号互通,通过公众号,商家可在微信平台上实现和特定群体的文字、图片、语音、视频的全方位沟通、互动,进而形成一种主流的线上线下微信互动营销方式。

微信公众号主要面向名人、政府、媒体、企业等机构推出合作推广业务,通过微信渠道将品牌推广给上亿的微信用户,减少宣传成本,提高品牌知名度,打造更具影响力的品牌形象。微信公众号的口号是"再小的个体,也有自己的品牌"。

1. 账号分类

(1)服务号。服务号为企业和组织提供更强大的业务服务与用户管理能力,帮助企业快速实现全新的公众号服务平台。服务号1个月(自然月)内仅可以发送4条群发消息。发给订阅用户(粉丝)的消息,会显示在对方的聊天列表中,相对应微信的首页。服务号会在订阅用户(粉丝)的通讯录中。通讯录中有一个公众号的文件夹,点开可以查看所有服务号。服务号可申请自定义菜单。

(2)订阅号。订阅号为媒体和个人提供一种新的信息传播方式,构建与读者之间更好的沟通与管理模式。订阅号每天(24小时内)可以发送1条群发消息。发给订阅用户(粉丝)的消息,将会显示在对方的"订阅号"文件夹中。点击两次才可以打开。在订阅用户(粉丝)的通讯录中,订阅号将被放入订阅号文件夹中。个人申请,只能申请订阅号。

(3)企业号。公众平台企业号旨在帮助企业、政府机关、学校、医院等事业单位和非政府组织建立与员工、上下游合作伙伴及内部IT系统间的连接,并能有效地简化管理流程、提高信息的沟通和协同效率、提升对一线员工的服务及管理能力。

2. 功能介绍

(1)形象展示工具。将企业的各种信息做成微网站,通过微信公众平台进行推广发布,提升企业形象,增强企业竞争力,如企业理念、最新动态、业务运作、人员招聘等信息。不同尺寸的公众平台二维码,中间可嵌入企业Logo图片,可印刷到名片、广告牌、宣传册、商品包装上。

(2) 客服与日常互动工具。微信最开始就是以语音通信见长的移动即时通信工具,广大微信用户已经习惯用它来作为售前、售中、售后和日常的客服工具。微信公众号后台,可群发图文消息或广告,设置关键词自动回复、默认消息、自动打招呼;在公众号上设置幸运大转盘、幽默问答、趣味测试、文章链接到网站互动社区等,可以让用户在愉悦的体验中加深对品牌的好感,养成不时上来转转的习惯。

(3) 会员管理与用户分析工具。在做好展示、客服和互动的同时,把公众号与既有的会员管理系统打通,把积分管理、信息推送、促销管理、进销存、POS系统等模块连接起来,可实现会员系统互联网化和社交化。微信公众平台后台有数据分析板块,可以看到文章的阅读率和分享率、用户增长曲线等,据此能够了解用户喜欢的内容类型和用户的访问集中时间段等,借助在线调研等形式,帮助深入了解用户,促进营销活动的顺利开展。

(4) 内容营销平台和O2O利器。通过线上定期策划新颖、差异化的趣味活动,借助基于地理位置识别的功能,方便用户获取到店路径,并能查找到就近门店,提高用户到店率。

通过认证的微信公众平台在原有基础上增加了9种新的开发接口,通过这些接口,企业和媒体、机构的公众平台可以开发出更多的微信应用,打造更强大的微信公众平台。

Quest Mobile数据显示,2019年2月,虽然80%的微信用户使用了公众号,但73%的用户关注的公众号数量低于20个,其中,24%的用户低于10个,近50%只有10~20个;从使用时长上来看,超过一半的用户每日用于浏览公众号的时长在10~30分钟,而微信的日均用户时长为77分钟。这就涉及微信公众号运营问题。

3. 微信公众号运营

(1) 公众号运营类别。当前主流公众号运营主要包括:

一是自媒体。就是写出个人感受,然后发布到各大社交平台上的一类。对于一个自媒体来讲,建议做自己有兴趣的擅长的账号来运营,比如喜欢篮球,喜欢NBA,就可以去开个公众号聊聊NBA的那些事。

二是纯粹卖货类。这和微店一个性质,不做过多说明。

三是品牌类。一些大公司常用该策略,让微信公众号成为其品牌宣传的一个窗口,它不销售,也不做客户维护,就是跟企业挂钩在一起,成为一个宣传触点,比如可口可乐。

四是新老客户的关系维护类。现在微信公众号已经成为数据库营销的主战场,全网营销所有品牌触点最终落地于微信公众号,微信承担了CRM角色。这个思路应用在一些带有实体性质的企业尤为突出,如餐馆、酒店、KTV、美容场所等,以会员形式结合微信公众号运营来操作,所有广告投放最终通过二维码或者微信号形式入驻公众平台。

(2) 公众号运营涉及方面。运营微信公众号从公众号定位、公众号头像与命名、功能设置、公众号回复、关键字回复技巧、菜单设置六个方面入手,如图6.36所示。

图6.36 微信公众号运营

① 公众号定位。明确定位即弄清楚并表明"你是做什么的"和"你的目标受众是谁",具体来说包含用户定位、服务定位及内容定位。

用户定位(用户要什么):用户是谁?用户需要什么?用户分享什么?见表6.2。

表6.2 目标用户定位分析

分析维度	举 例
需要什么	优衣库公众号的图文推送主要以活动信息、新品上架为主,因为品牌知名、受众极多(购买需求明显),所以用户最需要及时知道优衣库的活动及产品信息
喜欢什么	追明星红人热点几乎是新媒体运营的常态工作,因为用户喜欢了解娱乐八卦,小编们自然投其所好
在意什么	纸尿裤早期的产品卖点为方便,但市场反响平平;将卖点更换为舒适健康后,市场却热度高涨。为什么呢?因为纸尿裤的方便使用不利于主妇树立自己贤妻良母的形象
烦恼什么	游戏类公众号基本都会推送大量的教程类图文,因为游戏用户都有这样的烦恼:"不知道怎么玩好这款游戏"
交流什么	母婴亲子类的公众号大多数都做过关于宝宝的投票活动,且效果优异,因为母亲最热衷于交流分享自己宝宝的话题与活动

服务定位(我们能提供什么):资讯、娱乐还是功能等,如OPPO手机公众号清晰地告知潜在用户关注此公众号能得到什么,如图6.37所示。

图6.37 OPPO微信公众号

内容定位(我们做什么):如角色、主题、计划等,在明确用户定位、服务定位的基础上,合理制定公众号内容运营栏目规划表,以便有序展开,如表6.3所示。

表6.3 企业微信内容运营栏目规划表

内容分类	一级主题	二级主题	说明	内容关键点	内容占比	推送时间
企业相关度话题	产品	最新产品	当季上市新品,企业也会主推宣传,微博可配合推荐粉丝	产品选择很关键,产品配图要丰富,展现细节图,清晰精致	50%	星期一
		热卖产品	一段时间内卖得最火的产品			
		常规产品	基本款产品,在微博上偶尔推送下,包括鞋子、外套、配饰等			

续表

内容分类	一级主题	二级主题	说明	内容关键点	内容占比	推送时间
企业相关度话题	活动	专题活动	某一品类促销活动，或者节假日活动专题	准确表述活动时间，语言尽量网络化，可幽默灵活		星期二
		单品促销	例如，单品团购、促销、打折等			
		品牌活动	如时尚造型师、中文名征集等			
	品牌	品牌文化	定位、文化、理念的宣传	用语活泼、自然，有人情味		随机
		设计理念	产品特色卖点等			
	新闻	企业动态	公司新闻投资等大事件			
		员工生活				
用户相关度	时尚搭配	待定	可与企业相关内容随机组合成多图文	有趣、好玩、有价值，图文搭配	50%	星期三
	购物精选	待定				星期四
	养生健康	待定				星期五
	亲子教育	待定				星期六

② 公众号头像与命名。公众号头像是潜在顾客品牌识别的重要入口，可以是企业LOGO、文字、人物形象照片、卡通图像、角色形象等，如图6.38所示。

LOGO型
百事中国

文字型
人民日报评论

个人照片型
秋叶大叔

卡通图像型
武汉大学

角色形象型
哲学园

图6.38　微信公众号头像

对于企业公众号首选其LOGO作为公众号头像，每月可修改5次，建议标准为高清、居中、完整显示。

企业公众号推荐命名格式：品牌知名度高或多品类企业推荐——品牌名，如优衣库、茵曼；品牌知名度一般或单品类企业推荐——品牌名＋品类名，如××美妆、××文具。

公众号名字避免有服务号、公众号、公司、有限公司等过于官腔的字眼。

公众号命名规则：3～30个字符以内；不支持设置空格、特殊符号；不需要与公司/组织名称一致；不能与其他账号名称重复。比利心思巧克力和盛灿广分微信公众号如图6.39所示。

图6.39　比利心思巧克力和盛灿广分微信公众号

公众号微信号设置：由字母（可大小写）、数字和横线组成，一旦确定，不可变更，设置需谨慎，设置思路可参照表6.4。

表6.4　公众号微信号的设置

设置思路		案例	
		公众号名称	微信号
拼音类	全拼	正和岛	zhenghedao
	全拼+数字	行动派Dreamlist	xingdongpai77
	全拼+年份	武汉大学	Luojia1893
	全拼+英文	求是设计会	qiushidesign
	拼音缩写	浙江卫视	zjwszgl

续表

设置思路		案例	
		公众号名称	微信号
	拼音缩写+数字	印象笔记	yxbj100
	拼音缩写+年份	共青团中央	gqtzy2014
	拼音缩写+英文	黑天鹅图书	htebook
	拼音+拼音缩写	逻辑思维	luojisw
英文类	英文	极客公园	geekpark
	英文+数字	单向街书店	onewaystreet2013
	英文+年份	warfalcom	read01
	英文缩写+英文	腾讯NBA视频	NBAvideo
	英文缩写+数字	幻方秋叶PPT	PPT100
	英文缩写+拼音缩写	央视财经	cctvyscj
谐音类		傅踢踢	futeetee
		爱范儿	ifanr
网站域名类		虎嗅网	huxiu_com
i系列类		连岳	ilianyue

③ 功能设置。功能介绍每月可修改5次,字数限制在4~120字间,设置与修改后需通过审核方能显示(一般审核时间为3个工作日)。

功能模块是体现平台价值、品牌价值及产品价值的重要阵地,可以从企业标语、官方声明、内容说明、阐述利益、平台引流、品牌介绍、人生格言、趣味金句、个性定位等方向加以描述,举例见表6.5。

表6.5 公众号功能设置案例说明

描述方向	案例	
	公众号	功能介绍
Slofan	天猫	上天猫就够了
官方声明	武汉大学	武汉大学官方公众平台
内容说明	微信路况	每日为您提供最新的新车资讯、驾车小技巧、保养维修、用车视频演示!查路况、查违章、路况定制服务,无需下载,只要关注即可使用

续表

描述方向	案例	
	公众号	功能介绍
阐述利益	精读	这里，有关于读书的一切。书单、书摘、导读、速读、微课、共读……聚焦思维技能和学科通识，帮你降低阅读成本，帮你找到共读伙伴，提高你的学习力、工作力和生活力
平台引流	逻辑思维	罗胖每天早上60秒语音，用文字回复语言中的关键词可阅读文章。看视频请在优酷搜索"逻辑思维"，每周五更新。更多精彩请关注新浪微博@逻辑思维朋友圈，联系我们请发邮件至service@luojilab.com
品牌介绍	Linkedin	Linkedin（领英）创建于2003年，致力于向全球职场人士提供沟通平台，协助他们事半功倍，发挥所长。作为全球最大的职业社交网站，Linkedin会员人数在世界范围内超过4亿，每个《财富》世界500强公司均有高管参加
人生格言	黄晓明	我不是最好的，但我要做最努力的
趣味金句	HUGO	如果有一天你想取消关注，请记得我们曾经相爱过
个性定位	王左中右	一个脱离了高级趣味的直男

④ 公众号回复。包括关注时回复，即用户关注公众号时弹出的欢迎界面；关键字回复，即用户发送公众号符合自动回复规则字词时会触发的特定回复；默认回复，即用户发送公众号信息，未触发其他自动回复规则时的回复。

⑤ 关键字回复技巧。运营人员需要收集用户的常见发送信息（需周期性更新增减），再根据用户的信息去编辑回复信息，对应地进行回复规则设置。

⑥ 菜单设置。公众号菜单即常说的"三横五竖"，位于公众号对话界面下方，如图6.40所示。

图6.40 公众号菜单设置

设置菜单内容时应遵循以下几项原则：

☞ 用户最经常使用的公众号功能是什么？将这些功能放置到菜单中去。

☞ 我们最想用户使用的公众号功能是什么？将这些功能放置到菜单中去。

设置菜单内容有几个小技巧：

- ☞ 最重要的功能放中间，次要的放左边，剩余的放右边。
- ☞ 最重要的功能一般不设置子菜单，以方便用户点击使用。
- ☞ 菜单的名称尽量保持风格一致。
- ☞ 使用公众号自带的菜单分析功能，通过数据来优化菜单。

6.3.3 微信营销案例分享

1. 小米——客服营销9∶100万

小米"9∶100万"的粉丝管理模式：据了解，小米手机的微信账号后台客服人员有9名，这9名员工的主要工作是每天回复100万粉丝的留言。每天早上，当9名小米微信运营工作人员在电脑上打开小米手机的微信账号后台，看到后台用户的留言时，他们一天的工作也就开始了，如图6.41所示。

图6.41 小米客服公众号

其实小米自己开发的微信后台可以自动抓取关键词回复，但小米微信的客服人员还是会进行一对一的回复，小米也是通过这样的方式大大提升了用户的品牌忠诚度。相较于在微信上开个淘宝店，对于类似小米这样的品牌微信用户来说，做客服显然更让人期待。

当然，除了提升用户的忠诚度，微信做客服也给小米带来了实实在在的益处。黎万强表示，微信同样使得小米的营销、CRM成本开始降低，过去小米做活动通常会群发短信，100万条短信发出去，就是4万元的成本，相比之下微信做客服的作用可见一斑。

2. 故宫趣味H5页面

让传统文化和文物更加为年轻一代所熟知和喜欢，一度是件令人头痛的事情，但随着文物相关的记录品、综艺等走红，文物有了更多新的阐述方式，利用微信进行传统文化文物的推广，起到了非常好的效果。

故宫作为文物推广的领头羊和佼佼者，其文物IP在近年来可谓是炙手可热，而微信营销对于故宫来说并不陌生，曾经故宫也在微信上推出过趣味H5页面活动。当时故宫和腾讯合作，其主要是借助文物推广腾讯的创意竞赛The Next Idea，为此，专门打造了用紫禁城历史文物设计表情包的比赛主题，并且推出了H5页面来增添活动的趣味性。故宫的这个H5页面采用了明朝皇帝的形象，根据其形象来进行二次内容创作，运用文字和图片后期加工让这些严肃的皇帝有了更多现代、有趣的故事和行为，比如皇帝说唱、皇帝秀朋友圈等搞笑有趣的内容，让这些活在历史画卷上的皇帝有了接地气、反差萌的一面，受到了网友们的喜爱，如图6.42所示。

这个有趣的H5页面在互联网上迅速传播开来，不仅受到了网友的欢迎，还激发了很多人参与活动制作表情包的热情，从而使创意竞赛活动也得到有效的推广传播，让越来越多的人知晓这一活动并加入进来。

图6.42 NEXT IDEA 故宫H5营销

3. 南航——服务式营销

中国南方航空公司总信息师胡臣杰曾表示："对今天的南航而言，微信的重要程度，等同于15年前南航做的网站!"也正是由于对微信的重视,如今微信已经与网站、短信、手机APP、呼叫中心一并成为南航五大服务平台。

对于微信的看法,胡臣杰表示:"在南航看来,微信承载着沟通的使命,而非营销。"早在2013年1月30日,南航就在微信发布了第一个版本,在国内首创推出微信值机服务。随着功能的不断开发完善,机票预订、办理登机牌、航班动态查询、里程查询与兑换、出行指南、城市天气查询、机票验真,等等,这些通过其他渠道能够享受到的服务,用户都可通过与南航微信公众平台互动来实现,如图6.43所示。

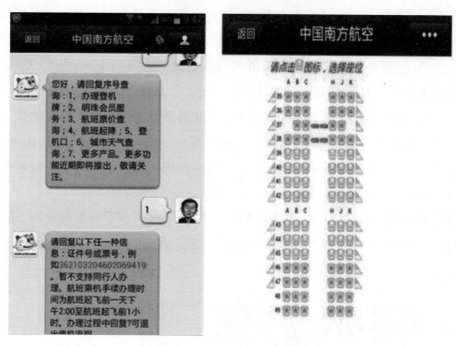

图6.43　南航微信服务营销

4. 可口可乐——我们在乎

有段时间,可口可乐"我们在乎"席卷朋友圈,它本是一份肩负企业CSR重任的"可持续发展报告",内容虽然力求形象,但依然难掩厚重。为了在社交时代更接地气,可口可乐尝试用H5为报告"瘦身美容":选取报告中的部分核心数据,用十五页的画面,直观展现可口可乐的努力,变成适应网络传播特点特别是移动端观看及分享需求的形式。

我们在乎公众的健康:可口可乐伴你"快乐动起来",在全国60个大中城市举办了397场健康走活动和120多场健康知识共享会,普及"均匀饮食与适当锻炼保持健康"这一理念,惠及了300多万人,如图6.44所示。

图6.44 可口可乐微信营销(ME)

我们在乎社区的发展:可口可乐520计划,为更多的中国女性筑梦,作为全球极大的妇女扶助项目的推动者,可口可乐希望通过520计划帮助全球更多的妇女,如图6.45所示。

图6.45 可口可乐微信营销(WE)

我们在乎与环境的共生:中水回用,让每一滴水都能物尽其用;植物环保瓶,开启绿色未来,如图6.46所示。

图6.46 可口可乐微信营销(World)

营销启示:杂糅图片、文字和视音频等多媒体是H5的又一大优势。而当这种生动的形式与一些严肃的内容相遇,往往发生出人意料的化学反应。

5. 澳贝婴幼玩具——小鸡砸金蛋

不管是黑猫还是白猫,抓到老鼠就是好猫;不管是技术还是情感,吸引到消费者的就是好传播!这款界面有趣、互动简单的"砸金蛋"游戏,就把品牌传播回归基本步,直接把产品软性植入其中,从而赢得更多的曝光点。用户进入活动页面后,点击金蛋,一旦中奖就可以领取现金券,继而跳转至微店购买使用。而未中奖用户,按照指引分享到朋友圈或分享给好友,还可以再获得一次机会。对于一个全新上线的企业微信号来说,未尝不是一种可以借鉴的有效方式。澳贝小鸡砸金蛋游戏如图6.47所示。

图6.47 澳贝小鸡砸金蛋游戏

营销启示:别把消费者想得太复杂!更简单的用户体验,有时就能带来更直接、更成功的传播效果。

6. 小电铺开创首个微信直播电商案例

社交电商服务平台小电铺于2019年4月20日正式接入"腾讯直播"工具开发接口,联合时尚类自媒体"她读",在微信生态内打造了首个小程序直播电商案例。在2小时的直播首秀中,在线观看人数达到11951次,订单数达到1228笔,转化率达到18.32%。"公众号+小程序+直播"的商业变现能力已经初步显现。

此次直播,镜头前是自媒体与粉丝的互动,背后则是多方在微信生态内对内容变现的新尝试,如图6.48所示。

图6.48 小电铺牵手腾讯#开启微信直播新时代

拥有200万公众号粉丝的"她读",这一次坐到了镜头前,与粉丝实时互动,进行好物讲解示范,直播种草。小程序直播电商植入小程序直播售卖场景,在一定程度上是一种电商新形式,腾讯直播、小电铺以及"她读"三方,在流量、内容、技术、电商、支付上打通了微信生态中整个交易闭环。自媒体精心准备内容在"前端"展示,完成从文字内容到视频直播的闭环;"腾讯直播"是在微信小程序开放能力的基础上开发的产品,由APP和小程序两部分组成,内容运营者可以通过APP完成创建直播任务,用户可以通过小程序预约、观看及互动;小电铺则负责搭建小程序商城,打通交易闭环,实现"即看即买"。

小电铺已经服务了超过5000+自媒体,在以往为自媒体提供"工具+运营+供应链"三板斧的基础上,新增"直播电商"这一利器,将成为小电铺对自媒体电商变现的新赋能。

 项目小结

学习本项目应重点掌握以下三个要点:

1. 把握APP营销的含义及其典型特征,理解其与传统营销方式相比存在的优劣势,理解其推广渠道和盈利模式。

2. 熟悉微博营销、微信营销的特点和推广方法,学会感知身边的微营销案例,从而获得营销启示。

3. 理解微信营销的特点,把握微博与微信营销二者的区别,熟练掌握微信公众号设置及其运营技巧。

项目实训

1. 从项目背景、活动策略与执行、活动效果分析、营销启示等方面入手,分组收集并整理一则APP营销案例。

2. 以小组或班级为单位申请注册一个微信公众号(如订阅号),利用草料二维码和V5、秀米、135等微信编辑器辅助内容排版,定期发布主题文章,积累粉丝。

项目7 维系移动客户关系

 知识目标

- 掌握移动客户关系管理的基本概念
- 掌握移动客户关系的分析与管理
- 熟悉移动客户关系管理系统的实施

 能力目标

- 能够理解移动客户关系管理的基本概念并进行表述
- 能够对客户进行合理分析,并能进行忠诚度、满意度的管理
- 能够应用所学知识为企业策划如何实施移动客户关系管理

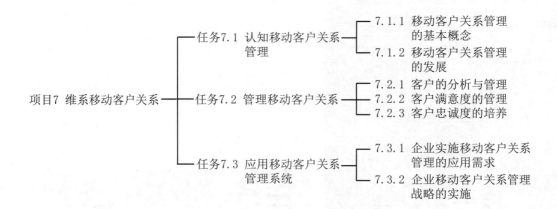

移动互联网时代,要把用户变为粉丝

当前,移动互联网已经告别用户增长的高速发展时期,人口、流量和资本红利逐渐退潮,并逐步进入了存量用户的争夺阶段。对于互联网公司而言,能否拥有可持续的"涨粉"能力,是形成核心竞争力的关键。当前,如何通过创新用户增长模式吸引新增用户,提高用户对平台的忠诚度和对优质内容的依附度,将直接决定互联网企业的命运。

传统互联网与移动互联网用户增长模式变化如图7.1所示。

图7.1 传统互联网与移动互联网用户增长模式变化

在PC(个人计算机)时代,最有效的用户增长模式是通过优质渠道引流,包括门户、导航、搜索、浏览器、预装、安全软件等都是当时主要的用户增长渠道。

随着移动互联网上半场的到来,接入渠道发生了重大变化,许多传统渠道被颠覆。在入口方面,移动设备自身系统自带的应用商店成为目前公认的最大渠道入口。此外,与手机厂商合作预装APP、线上获客与线下地推相结合等方式,也是移动互联网争夺流量的常规手段。

当前,在仅靠渠道难以突围的情况下,整个行业都开始加大对用户增长模式的研究力度。如何从微信中获得"种子用户",如何设计一套吸引用户形成裂变行为的用户增长模式,成为许多移动互联网企业"涨粉"的必修课。

与PC互联网的免费时代不同,"积分+用户补贴"模式正逐渐成为移动互联网下半场最主流的用户增长模式。比如,在出行领域,无论是滴滴还是摩拜单车,都通过分享红包或者优惠券的形式获取了大量用户;在金融领域,无论是早年微信支付宝的红包大战,还是支付宝的红包活动,余额宝、花呗通过"积分+用户补贴"模式获取了不少用户;在内容APP领域,除了趣头条外,搜狐新闻推出了搜狐新闻资讯版,中国青年网推出了中青看点,"积分+用户补贴"的获客模式成为了内容类APP的标配。

粉丝经济比传统零售的效率要高,费用更低,并且企业与用户直接交往,让用户参与产品的完善,在培养用户情感的同时也有利于打造符合用户需求的产品。通过更优的极致产品体验,才能将用户发展为企业的粉丝,一个粉丝带来的不仅仅是重复购买,更是在为企业进行信用背书,利用移动互联网实现口碑的快速传播。

移动互联网时代的核心是以人为核心!粉丝经济就是秉承了这一理念,以用户需求为导向,开发出满足消费者痛点的产品。核心是要读懂自己所服务的用户。企业要知道自己为哪些主要用户服务,这些用户的需求和痛点是什么?如何解决这些需求与痛点才是衡量产品好与坏的标准。所以50%的时间研究用户的需求和痛点,35%的时间研发能满足用户需求和痛点的产品,15%的精力做市场营销才是移动互联网时代企业的工作方式。

(资料来源:移动互联网平台打响"粉丝争夺战",经济日报,2019-01-19)

任务 7.1　认知移动客户关系管理

7.1.1　移动客户关系管理的基本概念

在移动互联网环境下,客户生活习惯与行为方式发生了很大的改变,这种改变使得人们对于传统营销和客户关系管理的理解发生了变化。客户关系管理(Customer Relationship Management,CRM)不仅仅是把销售信息传给客户和潜在客户,其灵魂是找到使客户更方便、更容易的与企业打交道的方式。因此,企业实施CRM的关键在于在所有客户在意的地方超过竞争对手:控制、体验、时间、价值、即时的信息和确认。CRM通过节省客户的时间,减少麻烦,找到企业与客户之间的交往方法,使得客户与本企业接触的感觉要好过竞争对手,从而赢得客户,赢得市场。移动技术为CRM的运用提供了革命性的工具,如图7.2所示。

图7.2　手机终端进行的CRM管理

移动客户关系管理(Mobile Customer Relationship Management,MCRM)是以"客户关系一对一理论"为基础,企业借助移动通信设备实时取得客户信息,用来辅助企业经营决策,以提高客户满意度和企业竞争力的一种过程或系统解决方案,旨在改善企业与客户之间关系的新型管理机制。移动客户关系管理下的规则是客户希望得到即时的、被人记住的服务。移动客户关系管理的产生和发展归功于无线技术的快速发展,它使得企业可以充分利用基于无线通信技术的销售和售后渠道,进行实时的、个性化的营销,并为客户提供定制的、基于现场的实时服务,从而把客户和企业的关系管理提高到一个新的阶段。

移动客户关系管理系统的宗旨是为了满足每个客户的特殊需求,同每个客户建立联系,通过同客户的联系来了解客户的不同需求,并在此基础上进行一对一的个性化服务。移动客户关系管理依存于传统的客户关系,并没有抛弃传统的客户关系管理,而是发展和延伸了传统的客户关系数据库,让移动领域的销售人员、服务人员以及技术人员更加方便、有效地与客户交互,将传统的桌面应用系统变为不受时空约束、可以随时随地使用的工具。移动客户关系管理不仅仅是简单的技术应用,更是企业运作的使能器,具有战略决策价值。移动客户关系管理包括分析企业的业务流程并分析出它的策略,然后让系统集成商和提供商提出行之有效的技术解决方案。如果移动客户关系管理能与网站集成,那么企业现有的客户关系流程就有可能进一步优化。因此,适当的网络技术支持可以使移动客户关系管理上升到一个新的水平。

总之,移动客户关系管理将移动、远程访问以及无线组件和应用添加到传统客户关系管理系统,是一个将客户信息转化成具有积极意义的客户关系的反复循环过程。移动客户关系管理的核心是客户,通过富有意义的交流沟通,理解并影响客户行为,从而提高客户保留率和客户忠诚度,增强企业竞争力,最终达到盈利的目标。

7.1.2 移动客户关系管理的发展

移动客户关系管理系统重要的是实现了数据采集的便捷性、交互的实时性,满足了客户的信息反馈需求。随着移动技术、计算机技术和移动终端技术的发展,移动客户关系管理已经经历了四代。

1. 基于短信的第一代移动客户关系管理

以短信为基础的第一代移动客户关系管理技术存在着实时性较差、查询请求不会立即得到回答等许多严重的缺陷。此外,由于短信长度的限制,也使得一些查询无法得到一个完整的答案。这些令用户无法忍受的严重问题,也导致了一些早期使用基于短信的移动客户关系管理系统的部门纷纷要求升级和改造现有的系统。

2. 基于WAP技术的第二代移动客户关系管理

第二代移动客户关系管理系统采用基于WAP技术的方式,手机主要通过浏览器的方式来访问WAP网页,以实现信息的查询,部分地解决了第一代移动访问技术的问题。第二代移动访问技术的缺陷主要表现在WAP网页访问的交互能力极差,因此极大地限制了移动客户关系管理系统的灵活性和方便性。此外,由于WAP使用的加密认证的WTLS协议建立的安全通道必须在WAP网关上终止,形成安全隐患,所以WAP网页访问的安全问题对于安全性要求极为严格的商务系统来说也是一个严重的问题。这些问题也使得第二代技术难以满足用户的要求。

3. 基于3G技术的第三代移动客户关系管理

第三代移动客户关系管理系统融合了3G移动技术、智能移动终端、VPN、数据库同步、身份认证及WEB service等多种移动通信、信息处理和计算机网络最新的前沿技术,以专网和无线通信技术为依托,使得系统的安全性和交互能力有了极大的提高,为客户关系管理人员提供了一种安全、快速的现代化移动执法机制。

4. 基于4G技术的第四代移动客户关系管理

随着4G移动网络的部署,CRM已经全面进入了移动时代。MCRM是一款实现了即便经常出差在外,也能随时随地掌握公司内部信息的移动版管理软件,客户只需下载手机版软件,然后安装在手机上就可以直接使用了,同时客户用电脑申请的组织名和账户名就能直接使用该系统,这样客户不仅可以随时查看信息,还可以通过手机给公司内部人员下达工作指示,同时也可以使用平台所提供的所有功能。

讨论移动技术给客户和交易带来哪些变革。

任务7.2 管理移动客户关系

7.2.1 客户的分析与管理

经济学上的"二八原理"告诉我们,大约20%的客户创造了80%左右的销售收入。而培育一个新客户的成本是维护好一个老客户的3~5倍。因此,把一个访客转化为企业自身的客户之后,如何提高这个客户的忠诚度,继而增加客户的整体贡献值就变得非常重要了。在企业客户库中,有些客户是必须要保留的,而有些客户的价值是相对有限的,需要分析并进行分级管理。关键客户是企业的核心客户,一般占客户总数的20%,但能为企业创造80%的利润。我们要为最有价值的关键客户提供最优质的服务,有效提高客户忠诚度。客户分级管理如图7.3所示。

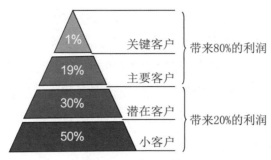

图7.3 客户分级管理

1. 关键客户的管理

在客户分级管理中,关键客户是创造最大利润比例的客户,因此,对关键客户管理的目标是提高其忠诚度。

(1)集中优势资源服务于关键客户。加大对关键客户的服务力度,采取倾斜政策加强对关键客户的营销工作,并提供"优质、优先、优惠"的个性化服务,从而提高关键客户的满意度和忠诚度。

(2)通过沟通和感情交流,密切双方的关系。通过不断地主动与关键客户进行有效沟通,真正了解他们的需求,才能够密切与关键客户的关系。

2. 普通客户的管理

根据潜在的普通客户创造的利润和价值,对其的管理更多地强调提升和控制成本两方面。

(1)针对有升级潜力的普通客户,努力培养其成为关键客户。

(2)针对没有升级潜力的普通客户,减少服务,降低成本。

3. 小客户的管理

对于小客户,要区别对待,先要判断其有无升级的可能:

(1)针对有升级潜力的小客户,要努力培养其成为普通客户甚至关键客户。

(2)针对没有升级潜力的小客户,可提高服务价格,降低服务成本。

(3)坚决淘汰劣质客户。

7.2.2 客户满意度的管理

1. 客户满意度的衡量指标

顾客满意度是一种心理状态,是一种自我体验。对这种心理状态也要进行界定,否则就无法对顾客满意度进行评价。顾客满意度指标是明确顾客满意度调查结果,以及进一步分析的重要工具,又被称为CSI(CS Index)。在实际的满意度调研中要根据不同产品或服务的特征采取不同的标准。国际上用得比较多的满意度指标一般采用5段式或7段式。5段式分别为非常不满意、比较不满意、一般、比较满意和非常满意。7段式分别为非常不满意、不满意、比较不满意、一般、比较满意、满意和非常满意,如表7.1所示。

表7.1 客户满意度七梯级参考指标

序号	满意度	特征	具体表现
1	非常不满意	愤慨、恼怒、投诉、反宣传	非常不满意状态是指顾客在消费了某种商品或服务之后感到愤慨、羞成怒、难以容忍,不仅企图找机会投诉,而且还会利用一切机会进行反宣传以发泄心中的不快
2	不满意	气愤、烦恼	不满意状态是指顾客在购买或消费某种商品或服务后所产生的气愤、烦恼状态。在这种状态下,顾客尚可勉强忍受,希望通过一定方式进行弥补,在适当的时机,也会进行反宣传,提醒自己的亲朋不要去购买同样的商品或服务
3	比较不满意	抱怨、遗憾	比较不满意状态是指顾客在购买或消费某种商品或服务后所产生的抱怨、遗憾状态。在这种状态下,顾客虽心存不满,但想到现实就这个样子,别要求过高吧,于是认了
4	一般	无明显正、负情绪	一般状态是指顾客在消费某种商品或服务过程中所形成的没有明显情绪的状态。也就是对此既说不上好,也说不上差,还算过得去
5	比较满意	好感、肯定、赞许	比较满意状态是指顾客在消费某种商品或服务时所形成的好感、肯定和赞许状态。在这种状态下,顾客内心还算满意,但按更高要求还差之甚远,而与一些更差的情况相比,又令人安慰

续表

序号	满意度	特征	具体表现
6	满意	称心、赞扬、愉快	满意状态是指顾客在消费某种商品或服务时产生的称心、赞扬和愉快状态。在这种状态下，顾客不仅对自己的选择予以肯定，还会乐于向亲朋推荐，自己的期望与现实基本相符，找不出大的遗憾所在
7	非常满意	激动、满足、感谢	非常满意状态是指顾客在消费某种商品或服务之后形成的激动、满足、感谢状态。在这种状态下，顾客的期望不仅完全达到，没有任何遗憾，而且可能还大大超出了自己的期望。这时顾客不仅为自己的选择而自豪，还会利用一切机会向亲朋宣传、介绍推荐，希望他人都来消费这种商品或服务

2. 提升客户满意度的策略

根据客户关系管理(CRM)中的三角定律，即客户满意度＝客户体验－客户期望值，可见客户期望值与客户满意度成相对反比，因此需要引导客户期望值并维持在一个适当的水平，同时客户期望值需要与客户体验协调一致。我们可以通过个性化产品定制，便利快捷的服务，明确的服务承诺，增加顾客价值，减少顾客成本，进而提高顾客的满意度。

(1) 提供个性化定制服务提升产品价值。产品价值表现在功能、样式、可靠性等诸多方面，在向客户提供高质量的产品外，还可以发挥网络优势，通过个性化的定制服务从功能样式上做足文章。随着生活质量的提高和社会人本意识的不断强化，客户要求产品能体现个性化差异的需求越来越大，对个性化的产品越来越青睐。移动商务时代，定制改变了产品概念，产品是用户参与设计的，最能符合客户要求。

(2) 建立优质服务体系提升客户满意度。网络的最大优势是提供全面的产品信息。客户访问网站的主要目的是对公司的产品和服务进行深入的了解，企业网站的价值就在于灵活地向用户展示产品说明及图片甚至多媒体信息，在法律许可的范围内，可以发布一切有利于企业形象、客户服务以及促进销售的企业新闻、产品信息、促销信息、招标信息、合作信息和招聘信息等。企业可以通过建立网上的自动服务系统，依据客户的需要，自动、适时地通过网络提供优质服务；建立快捷、及时的信息发布系统，使企业的各种信息能及时地传递给客户；建立信息的实时沟通系统，加强客户在文化和情感上的沟通，并随时搜集、整理分析客户的意见和建议。

(3) 搭建快捷的物流系统提升客户满意度。在移动营销中，如果仅仅是提供了产品选择的便利,那这只是完成了购买过程的一半,关键是要有快捷的物流及时把产品送达客户手中。因此,要不断调整物流系统中的配送中心、运输线路等设施的布局、结构和任务来满足客户的需要,为客户提供不同的送货方式和送货期限。

(4) 建立长期关系维护客户满意度。关系营销强调企业与客户之间的互动,力求建立稳定的、兼顾双方利益的长期合作关系。它通过客户服务、客户参与、客户组织化等具有较高透明度的手段来进行,其目的在于减少交易成本、提升客户价值。因此,企业首先要考虑如何吸引新客户上线,以及如何通过为客户提供有价值诱因的商品信息和服务来建立与客户之间的关系,长期留住客户。因此,与传统商务一样,良好的信誉对网上企业至关重要。企业可以通过提供免费送货、无条件换货、降低价格等方式,在客户心目中建立良好的印象,进而促进客户连续购买,同客户建立起一个长期依存的关系。

7.2.3 客户忠诚度的培养

1. 客户忠诚度的衡量指标

客户忠诚度是指消费者在购买决策中,多次表现出来对某个品牌有偏向性的(而非随意的)行为反应,忠诚用户的数量决定企业的生存与发展,越来越被各个企业重视。顾客忠诚度是顾客忠诚的量化指数,一般可运用三个主要指标来衡量:

(1) 整体的顾客满意度(可分为很满意、比较满意、满意、不满意、很不满意)。

(2) 重复购买的概率(可分为70%以上、70%~30%、30%以下)。

(3) 推荐给他人的可能性(Net Promoter Score, NPS)(很大可能、有可能、不可能)。

其中,NPS净推荐值,又称净促进者得分,亦可称口碑,是一种计量某个客户将会向其他人推荐某个企业或服务可能性的指数。它是最流行的顾客忠诚度分析指标,专注于顾客口碑如何影响企业成长。净推荐值作为一个客户满意度衡量指标存在,直接反映了客户对公司的忠诚度。由于该指标的数值来源于现有客户和现有客户扩散的准客户比例,这个比例可以直接反映出企业在客户内心的认可程度和购买意愿,在一定程度上可以看到企业当前和未来一段时间的发展趋势以及持续盈利能力。

2. 培养客户忠诚度的策略

在移动商务中,客户的忠诚主要来自于对服务的满意程度,而一个客户的满意又会引来许多潜在的客户。做好客户服务,提高顾客忠诚度,企业才能真正地获得服务为产品带来的附加价值。

（1）了解企业的顾客。企业应尽可能地了解相关顾客的情况，提供最符合他们需求和消费习惯的产品和服务。一方面，通过双向沟通相互了解后，服务过程就会变得更加顺利，时间也会缩短，而且服务失误率也会下降。由此，为每个顾客提供服务的成本会减少，反过来企业的利润就会增加。另一方面，企业通过持续地了解顾客，可以满足顾客个性化要求。要做到这一点，必须获得更全面的顾客情况。

（2）控制产品质量和价格。产品质量是企业开展优质服务、提高顾客忠诚度的基础。世界众多品牌产品的发展历史告诉我们，消费者对品牌的忠诚在一定意义上也可以说是对其产品质量的忠诚。只有过硬的高质量产品，才能真正地在人们的心目中树立起"金字招牌"，从而受到人们的爱戴。当然仅有产品的高质量是不够的，合理地制定产品价格也是提高顾客忠诚度的重要手段。企业要以获得正常利润为定价目标，坚决摈弃追求暴利的短期行为；要尽可能地做到按顾客的"预期价格"定价。

（3）提高顾客满意度。顾客满意度在一定意义上是企业经营"质量"的衡量方式。通过客户满意调查、面谈等，真实了解企业的顾客目前最需要的是什么，什么对他们最有价值，再想想他们能从你提供的服务中得到这些认知的最好做法。但是，除了销售活动、售后服务和企业文化等因素外，顾客满意度的高低还会受法律等其他一些强制性约束条件的影响。对于那些由于心理特性和社会行为方式而背离曾经忠诚过的企业的顾客，放弃无疑是企业的最佳选择。从这个意义上讲，企业应尽可能地提高顾客满意度，而非不惜一切代价致力于全面的甚至极端的顾客满意。

（4）注意联络感情以稳定顾客。成功地把商品卖给顾客并不表示工作已完成，还必须努力让顾客再次前来消费。适时通过多种方式询问他们商品的使用情况及征求对公司的意见，会让客户感到关心和亲切。还可以奖励最具价值的客户，给以特殊对待，优先并精心准备他们的订单，有新品时优先选择，提供特殊服务或特惠等。为忠诚的客户提供奖励，不在于数量，而在于让客户感受到公司的诚意。这是一种维系顾客的好方法。

客户价值对于一个企业来说有什么意义？

任务 7.3　应用移动客户关系管理系统

7.3.1　企业实施移动客户关系管理的应用需求

1. 传统 CRM 系统的局限性

随着信息沟通技术的不断革新,电子商务、交通运输的快速发展,销售模式也在不断地变化。本地化、单一化的销售模式已发展成跨地域、多层级的复杂模式,销售形体越来越巨大,销售网点越来越广泛,需要进行沟通和交流的信息内容也越来越多,管理工作的压力也日益增加。传统固定地点才能操作的销售管理系统无法有效解决跨地域销售的信息沟通问题,无法确保销售工作各个环节统一有度、资源合理分配。现代企业业务都已使用业务信息化管理系统(CRM 系统)来管理和开拓业务市场,但不能随时随地使用,需要有随身化的业务系统。具体表现为以下几点:

(1) 小的销售网点因条件有限不能安装电脑,或是有电脑也无法连接总部的 C/S 架构的 CRM 系统。

(2) 促销活动和销售统计数据无法现场录入销售管理系统。

(3) 销售业务在客户处需要一个能现场查询产品信息或是紧急事件申批的功能。

(4) 渠道加盟商想了解公司相关货品的库存情况,需要第一时间看到新产品的价格和具体信息,以便快速完成销售铺货。

(5) 督导外出视察销售店面,统计工作和问题总结无法实时录入。

(6) 业务员分管区域多,经常出差,差旅途中需要有一个方便、高效的商务平台,以处理经销商和客户的订单等问题。

(7) 公司领导事务繁忙,出差途中需要不受场地和网络局限随时登录企业业务系统。

2. 企业发展战略的新需求

企业实施 CRM 的目的是增加利润,但它不是短期的急救药,而是长期利润的制造者。这种长期利润是企业通过集中精力于客户利益和价值而实现的,而非集中于企业所售的商品,因此以客户为中心,巩固客户与企业之间的关系是 CRM 的关键所在。CRM 最重要的准则是与所有客户联系的最优化,即个性化的接触。CRM 不仅仅是对客户数据的管理,还是对复杂的人与人之间的交流的管理。因此,企业的CRM必须能够提供客户化的服务,客户希望获得即时的、能够记住的客户化服务。这一规则在移动客户关系管理中依然适用。

移动技术扩大了客户的选择面,也给客户带来了前所未有的力量和自由,客户在购买和消费中取得了空前的控制权。企业和客户之间的交流方式也发生了变化,例如,手机的广泛使用带来了新的、个性化的交往途径。新的沟通方式需要企业整合客户数据管理的新技术,这必然给企业的组织机构造成影响,形成挑战。同时,衡量企业成功与否的标准也发生了变化,渠道导向的标准和产品导向的标准,如市场份额、品牌知名度、销售总额等概念要让位于"关系",诸如客户权益、终身价值、数据资产回报等客户导向的衡量标准。因此,企业营销战略的调整在所难免。移动客户关系管理的重要规则:企业从不惜一切代价取得新客户的传统目标转向客户满意度;从市场份额转向心理份额;从短期交易转向发展客户终身价值。企业通过对客户信息的传播和运用,最优化每一次客户接触。具体而言,体现在以下几个方面:

第一,确认对企业有永久性意义的消费者价值。

第二,了解这些价值在每个客户群中的相对重要性。

第三,确定如果执行这些价值会增加企业的利润。

第四,对每个客户群,按客户希望收到信息的方式,沟通并传送适当的价值。企业不仅需要知道如何传送,还要知道何时、何地以及客户是否希望接收企业的信息。

第五,对结果进行评价并计算投资回报率。

在移动电子商务环境下,移动客户关系管理规则更强调客户信息必须可以实时取得。取得客户的许可和以客户的方式交流,是企业管理客户关系的唯一途径,也是维系客户忠诚、留住终身客户、最终为企业赢得财富的唯一途径。

7.3.2 企业移动客户关系管理战略的实施

如今,我们所面临的不仅仅是一个网络主导型经济社会,它还正在迈向一个客户主导型经济和自由经济社会。客户是移动经济的控制者,他们想要的已不仅仅是产品和服务,还希望企业能够实时认识到他们的需要。对于企业而言,挑战则在于如何在产品和服务之外创造和传送客户价值,如何建立对客户需要和期望的实时了解,如何及时满足客户的每一次需求,这一点对于企业非常重要。根据美国营销科学研究所的报告,提供相对优质的(客户)价值的公司比那些提供相对劣质的(客户)价值的公司利润高3倍。

传送客户价值始于客户数据的整合,即把各个渠道的客户信息集中到一个报告中,然后把这些客户信息同整合传送机制联系起来。这意味着在每一次面对客户时,都能实时得到客户体验的所有信息。目前,还没有一家企业能够完全做到这一点。这里仅用示意图来说明,如图7.4所示。

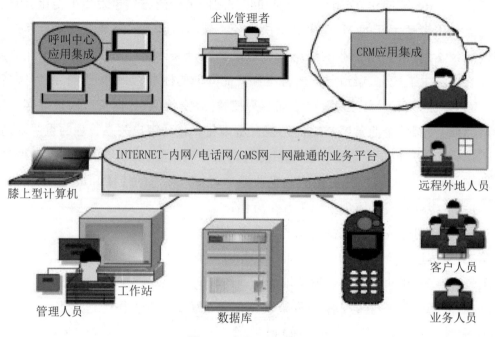

图7.4　企业CRM管理

1. 企业对实施移动客户关系管理的认识

对任何试图实施移动客户关系管理的企业,移动的无线工具为个性化和合作提供了空前的可能。这些工具使得买卖双方能够随时随地实时地合作。移动客户关系管理最重要的方面是客户和企业之间的对话,而随时随地的交流能力可以解决一个长期的CRM问题。一些CRM项目失败的主要原因之一是应用方案的使用者(如现场销售队伍)没有输入他们应得的相关客户数据,因而企业的呼叫中心和企业的服务部门不能及时得到管理客户关系所必需的重要的客户信息。而将这些信息输入移动信息系统,企业就能够在与客户接触时立即获取这些信息。企业越是能提取客户所需的信息,就越能从与客户的接触中得到回报,同时也改进了客户体验。

一方面,企业应认识到移动技术的发展和应用给顾客观念带来的变化。智能家庭技术的出现、发展和不断应用给顾客的观念带来了变化,无线的家庭化对企业的CRM有着深远的影响。一是无线的家庭化会给顾客的观念和期望值带来影响,二是家庭无线化和由此产生的无缝信息传输和通信将使客户在技术上"更加聪明了"。

另一方面,企业还应认识到通过移动市场营销给客户带来的价值。在移动环境下,为了让客户关系真正有效,企业不能只运行CRM战略的一部分,而要对不同渠道的客户信息进行不同处理,运行整个战略来发挥其潜力,这需要一个跨渠道的CRM解决方案。未来的市场营销中,移动技术将在市场营销中扮演重要角色,移动电子商务营销将进入客户体验的方方面面,从知晓、购买、拥有、升级、服务到支持。隐私和安全也是未来通信的一部分,这些实践将带给客户参与和使用的信心。

移动电子商务营销给客户带来三个方面的价值:相关性、时效性和互动性。在移动电子商务营销中,这些因素如何结合呢?时效性是移动电子商务营销的核心,然后是相关性,最后是互动性。要建立成功的客户关系必须将三者有机地结合起来。通过时效性,快速传递产品和服务;通过相关性,给客户带来切实的价值;而通过互动性,实现同时提高企业和客户双方的收益。如果只有客户收益,企业的投资就会化为乌有;而只有企业收益,客户就会流失。

2. 企业实施移动客户关系管理的投资分析

建立强有力的客户交流、接触、选择性和持续性,可以为企业带来成功的长期客户关系。但企业经营的最终目的仍是获得利润,因此,企业仍然需要判断在移动客户关系管理方面的投入是否明智。

(1) 分析从客户关系中获得的收入与服务客户的成本。以从客户及客户关系方面得到的收入,判断企业收入的来源,分析客户的消费时间、频率和消费额以及是否通过企业的移动合作伙伴为企业带来利润;通过跟踪来自客户、合作伙伴和同盟者的利润流情况,判断是否与其继续合作;通过分析客户的消费趋势,判断企业收入随时间增长还是减少;了解客户的终身价值,这对于企业考虑从客户那里得到收入与服务客户的成本非常重要。

(2) 分析管理客户关系的费用支出。如果有可能,企业要尽量将服务客户的成本开支按客户的层次分配。从长远来看,这对建立有利润的客户关系战略与系统至关重要。如果留住某些客户的成本太高,与其交流和开展移动客户关系管理战略的费用太大,对于企业而言是得不偿失的。企业必须知道哪些客户值得为之开展移动客户关系管理。

客户价值是所有现在的与潜在的客户折现的终身价值之和,企业要想判断是否应投资移动客户关系管理以及投资的方向,可以根据企业总体客户价值最大化原则来判断。建立客户价值的战略分为以下三个重要方面:品牌战略、价值战略和关系战略。企业只有知道什么是客户价值的主要推动力,在该方面的战略投入才能取得高的市场回报。因此,能够使客户价值同时也是企业价值增加的战略才是企业的战略投资方向,其关键在于投资对于增加客户资源的效用。

客户服务战略关系到企业的长期生存能力。移动技术是形成和发展这一战略的有力支撑。质量、价格以及创新的先进性已不是市场竞争的唯一主导，客户满意度、交付时间已成为竞争过程中的主要比较指标。移动技术是摆脱桌面系统束缚和物理界限的革命，其随时通话、娱乐、网游的特点，使移动客户关系管理效率和员工效率更高。客户获得和保留而带来的利润增长是成功竞争的要素，企业需要更多地从留住客户而不是发展客户、个性化服务而不是大众营销、客户的参与度而不是市场占有率方面做更多的思考，将内部资源与客户战略最佳匹配。另一方面，部门之间的摩擦、员工安于现状等问题使企业实施移动客户关系管理面临更大的挑战。在这种情况下，移动客户关系管理的成功实施主要得益于有效的战略管理。单纯地从技术的角度来实现复杂的应用，只会导致移动客户关系管理最终实现的延期，以致影响到最终的成败。

3. 企业实施移动客户关系管理的关键

企业实施移动客户关系管理的关键在于解决以下问题：

（1）企业采取何种措施才能随时随地了解客户并对其需求作出反馈。它包括消除企业各种系统之间的相互交流的障碍；选择具体的移动装置；除整合数据与装置外，还要整合渠道。

（2）移动技术如何与企业总体的CRM相结合，并成为其组成部分。它包括将移动CRM战略与现行的和开发中的基于网站的CRM战略以及传统的CRM方式结合在一起；克服组织、战略和资源方面的障碍，使客户得到无缝的服务；实现移动客户关系管理与企业现有战略的融合，并考虑到企业提供的移动体验与客户的期望值不协调时给企业带来的负面影响。

（3）如何让客户方便地、随时随地与企业联系。它包括以最简单的方式与客户建立关系，提供智能化的"客户允许"，了解客户行为，了解客户如何才能找到企业并提供信息；引导客户与企业接触，并提供信息以得到更好的服务。

（4）如何更好地为客户服务，如何才能准确地知道客户关心的重点，即客户在哪些方面希望企业做得更好。要想准确理解企业与客户的关系，需要新的模型和新的工具，特别是在对客户关系价值作出准确评价时，如企业是否应该为某个客户投资，投资多少。企业应开发或应用已开发的模型判断：客户关系价值如何随时间而改变，不同的客户存在价值差别的原因和体现，成功的CRM战略如何增加企业的总体价值，如何建立品牌与客户强有力的联系等。

（5）如何获得客户信息，这些信息源于何处。在客户允许的条件下使用信息，确保客户信息的准确、安全是任何CRM战略成功的关键。

（6）企业组织中何人负责信息和通信的正常运转，并确保需要信息的人在需要的时间和地点获得信息。

（7）企业需要利用何种外部资源，哪些能力需要掌握在企业自己手里。为了达到最大的灵活性，企业可能需要将关键的CRM系统外包。如果采取外包的方式，要考虑客户关系在何种程度上可信任地交给第三方。如果由其他企业来处理本企业的移动CRM，CRM系统或数据分析，要考虑客户隐私的处理问题。企业在考虑外包问题时，关键是要了解什么是本企业的核心能力，如果客户群是企业最重要的资产，企业不宜将CRM外包，可以自己建立或购买；如果是创新型企业或物流企业，可以将一些CRM需求外包出去。

（8）企业外包CRM时，应深入了解合作伙伴并建立明确的契约关系，签订正式的移动方案合作协议。

（9）为了实施移动客户关系管理，企业是否需要进行相应的调整。企业实施客户关系管理，可以重新规划企业组织，进行全方位的组织再造；也可以只进行试探，尽可能地不破坏企业现存的结构。采取何种方式，往往取决于企业高层决策者对于企业文化内涵的理解和判断。

4. 企业实施移动客户关系管理的效果衡量

（1）企业衡量客户关系的指标。

① 交流，即企业与客户之间的关联度。包括以下几个指标：

☞ 流入与流出的百分比。即企业与客户的交流有多少是由企业提出的，有多少是由客户提出的。由企业提出的交流包括直接邮寄、E-mail、通话、即时短信等，由客户主动提出的交流包括发E-mail、通话（以有线、无线或来人的方式）、即时短信，包括对企业邮寄材料的回复。

☞ 交流的程度。客户与企业进行实时交流的程度，包括企业与客户通信交流的时间长短、交流频率以及满意程度。

② 接触度，即客户与企业接触交易时的难易程度。包括以下几个指标：

☞ 易接触度。客户以自己的方式在其方便时与企业接触的难易程度，包括客户与企业接触时遇到障碍的多少，企业为提高在客户眼里的易接触度可以进行的改进等。

☞ 易交易程度。客户找到企业并成功地与企业交易的难易程度，包括企业提供的客户支持如何，客户是否得到所需的信息，企业系统对客户要求的反应是否迅速。

③ 选择性，包括选择与准入的程度和信息自我披露的程度。包括以下几个指标：

☞ 选择与准入的程度。企业在开发客户选择并允许企业接触的方案时，对接触程度应有一个量化的概念。低程度的准入相当于客户仅仅为企业提供姓名和电子邮件地址；中等程度的准入意味着客户允许企业在特定情况下与其手机联系；高程度的准入则意味着客户愿意在企业有重要的事情要告知时，可以随时与其联系。

☞ 信息自我披露，即客户向企业展示自我的程度。除了准入外，企业可以通过检查客户是否愿意向企业披露自己的信息来衡量企业与客户的关系，如企业是否知道客户的姓名、电子邮件地址、手机号码、家庭住址、家庭电话、出生背景、心理情况、个人爱好和采购习惯等。

④ 持续性，即客户对企业的忠诚程度，转向竞争对手的可能性有多大。包括以下几个指标：

☞ 数据量份额，即企业在客户日常的移动生活中的位置如何。如在客户的"显示屏"上排在什么层次，是否在客户最喜欢的名单上，在客户的移动装置上是否留有联系信息等。

☞ 学习型关系。根据企业对客户的了解，判断客户利用和欣赏企业的独特服务与交流的程度如何。客户对企业的个性化交流的价值要有所了解，个性化体现在与客户交流的地点、内容、方式和时间上，企业个性化服务对客户的价值越大，客户的持续性就越长。

☞ 口碑。客户对企业的正面评价往往表明对企业的忠诚度，给企业带来良好口碑的客户将是企业的忠诚客户。

(2) 客户行为的效果衡量。

客户的以下行为表明企业的移动客户关系管理已经获得了成效：

① 客户将企业号码存入手机，将企业的E-mail存入PDA，将企业网址放入智能手机的收藏夹中。

② 客户允许企业参与，并与他们接触。

③ 当企业认为客户希望知道时，客户允许企业与之联系。

④ 客户定期与企业联系，并知晓企业。

⑤ 客户定期从企业购买产品或服务，并计划继续购买。

⑥ 企业与客户保持关系的长期成本小于长期的潜在收益。

⑦ 企业如果在客户购买份额和客户接入份额两个方面获得了成功，那么企业的移动客户关系管理战略就是成功的。其中，客户购买份额是指在有机会服务客户的领域里，企业获得的客户购买的百分比。它可表示客户继续与企业合作的可能性及以后企业客户的购买量。客户接入份额是指客户接触企业某个产品或服务领域时，投向企业的交往（思考、接入、对话、交流）的份额及对这一领域的客户而言企业的重要性如何。

实施移动CRM的关键问题是什么?

学习本项目应重点把握以下要点:

1. 掌握移动客户关系管理的概念,了解移动商务客户关系管理的发展。
2. 掌握移动客户数据分析,能够开发移动客户,学会培育客户忠诚度。
3. 了解移动客户关系管理的实施,掌握移动客户关系管理实施的关键,能够通过合适的方法来开展移动客户关系管理活动。

1. 分组进行关于淘宝网移动端的客户满意度的调查分析,根据整理的调查结果加以讨论,分析相关原因,提出能够提高顾客满意度的方案与措施。
2. 结合自己的移动购物体验,比较分析京东和天猫移动客户端在客户服务方面的异同。

项目 8 探索移动电子商务新趋势

  知识目标

- 了解移动直播的概念及分类
- 了解移动微店的概念及分类
- 熟悉团购概念和发展历程
- 掌握短视频的概念及分类

  能力目标

- 能够应用移动直播平台创新创意
- 能够应用移动微店创新创意
- 能够应用拼多多平台创新创意
- 能够应用短视频创新创意

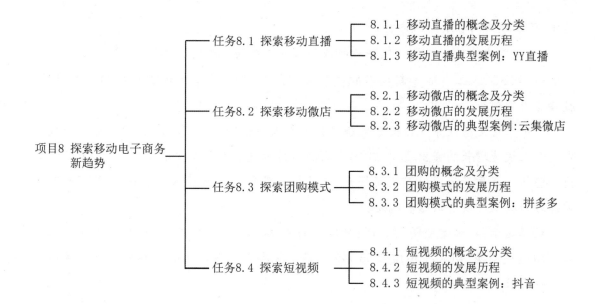

2019京东商品短视频报告：商品短视频优质生态助力零售高质量增长

从2019年开始，京东零售的变革之路开始表现出从追求数字的迅猛增长，逐渐转变为实现有质量的加速增长，同时构建优质生态不断拓展零售创新模式。京东零售生态业务中台商品平台业务负责人裴建东表示："包括图片、视频、文本等视觉要素在内的商品视觉体系，是商品平台能力建设的重要组成部分，同时也是用户对于商品的第一个直观感受。随着技术的不断升级完善，越来越多的用户习惯于通过短视频、AR、3D等方式对商品进行了解、认识、使用和反馈。"

近日，京东零售生态业务中台与京东大数据研究院联合发布了《2019京东商品短视频报告》，通过对京东商品短视频全年的数据分析、业务发展的挖掘梳理，解读了短视频在电商领域的新发展、新成果和新机会。报告总结了商品短视频发展五大趋势：

☞ 短视频内容全面覆盖多个零售场景，并对各个场景下的业务转化持续产生越来越显著的影响。

☞ 短视频业务渗透到商品的全生命周期，从最初的售前阶段不断深入至售后阶段，后续可以期待它将在线下再次引流线上带来新思路。

☞ 内容电商场景下，短视频注入的社交性和互动性继续吸引用户关注，带来优质转化,已经成为内容层面风向标。

☞ 视觉内容的价值最大化释放将成为行业发展演进中的新赛道。

☞ 在5G、人工智能等新技术的发展大背景下,将从根本上促进短视频服务模式、服务能力的创新。

京东零售生态业务中台视觉生态业务负责人胡长健表示:"相比2018年商品短视频在数量上快速增长的突出表现,2019年商品短视频发展有着明显的新特征,一是商品短视频整体内容质量较以前有明显提升,二是视觉服务生态雏形逐渐显现,三是商家对视觉内容的版权价值意识越来越高。"

数据显示,在大促期间,主图视频单日播放量峰值突破20亿次,其中POP品类的播放量增速更明显,同比去年增长65.94%。晒单视频在大促期间的视频发布总数量同比去年也增长了60.38%。

1. 青年和老年构成用户新增两极,下沉市场增长更显著

商品短视频用户画像中,80后为主的短视频用户数量占比日趋饱和,对比去年的用户年龄分布,16~25岁、56岁以上这两个年龄段的用户群体占比增长最为明显,年轻化和老年化两端的用户人群成为新增长的关键人群。使用行为上,男性用户更爱观看商品短视频,而女性用户更喜爱发布晒单视频,具体情况如图8.1所示。

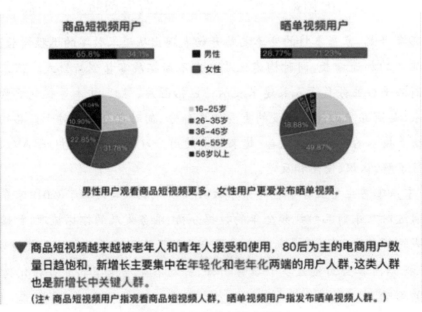

图8.1 商品短视频用户画像

商品短视频用户地区分布数据显示,观看人群最多的地域毫无意外依然集中于北京、上海、广州、深圳、成都这样的一线和新一线城市。但观看人群增长速度最快的地域

中,来自下沉市场的占比逐年增长,增长速度也更抢眼。一方面是短视频在下沉市场用户的使用习惯普及,另一方面对于这类增长的突破也体现出京东零售针对下沉市场的用户获取能力逐渐提升。

2. 视频说明书助推消费者体验升级

2019年京东商品短视频的优质发展呈现全渠道、多触点,视频制作方式更多样,渗透零售更多购物阶段的态势。商品短视频在多端化的消费场景中迅速覆盖,在全渠道中提升消费者体验,帮助商家在短视频场景中增加更多消费者触点,提高商品转化率;提升商家视频生产能效,形成满足商家多场景需求的四大服务模式供给矩阵;短视频服务场景持续渗透,深入至商品全生命周期中的售后阶段,其中视频说明书、AR说明书等新应用场景落地有望成为助推线上消费体验升级的有效措施。

3. 视觉服务生态雏形逐渐显现

在促进优质增长的大目标下,京东视觉服务生态不断丰富服务类型、服务模式,从视觉服务升级、视频内容营销、商家视频制作能力、视频需求第三方服务能力提升、视频内容质量审核等各个方面都进行了优化升级,以更优质的视觉服务生态促进零售有质量的增长,如图8.2所示。

优质短视频内容营销
促进商家在各类营销活动中的做强质转化。

视觉服务整体解决方案
店铺整体视觉升级拉动产品销量。

视觉产教融合培训
对商家/服务商/第三方机构/高校多方的产教融合培训,提升优质视觉内容产出能力,也商运营能力。覆盖600+商家,20+高职院校。

商家视频制作能力提升
视频制作工具智能高效地提升商家视觉产出效率,用户增长120%,视频数量增长50%,覆盖平台上90%的视频来源。

视频内容审核
审核研发成本投入增加200%,升级智能审核业务,审核时效大幅提升。

视觉内容知识产权
视觉内容版权保护,原创视觉内容增值变现,突显电商视觉数字资产价值。

视频需求服务能力提升
生态合作伙伴数量持续增长,200+机构服务范围涵盖全国各大省市,增值服务订单量同比云年增长47倍。

图8.2 优质增长下的视觉服务生态

4. 视觉生态赋能多元的社会化场景,视觉内容版权价值被重视

视觉生态多元化的服务新发展中,京东视觉在新营销、新经济、新场景、新赛道和新增长五个新方向上进行了探索。优质短视频内容营销带来高转化,视觉解决方案升级拉动电商精准扶贫,视觉数字资产保护与增值开辟电商视觉内容商业化新赛道,视觉一

体化服务推动数字经济产业园快速增长,以及短视频结合电商售后服务生态引入新的场景应用。这些新合作、新应用的落地是视觉生态赋能到社会化场景中的案例探索,同时也为视觉商业化发展带来更多新思路和新机会。

随着近年来商家对视觉内容的版权价值意识越来越强,各大平台对商家视觉内容知识产权的价值保护和价值释放也越来越关注,在这一领域的商业化落地成为全新的赛道,并且将对推进电商原创生态良性发展产生积极影响。

京东视觉以视觉生态为核心,围绕商家视觉类需求整合行业资源,串联上下游多类型服务供应商,为商家需要的视觉服务打造供应链生态圈,帮助商家、供应商、零售商多方获益,实现成本、效率和用户体验的全面优化。

(资料来源:https://m.mydrivers.com/newsview/676172.html)

任务8.1　探索移动直播

8.1.1　移动直播的概念及分类

移动直播主要指用户通过移动端进行制作或观看直播视频,其中包括通过PC端进行视频直播,而观看者通过移动端进行观看,或制作者通过移动端进行视频直播而观看者通过PC端进行观看等。主要表现形式大多为移动视频直播平台在移动端APP为用户提供服务。

目前移动直播平台大体上可分为以下四类:

(1)泛娱乐直播。与主播高度相关的直播类型,直播的主要内容在于观众和主播的交流互动,带有较强的情感色彩与社交属性。

(2)游戏直播。游戏直播伴随着游戏产业的兴起而发展,通过评论、弹幕等与用户实时交互,以游戏直播内容为主的直播平台。

(3)垂直直播。直播作为一个传播载体,可以与其他行业良好地结合并获得1+1>2的效果。目前主要有"电商直播""旅游直播""财经直播"等。

(4)版权直播。包括电视直播、活动直播及自制节目直播。属于较为传统的直播类型,以第三方客观角度对活动现场情况进行传递。

8.1.2 移动直播的发展历程

1. 国外移动直播发展历程

2014年至2019年期间国外视频领域兴起了一批直播平台,其中游戏直播平台Twitch、综合直播平台Periscope和移动直播应用Meerkat占据强势地位。之后,Amazon收购了Twitch,Twitter收购了Periscope,而Facebook、Google等互联网巨头也纷纷推出直播应用,独立直播平台生存空间受到挤压,以Meerkat为代表的部分平台无法突破用户增长瓶颈,选择转型或放弃直播业务,直播行业资源逐步集中。Livestream是美国一家高清直播网站。公司拥有190名员工,总部位于纽约市,在世界各地设有办事处。Livestream每月拥有4000万观看用户和100万主播。Niconico live是日本最大的视频网站Niconico旗下直播频道,它是日本最大的直播网站。AfreecaTV是韩国最大的直播网站,目前股东和经营者是AfreecaTV有限公司。直播栏目包括游戏、聊天、吃货、美容、音乐、体育、K-POP、电视台节目、动漫、教育、创业空间、实时现场、股票金融、生活信息、购物。

面临巨头鼎立、日趋激烈的竞争,直播领域各玩家纷纷出招,通过社交属性、明星效应、内容创作等方面吸引用户,建立社交氛围与内容资源等方面的差异化优势,提高用户留存率与在线时长。此外,伴随着VR技术的逐步成熟,部分直播平台已开始尝试打造虚拟现实流媒体网站,帮助视频直播者创建VR沉浸式体验,如图8.3所示。

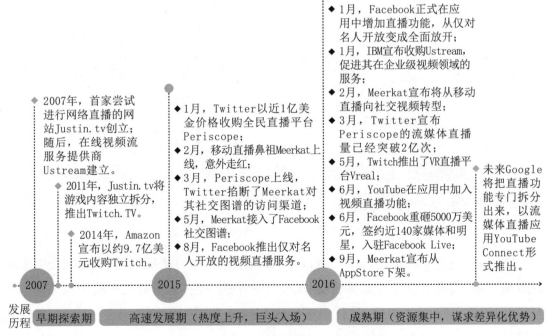

图8.3 国外移动视频直播行业发展历程

2. 中国移动直播发展历程

伴随着移动时代的来临及直播类型的不断拓展,视频直播历经了多个发展阶段。如图8.4所示。

(1) 2010年以前,PC秀场直播占据直播领域的主流市场。

(2) 2010年左右直播平台相继推出了Web版和APP,开始探索移动直播。

(3) 2014年开始,多家游戏直播平台集中上线。

(4) 2015年初移动直播进入爆发式增长阶段,移动直播平台数量井喷且直播用户大幅增加。

(5) 2016年之后多家直播平台与电商、旅游、体育等行业跨界合作,行业垂直细分领域崛起。

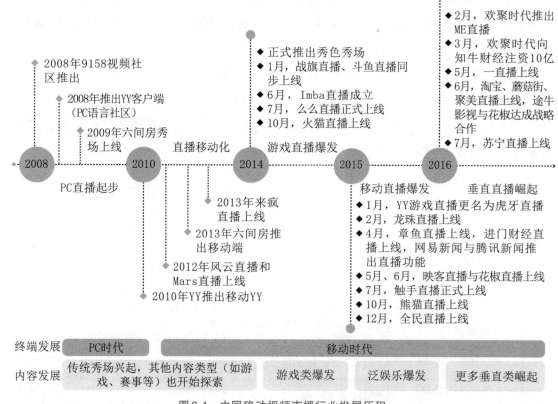

图8.4 中国移动视频直播行业发展历程

2015年年初至今,直播热度大增,从红衣教主周鸿祎的花椒直播、国民老公王思聪的熊猫直播,到明星投资人如黄晓明、汪峰等的接连下注,运营商之一的中国移动也推出了"国资背景"的咪咕直播,整体形势持续走高,获得了市场的广泛关注,BAT等巨头亦纷纷入场。

腾讯布局广泛，涵盖了游戏、体育、明星、泛娱乐、教育、生活等多个维度；阿里则结合电商业务推出了淘宝直播和天猫直播，使其成为了电商生态的一部分，此外，还通过全资子公司合一集团间接布局泛娱乐直播、游戏直播等领域；百度除了将直播功能与现有业务如地图、视频等相结合，助力业务体系发展外，还在泛娱乐直播领域多点布局，进行纵深探索。

巨头布局直播，多是将其作为自有生态闭环的一部分，联动流量、数据、业务等各个方面。同时，巨头能够为直播平台/业务导入大量流量，并在运营策略、技术实力等方面给予支持。直播行业布局如图8.5所示。

图8.5　BAT直播行业布局

2016年移动端泛娱乐类直播平台用户增长迅猛，其中花椒、触手、映客及全民直播用户规模均有飞跃式发展。此外，较早进入移动直播领域的斗鱼、视吧、映客、YY月活跃用户均超千万，已形成一定的市场规模。移动时代来临，但PC端仍然保持相当的用户吸引力，老牌直播中月活跃用户超千万平台有天鸽互动、斗鱼、六间房、龙珠、YY及直播吧等。移动直播平台发展盘点如图8.6所示。

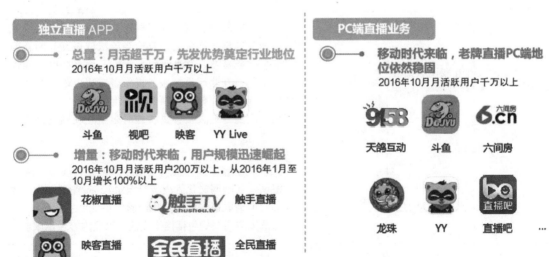

图8.6　移动直播平台发展盘点

传统直播以电视直播为主,而后是秀场直播兴起,直播的娱乐属性逐渐增加。到2015年后半年移动直播兴起,直播门槛大大降低,直播进入全民化时代。随着用户规模的扩增,用户需求的提高,直播的内容层面逐渐进入更新迭代时期,PGC(Professionally-generated Content,专业生产内容)内容占比不断提高,直播平台也从早期的提供传播渠道向内容生产者角色转变。用户角度从以往的观赏者向制作者转变,黏性更加提升。

直播的迅速发展不可避免地产生了一些行业乱象,"造娃娃""飙车"等直播内容给社会带来了不良的影响。因此,2016年政府开始出台相关政策,对移动直播进行监管。直播行业相关政策法规如表8.1所示。

表8.1 直播行业相关监管政策

发布时间	政策名称	发布主体	主要内容
2016.04	《北京网络直播行业自律公约》	百度、新浪、搜狐、爱奇艺、乐视等20家网络直播平台	1. 网络直播房间必须标识水印; 2. 内容存储时间不少于15天备查; 3. 主播必须实名认证; 4. 涉政、涉枪、涉毒、涉暴、涉黄内容的主播,情节严重的将列入黑名单; 5. 审核人员对平台直播内容进行24小时实时监管。
2016.09	《关于加强网络视听节目直播服务管理有关问题的通知》	广电总局	开展网络视听节目直播服务应具有相应资质;对开展网络视听节目直播服务的单位应具备的技术、人员、管理条件,直播内容,相关弹幕发布,直播活动中涉及的主持人、嘉宾、直播对象等作出了具体要求。
2016.11	《互联网直播服务管理规定》	网信办	联网直播服务提供者和互联网直播发布者在提供互联网新闻信息服务时,都应当依法取得互联网新闻信息服务资质,并在许可范围内开展互联网新闻信息服务;互联网直播服务提供者应积极落实企业主体责任,建立健全各项管理制度,配备与服务规模相适应的专业人员,具备即时阻断互联网直播的技术能力。
2016.12	《网络表演经营活动管理办法》	文化部	从事网络表演经营活动的网络表演经营单位,应当根据《互联网文化管理暂行规定》,向省级文化行政部门申请取得《网络文化经营许可证》,许可证的经营范围应当明确包括网络表演;直播内容做出限制。
2017.04		网信办	根据《互联网直播服务管理规定》依法关停了18款传播违法违规内容的网络直播类应用

续表

发布时间	政策名称	发布主体	主要内容
2017.05		文化部	对50家主要网络表演经营单位进行集中执法检查。YY直播、龙珠直播、火猫直播、秒拍等30家内容违规的网络表演平台被查处，12家网络表演平台被关停
2018.02		网信办	根据《网络安全法》《互联网新闻信息服务管理规定》《互联网直播服务管理规定》等法律法规，会同工信部关停下架蜜汁直播等10家违规直播平台；将"天佑"等纳入网络主播黑名单，要求各直播平台禁止其再次注册直播账号；各主要直播平台合计封禁严重违规主播账号1404个，关闭直播间5400余个，删除短视频37万条。

8.1.3 移动直播典型案例：YY直播

YY（歪歪）直播平台如图8.7所示。，隶属于欢聚时代YY娱乐事业部，是国内网络视频直播行业的奠基者。目前YY直播是一个包含音乐、科技、户外、体育、游戏等内容在内的国内最大全民娱乐直播平台，注册用户达到10亿人，月活跃用户达到1.22亿人。其最早建立在一款强大的富集通信工具——YY语音的基础上。

图8.7　YY直播平台

YY内容分类主要包括才艺类（用户原创才艺展示、专业制作内容）、旅游类（用户原创户外相关内容，与旅游景区、旅游网站等合作打造的旅游节目）、游戏类（按照热门游戏设立细分频道，用户可直播游戏过程、游戏解说等内容）等，内容丰富，迎合各类用户的喜好,如图8.8所示。

图8.8　YY直播平台内容分类

在视频直播的竞争中,YY直播将更加倾向于布局移动直播的生态圈。相比于斗鱼、战旗这类直播平台更加"垂直",用户更加专注于游戏、电子竞技等领域,并不适合大范围的社会事件的"发酵",在进行更加细分场景化的深度搭建时存在一些天然障碍,YY的综合性使其在社交上有更得天独厚的基础。

移动视频直播的兴起拓宽了其应用场景,直播不仅仅是一种表演形式,也是用户获取信息、满足需求(互动娱乐及社交等)的重要途径。因此,单一直播类型已不再能满足当前用户对于直播的全部需求,各平台通过更专业化的内容IP生产,不断吸引用户及粉丝的关注,优秀的主播及内容将成为未来平台间争夺的主要资源。线下活动资源对线上直播的关注也打开了其线下线上传播的通路,优质活动的影响力借助直播平台进一步扩大。基于内容类型的丰富,原有娱乐价值将拓展为社交价值、媒体价值、营销价值、教育价值并重。

从整体来看,不论是线上还是线下,用户更为关注与自身兴趣和需求相关的直播内容,同时为专业化知识和内容付费的意愿更强。移动直播不再仅仅扮演流量入口角色,更多地承载了流量变现的功能。而平台中的内容及平台自身也在获取用户注意力的同时,创造了更大的影响力。

商家通过自己组织的直播来给消费者展示商品的质量和其他细节,比如服装试穿、化妆品的实际使用等,直观地证明商品的质量,同时有些商家在直播中还会做一些相对技术性的讲解,这都有助于消费者下单。在渠道选择上直播更多的是在移动端,因为移动端更加方便和适用,对于观看直播的用户来说也更加灵活。直播的目的是让消费者更直观地感受到商品的优势,从而产生购买欲望,提升商家的销量。

在新经济快速发展的背景下,"直播带货"尤其是"网红带货"成了电商新风口。直播带货指的是通过视频直播平台,进行现场直播卖货的模式。目前带货平台以淘宝、快手、抖音为主。

图8.9 淘宝直播平台

直播带货有一个完整的链条,这里面的角色有平台、电商公司、直播机构、资源整合者。

平台:平台方指的是直播平台,直播不是新鲜事物,但是直播带货的元年是从2019年开始的。

电商公司:电商公司是直播带货的核心玩家,是受益者,也是金主。2019年双十一,淘宝直播一小时的成交额超过了2018年双十一直播一天的销售额,为每一个商家指明了新的方向。直播有流量,有转化,更有利润。不管是年销售额过亿,还是刚刚上线淘宝的小店,纷纷开始了自己的直播,或者找网红直播。目的只有一个,即多卖货。

直播机构:直播机构指的是孵化直播网红的机构,有些是MCN转型,有的是直接招募网红,做直播带货。各有各的玩法,但都往带货方向去培养。

资源整合者:一方是直播网红机构,一方是电商卖家,两者不一定能对接到一起,这就诞生了资源整合者,也就是中介——左手一大批网红资源,右手一些想要花钱推广的厂家。

目前电商进行直播带货有以下两种方法。

(1) 自建直播间,培养自己的带货主播。

优点:成本低,可控性强,是电商的主流玩法。参与双十一的电商中,有一半都搭建了自己的直播间。在直播间进行直播的,是普通的员工。

缺点:流量少,带货效果不佳。直播带货是个新鲜事物,大家都来尝试,但做得好的很少,一是不熟悉平台规则,不知道如何获得流量和吸引关注。二是缺乏销售技巧,带不动。风险与机遇并存的情况下,关键在于公司的运营水平。

(2) 找网红达人带货，付费推广。

优点：见效快，分分钟卖断货。找什么样的网红，要根据自己的产品来选择。

缺点：投入高，效果无法保证。既然是做推广，多花钱是肯定的。尤其是直播带货的市场还不太透明的当下，价格虚高、数据作假的情况不少。

列举实例说出你常用的直播APP。它们有什么不同之处？

任务8.2　探索移动微店

8.2.1　移动微店的概念及分类

微店是微型网店的简称，是在移动商务浪潮下诞生的一种网店模式，可以帮助卖家在手机端开店。任何人通过手机号码即可开通自己的店铺，无需库存，无需发货，不用处理物流，只需通过社交圈进行推广，即可从网络销售中获得佣金收入，是一种高效的网络分销模式，供应商负责发货，微店主负责推广。微店对供应商来说，节约了推广成本，对微店主来说，是零成本创业平台，所以它具有简单性和易用性。

目前主流的微店平台有以下几类：

1. 口袋购物（微店）

微店由北京口袋时尚科技有限公司开发，是基于社交关系的电商平台。2014年1月1日上线，到2018年年底已吸引7200万商家入驻，遍布全球211个国家，是全球增长速度最快的电商公司。平台商品数高达15亿，与京东持平。1.7亿次APP总下载量，平均日活跃用户高达百万量级。微店APP如图8.10所示。

2. 有赞

2016年1月29日有赞买家版正式上线，通过产品和服务，帮助互联网时代的生意人管店、管货、管客、管钱，在网上获取订单，涵盖美食、美妆、男装、女装、配饰、母婴、居家、数码、户外等多个类目。有赞微小店给商户提供强大的微店铺和完整的移动零售解决方案，帮商家管理客户、服务客户，通过各类营销手段产生交易获得订单。有赞APP界面如图8.11所示。

图 8.10　微店 APP

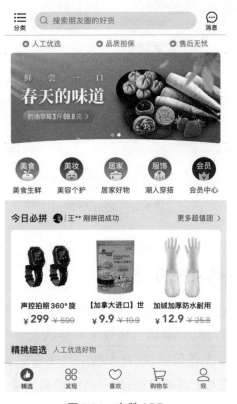

图 8.11　有赞 APP

项目 8　探索移动电子商务新趋势

3. 萌店

萌店是国内移动社交电商平台,隶属于上海微盟企业发展有限公司,于2015年上线。萌店平台致力于为消费者提供美食与生活消费领域品质商品,凭借"移动社交+聚合营销"的购物理念,以全新的拼团模式,通过用户主动分享,产生商品大量曝光,满足消费者收获商品的同时,分享有价值的信息,是提高购买性价比的平台。萌店APP界面如图8.12所示。

图8.12　萌店APP

8.2.2　移动微店的发展历程

2011年5月王珂创立口袋,专注电商导购,推出第一款产品APP"逛淘宝",后更名为"口袋购物"。2013年7月推出"微店",搭建了专业的卖家平台,2014年1月初"微店"正式上线。微店注册便捷,操作简单,没有太高的技术要求,使用门槛低。用户可以免费使用微店,产品自有价值大于市场价格,用户持续增长。

2014年5月29日,微信公众平台宣布正式推出"微信小店",将形形色色的小店搬进微信里。登录微信上的服务号,即可获得轻松开店、管理货架、维护客户的简便模板。这不但让曾经的那句"微信,不仅仅是聊天工具"成为现实,也让移动电商大战正式拉开战幕。微信小店是基于微信公众平台打造的原生电商模式,包括添加商品、商品管理、订单管理、货架管理、维权等功能,开发者可使用接口批量添加商品,快速开店。"微信小店"的上线,意味着微信公众平台上真正实现了技术"零门槛"的电商接入模式。

在微信推出"微信小店"功能的数月,京东旗下的拍拍网也对外宣布:基于移动端的微店铺"拍拍微店"将面向拍拍网上所有的企业和个人商家开放,商家可以通过wd.paipai.com申请拍拍微店的开通及装修。拍拍微店降低了开店准入门槛。用户可以从微信、手机QQ等登录拍拍微店,通过微信支付在其中购物,货款统一支付到拍拍网账户,消费者收货确认后,再由拍拍网支付给商家,整个流程与淘宝购物类似。2015年12月31日,为了公平对待合法经营的商家、保护消费者权益,京东集团决定停止提供C2C模式(拍拍网)的电子商务平台服务,并在3个月的过渡期后,于2016年4月1日起,彻底关闭C2C模式的电子商务平台服务。

8.2.3 移动微店的典型案例:云集

云集是一家从事电子商务平台研发、运营的移动互联网公司。云集APP是云集共享旗下的精选制社交零售平台,于2015年5月正式上线。为店主提供美妆、母婴、健康食品等上万种货源,并有商品文案、手把手培训、一件代发、专属客服等特色服务,是个人零售服务平台。云集致力于通过"精选"供应链策略以及极具社交属性的"爆款"营销策略,聚焦商品的极致性价比,帮助亿万消费者以"批发价"买到全球好货。经过3年多的发展,截至2018年8月,云集已经和达能、欧莱雅、强生、伊利、高露洁、飞亚达等多家国内外一线品牌以及番茄派、大希地、德尔玛等优质新锐品牌签订战略合作,拥有超过3300万注册用户,单日销售额最高超过5.88亿元。2017年云集通过4000多款精选商品,完成超100亿元年度销售总额,同比增速超400%。2018年4月23日,云集宣布完成1.2亿美元B轮融资,成为社交电商行业独角兽企业。根据云集发布的2020年第二季度财报显示:截止2020年6月30日,过去12个月的交易会员为1220万。云集GMV(网站成交额)为人民币78亿,实现总营收入人民币14.869亿元,界面如图8.13、图8.14所示。

图8.13 云集微店首页图　　　图8.14 云集微店发现页面

云集微店需要被邀请,才可以注册开店,用户可寻找身边的云集店主,受邀请加入云集微店。注册时店主需要提供相关信息供后台录入。如果身边无店主邀请开店,可以通过购买开店礼包自助开店,如图8.15所示。

图8.15 云集微店开店

所有在云集上开店的店主都有相应的导师培训,还有平台专属培训师定期教学,传授销售、管理技巧。帮助小白店主成长为销售达人、明星店主。同时,云集微店所有商品不需要打款,不需要压货,店主出售商品后即可获得佣金,由云集专属物流中心统一发货。

云集平台有专属客服,可以为云集店主和消费者解答问题。云集也支持分享店铺或商品链接,可保存商品图片、文案发到各大社交平台,帮助店铺推广宣传产品,如图8.16所示。

图8.16 云集店铺后台界面

云集微店的成功之处有哪些?

任务8.3　探索团购模式

8.3.1　团购的概念及分类

团购是指互不认识的互联网用户借助网络第三方平台聚集成一个以低折扣购买某种产品或服务的网站。团购是一个聚拢人气的方式,最终的经营会导向传统的销售方式。团购网站寻找有合作意向的商家,提供有吸引力的商品或服务,约定达成团购的有效人数可以实现超级优惠折扣,吸引用户购买,如果没有达到人数则相当于媒体广告。同时通过奖励用户推广等方式宣传推广,用户则通过社交化的网络传播,带来规模效应。

团购的形式可以分为以下三类:

(1) 社区团购。深入挖掘社区团购服务,实现居民、商家和站长三方的互惠、共赢,也是网站以站养站的重要收益来源。网站要充分利用社区门户网站平台的独特优势,做活、做精、做大、做好、做强社区团购服务,开展社区服务。

(2) 分级团购。网民和商家可以从自己的需求出发,发起团购或团批,根据不同团购级别量体裁衣,设立各级团购或团批价格,等待卖家或买家前来参与团购,从而为广大网民提供了与商家"砍价"的话语权,也为卖家通过做分级团批扩大销售额提供了一种崭新选择。

(3) 单品团购。用户如果对团购有兴趣可以点击购买按钮,在限定时间内凑够最低人数,网友就能享受到超低的团购价,通过下载、打印、发送手机短信等获得优惠券,并使用优惠券进行消费。

8.3.2　团购模式的发展历程

2008年11月,美国第一家团购网站Groupon在美国上线。2010年上半年,Groupon团购模式被引入我国,美团作为我国第一家团购网站正式创立,随后拉手、糯米、大众点评团等各个团购网站相继成立。

根据统计,到2010年12月底,国内团购网站的数量已经达到了1726家,团购总成交额也达到20亿元,参团人数超过7千万,占当时网民人数的17%,2011年全国范围内团购网站的数量已经超过了5000个。当时整个的团购行业都处于一种狂欢状态。从2011年下半年开始,团购的热度在世界范围内开始下降。Groupon因为其本身模式对于给商家带来二次回头的顾客没有太大的帮助一度被疑为"庞氏骗局",即便在上市之后,股价也一度受挫。而在国内,团购大跃进时期的一些弊端逐渐显现了出来。跨地域管理、售后问题、产品弱化、毛利下降体现得最为明显。截止到2011年年底,团购虽然在当年的整体成交额超过了100亿元,比2010年实现了550%的增长,但与此同时,团购网站从第三季度开始出现了裁员关站的情况,并且一些小型的团购网站也迅速地死亡,在年底团购网站总数量回落到了3897家。2011年大众点评姗姗来迟,开设了团购频道,紧跟美团、拉手、窝窝团的步伐。

由于在2011年的过度竞争,团购行业整体在本地生活上的毛利极度降低。以拉手网为首的团购网站想转型为毛利更高的B2C平台,当时本地生活服务型的团购毛利在5%左右,而实物类团购可以超过30%。但最终由于平台属性限制,用户更习惯在团购网站找寻生活服务型的优惠,团购网站本身不具备与聚划算、折800类似的实物优惠的入口价值,最终使得转型失败。

除了毛利过低的问题之外,当时团购行业的整体购买用户也出现了"零增长"——根据统计,月度购买人次始终徘徊在4000万增长不前,这一记录一度保持了一年多。在这种情况下,团购网站开始通过增加团单来刺激用户购买,这最终导致团单成为了常态化的销售。以前"抢团购"的情况再也消失不见。

2012年移动互联网的发展推动了团购网站的快速成长。由于手机团购有更适合的用户购买环境,这使得团购网站迅速跟进"免预约"类型的团购,在当时经常可以看到一边排队一边购买电影票的情况,团购成为了线下生活的标配,各家团购网站也开始在移动领域开始新一轮的比拼。

从2012年开始,整个团购行业的格局已经出现,美团、大众点评团稳居前两位,拉手、窝窝团、糯米团争夺第三名,在2013年年初,排名前五的团购网站总体成交额占到整体的90%。在2013年,手机团购的成交额已经可以占到整体的50%,在电影票领域,这个比例还会更高。通过手机团购,已经成为了很多人的购买习惯。

由于团购网站对于本地生活服务市场的撬动以及在移动端的入口价值,团购模式开始得到互联网巨头的关注。2013年年底,百度宣布收购糯米网,满座也被苏宁收购,同时也传出大众点评和腾讯的一些绯闻。互联网巨头们开始跳入本地生活服务市场中来进行最后的"收尾",团购网站也因为获得了更好的资金和资源的支撑迎来了发展的"第二春"。

2014年年初,百度糯米正式成立,点评接受腾讯注资,美团获得新一轮3亿美元融资,阿里通过3·8生活节利用手机淘宝发力本地生活,兵强马壮的团购网站经过4年的发展之后又回到了团购兴起之初的竞争阶段。

就在这些新进的团购网站开始向团购第一阵营发起挑战时,美团和大众点评却将团购引入了想象力更大、也更全面的本地生活市场。但在这条路上,它俩却选择了不同的方向。美团着重于向细分领域的纵深发展,通过发力电影票、酒店、KTV这三大领域,开始了和原本垂直领域的网站直接竞争,比如猫眼电影票和时光网、豆瓣电影直接角逐。而美团酒店则向艺龙、携程等老牌OTA网站发起了冲击,美团外卖和饿了么等网站竞争。大众点评则向横向业务进行发力,比如上线在线预定、订餐服务,向婚嫁领域拓展。整个团购行业继续向前推进。

8.3.3 团购模式的典型案例:拼多多

拼多多是一家商家入驻模式的第三方移动电商平台,将娱乐与分享的理念融入电商运营中。用户发起邀请,在与朋友、家人、邻居等拼单成功后,能以更低的价格买到优质商品;同时拼多多也通过拼单了解消费者,通过机器算法进行精准推荐和匹配。

拼多多的核心竞争力在于创新的模式和优质低价的商品:拼单意味着用户和订单大量且迅速地涌入,而丰厚的订单使拼多多可以直接与供货厂商(或国外厂商的国内总代理)合作对话,省掉诸多中间环节,实现C2B模式,价格优势由此体现,如图8.17所示。

图8.17 拼多多发展历程

拼多多商城系统是一个以拼团为基础的社交网购平台,商品丰富、价格实惠、全国包邮,更有9.9特卖、超值大牌等活动,让用户可以轻轻松松买到精品、低价、超值的商品。

与其他电商自主搜索式购物场景完全不同,拼多多代表的是匹配场景,通过拼单了解人的消费习惯,通过人推荐物,再过渡到机器算法推荐,并且在购物行为中融入游戏的趣味,让原本单向、单调的"买买买"进化为多实惠、多乐趣的"拼拼拼",令用户享受全新的购物体验。拼多多APP界面如图8.18所示。

图8.18 拼多多APP

拼多多通过人以群分与聚合性需求的模式创新,实现反向定制(C2B),为生产侧带来极其宝贵和有效的信息。

课堂讨论

列举实例说出你知道的团购网站。它们有什么不同之处?

任务8.4 探索短视频

8.4.1 短视频的概念及分类

短视频是指在各种新媒体平台上播放的、适合在移动状态和短时休闲状态下观看的、高频推送的视频内容,几秒到几分钟不等。内容融合了技能分享、幽默搞怪、时尚潮流、社会热点、街头采访、公益教育、广告创意、商业定制等主题。由于内容较短,可以单独成片,也可以成为系列栏目。随着移动终端普及和网络的提速,短平快的大流量传播内容逐渐获得各大平台、粉丝和资本的青睐。

短视频按照内容生产方式不同可分为：

1. UGC(User-generated Content，用户原创内容)

UGC模式是伴随着以提倡个性化、交互性为主要特点的Web2.0概念而兴起的。由平台普通用户自主创作并上传内容，普通用户指非专业个人生产者。当短视频成为互联网信息传播的渠道之一后，以前不曾尝试过视频形式的用户(即原有的文字/图片创作者)自然而然会尝试新兴载体。多数平台在受众点赞、评论、互动之后能第一时间显性提醒，对创作者能力的认同、赞赏满足了创作者的社交需求、归属需求以及自我实现需求。在这一过程中，创作者身份不断得到认同和强化，用户对短视频这一形式的接受度和熟悉度也随之加深，将尝试性行为转化为习惯性行为。

UGC的重要特点是创作门槛低，大众可参与，低门槛的结果是UGC内容的良莠不齐及潜在的版权风险，这也给商业化带来了一定的障碍。

2. PUGC(Professional User Generated Content，专业用户生产内容)

PUGC模式由平台专业用户创作并上传内容，专业用户指拥有粉丝基础的网红，或者拥有某一领域专业知识的KOL，以梨视频拍客、搜狐千里眼为代表的个人生产平台加工的内容也属于PUGC。PUGC集合了UGC、PGC的双重优势，有了UGC的广度，通过PGC产生的专业化的内容能更好地吸引、沉淀用户。

3. PGC(Partner Generated Content，专业机构创作内容)

PGC由专业机构创作并上传内容，通常独立于短视频平台。在短视频行业发展前期，由于资金短缺、市场空间小等，PGC团队竞争力并未凸显。随着短视频市场进入爆发前夜，参与者已经有了一定规模，消费者已经形成习惯，PGC的竞争力随之凸显，如图8.19所示。

图8.19　短视频行业UGC、PUGC、PGC分类标准和特征

8.4.2 短视频的发展历程

随着移动互联网的技术发展,移动短视频应用于2011年出现,这一时期并无具有代表性的明星产品。一方面是因为移动互联网大潮声势刚起,用户习惯和应用场景都很有限;另一方面则是受制于带宽、网速等硬件条件不足。

2013年8月,炫一下(北京)科技有限公司正式推出现象级爆款产品"秒拍",并借助新浪微博的独家支持以及众多明星大腕的入驻,迅速将用户量级推至千万级,迎来短视频领域的第一次大爆发。与此同时,腾讯也正式推出了与之抗衡的短视频应用"微视",主打PGC内容生产,并打通腾讯旗下的QQ、微博、微信等产品链,用户可将自己录制的8秒钟短视频同步共享至腾讯微博、微信好友及朋友圈等,实现多渠道分发。2013年秒拍和微视的出现正式拉开了移动短视频时代的帷幕。

2014年,Gif快手涅槃重生,靠主打低廉、草根文化成功俘获了亚文化阵线的众多粉丝,其次"小影""小咖秀"等短视频应用则将触角延伸到了个性化工具生产方向,由此逐渐确定了以工具为核心的发展脉络。大批移动短视频应用密集面世,与前一阶段基本以社交平台为依托的短视频模式不同,陆续涌入的玩家在模式创新方面也前进了一大步。微视、美拍和秒拍先后发起了"春节拜年""全民社会摇"以及"冰桶挑战"三大著名战役,将短视频市场推到了一个新的高度。

到2015年年初,短视频市场就已经初步形成了"诸侯割据"的鼎立局面,以"美拍"为代表的社交媒体模式,以"微视"为代表的PGC模式,以及以"小影""小咖秀"为代表的工具平台模式,市场相对胶着。不过,由于秒拍和美拍的激烈竞争,"微视"的空间被进一步挤占,加之势不可挡的微信随后开发出了6秒钟"小视频"功能,2015年3月"微视"遭到腾讯战略放弃,随之迅速陨落。

2016年短视频真正意义上进入爆发期。众多短视频内容创作者涌入,众多独具特色的移动应用出现,使得短视频市场开始向精细化、垂直化方向发展。比如,主打生活方式的"刻画视频",主打财经领域的"功夫财经",主打体育短视频的"秒嗨",等等。短视频市场开始展示出更加多元、更加丰满的一面。在这一趋势下,过去大而全的粗浅搞笑、劣质鸡汤类的短视频内容难以为继,而那些拥有强大原创内容生产能力的创作者则顺势脱颖而出,得以更好地享受短视频爆发带来的"行业红利"。

与此同时,主打新闻资讯的短视频平台开始出现,并有急速增长的趋势。新京报的"我们视频"、南方周末的"南瓜视业"、界面的"箭厂"、澎湃味的"梨视频"等,都在2016年陆续浮出水面。从内容输出角度来看,这些新类型平台大多沿袭了正统媒体的套路,专注于国内外时政新闻资讯。虽然短视频新闻内容略显正统、渠道稍显单一,但这一新形式还是受到了公众的热烈欢迎,像新京报的"我们视频"上线一个多月就在腾讯视频上收获了1.3亿次以上的播放量,足见其张力。短视频新闻既为广大网民获取新闻资讯提供了新渠道和新体验,也极大拓展了短视频的内涵和外延。

8.4.3 短视频的典型案例:抖音

抖音,是一款可以拍短视频的音乐创意社交软件,该软件于2016年9月上线,是一个专注于年轻人的音乐短视频社区。用户可以通过这款软件选择歌曲,拍摄音乐短视频,形成自己的作品。它与小咖秀类似,但不同的是,抖音用户可以通过视频拍摄快慢、视频编辑、特效(反复、闪一下、慢镜头)等技术让视频更具创造性,而不是简单地对嘴型。通过抖音短视频APP用户可以分享自己的生活,同时也可以在这里认识到更多朋友,了解各种奇闻趣事。

2018年抖音飙升成为短视频中最强的爆款,根据Quest Mobil统计,2020年3月抖音月活跃用户数达5.18亿,月人均使用时长为1709分钟。2020年8月抖音及其海外版Tik Tok以超过6330万次下载量,位列全球移动应用(非游戏)下载榜冠军。抖音APP界面如图8.20所示。

图8.20 抖音APP

初期抖音主要完善了录制视频的基本功能,包括拍摄、剪辑、美颜等相关功能,拍摄视频方面更加的细化,增加更适合不同地点的多段分拍、歌曲剪辑、重点上线,并推广了美颜、滤镜和贴纸道具,用户可以通过这些道具更好地展示自己,拍摄出更多有趣的视频。在此基础上,通过查找通讯录好友、邀请QQ、微博、新增@好友,删除自己的视频评论和新增视频原声支持等功能帮助用户更高效地拍摄和传播自己的作品。

抖音短视频的核心逻辑是用户上传视频,通过官方审核后,发布在平台上,吸引其他用户点赞、评论、转发和拍摄。其中运营团队起到了推进闭环的作用,拍摄教程降低了用户的学习成本和发起挑战促进用户活跃。核心逻辑如图8.21所示。

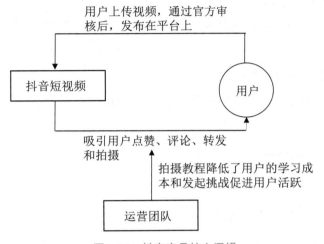

图8.21 抖音产品核心逻辑

抖音从不会因为某个用户的粉丝多就推荐这个用户,能被推荐的一定是内容优秀、有创意的作品,创作者的名气主要是靠粉丝数和获赞数来判断的,没有复杂的等级也让创作者更注意拍摄内容本身。

抖音的口号是"专注新生代的音乐短视频社区",在拍摄流程中,区别于其他APP的是将选择音乐放在最前面,让喜欢同种音乐的人在一起碰撞,产生不同的火花,抖音的内容运营团队时刻关注当下最流行的因素,从中挖掘出可以变成抖音挑战的话题,让年轻人释放自我。

"抖音如何上推荐"中明确表明,视频短于7秒是很难被推荐的,保证视频时长才能保证视频的基本可看性。如果视频过长,就会导致用户不能一眼找到视频的"嗨"点,这样也保证了内容的精良。15秒的短视频也更加适应移动、碎片的场景,就像刷一条微博一样,同时也给更多的普通用户曝光的机会,让每一个人都能在这里展示自我。

你认为哪一类的短视频更受年轻人欢迎?

项目小结

学习本项目应重点掌握以下三个要点：

1. 充分了解移动直播、移动微店、拼团模式、短视频营销的概念和分类及其发展历程。

2. 熟悉移动商务新趋势的典型应用。

3. 能结合实际地理解并学会应用移动直播、移动微店、拼团模式、短视频营销。

项目实训

1. 选择本项目中任一类移动电子商务新趋势营销案例，分析并总结案例中采用的移动营销策略，试提出自己的创新创意营销方法。

2. 选择某一品牌或产品，进行移动短视频拍摄，完成一次创意营销策划。

参 考 文 献

［1］ 柯林,白勇军.移动商务理论与实践[M].北京:北京大学出版社,2013.

［2］ 秦成德,王汝林.移动电子商务[M].北京:人民邮电出版社,2013.

［3］ 杨兴丽.移动商务理论与应用[M].北京:北京邮电大学出版社,2012.

［4］ 国外移动电子商务业务模型对我国的启示[EB/OL].http://gjdzsw.drcnet.com.cn.

［5］ 商业模式:2012年中国电子商务十大趋势分析[EB/OL].http://wireless.iresearch.cn.

［6］ 韩国电子商务发展的有关经验和做法[EB/OL].http://www.qdbofcom.gov.cn.

［7］ 2017年是美国电子商务里程碑的一年[EB/OL].http://www.baijingapp.com.

［8］ 王忠元.移动商务基础[M].北京:中国人民大学出版社,2018.

［9］ 魏中华.电子商务安全[M].成都:西南财经大学出版社,2015.

［10］ 黎雪微.电子商务概论[M].北京:清华大学出版社,2013.

［11］ 谢希仁.计算机网络[M].7版.北京:电子工业出版社,2017.

［12］ 电子商务师国家职业资格标准[M].北京:中国劳动社会保障出版社,2012.

［13］ 支付百科.移动支付这么玩就对了[M].北京:人民邮电出版社,2016.

［14］ 坚鹏.移动支付:开启"互联网+"商务之门[M].北京:人民宇航出版社,2016.

［15］ 陈建忠,赵世明.移动电子商务基础与实务[M].北京:人民邮电出版社,2016.

［16］ Kienan B.电子商务管理实务[M].健连科技,译.北京:清华大学出版社,2002.

［17］ 杨泳波.社群营销[M].北京:人民邮电出版社,2018.

［18］ 刘涛.淘宝天猫电商运营百科全书.北京:电子工业出版社,2017.

［19］ 秋叶,秦阳.微信营销与运营[M].北京:人民邮电出版社,2017.

［20］ 移动端APP广告常见的10种形式[EB/OL].https://www.jianshu.com.

［21］ 想做广告投放?你必须要了解的投放策略[EB/OL].http://www.sohu.com.

［22］ 常见移动广告形式全解[EB/OL].https://www.rtbchina.com.

［23］ 盘点移动互联网10种广告形式[EB/OL].http://www.sohu.com.

［24］ 刘伟.一本书读懂APP营销[M].北京:清华大学出版社,2017.

［25］ 海天电商金融研究中心.玩转APP:商业分析+运营推广+营销技巧+实战案例[M].北京:清华大学出版社,2017.

[26] 付珍鸿.网络营销[M].北京:电子工业出版社,2017.

[27] 杨林,陈炜.移动商务基础[M].北京:首都经济贸易大学出版社,2008.

[28] 胡世良,钮钢,谷海颖.移动互联网:赢在下一个十年的起点[M].北京:人民邮电出版社,2011.

[29] 纽厄尔.无线营销:随时随地客户关系管理的新营销战略[M].北京:华夏出版社,2000.

[30] 许应楠.移动电商基础与实务[M].北京:人民邮电出版社,2018.

[31] NPS提升之我看[EB/OL].https://www.sohu.com.

[32] 五格货栈:移动互联网时代,要把用户变为粉丝[EB/OL].https://www.jianshu.com.

[33] 提升客户忠诚度的4种策略[EB/OL].http://info.ceo.hc360.com.

[34] 顾客满意的7个级度划分参考指标[EB/OL].http://www.sohu.com.

[35] 2016年中国移动视频直播市场研究报告[EB/OL].http://wireless.iresearch.cn.